FORSCHUNGEN POSITIONEN DOKUMENTE
Schriften zur Unternehmensgeschichte von Volkswagen
Band 5

Nachkriegswege nach Volkswagen.

Jüdische Überlebende zwischen Befreiung und neuer Identität

René Bienert | Manfred Grieger | Susanne Urban

IMPRESSUM

Herausgeber
für die Historische Kommunikation der
Volkswagen Aktiengesellschaft
Manfred Grieger, Ulrike Gutzmann

Gestaltung
con©eptdesign, Günter Illner, Bad Arolsen

Druck
Hoehl-Druck, Bad Hersfeld

ISSN 1613-5776
ISBN 978-3-935112-24-6
© Volkswagen Aktiengesellschaft
Wolfsburg 2014

René Bienert

Jg. 1979, M.A., studierte Soziologie, Kulturgeschichte und Volkskunde an der Friedrich-Schiller-Universität in Jena und ist seit 2012 Mitarbeiter des Bereichs Forschung und Bildung im International Tracing Service (ITS) Bad Arolsen.
Letzte Veröffentlichung: [zusammen mit Elisabeth Schwabauer] Biographische Zugänge in der pädagogischen Vermittlung. Der ITS als Bewahrer von Millionen Geschichten, in: Rebecca Boehling/Susanne Urban/René Bienert (Hg.): Freilegungen. Überlebende – Erinnerungen – Transformationen, Göttingen 2013 (Jahrbuch des ITS, Band 2), S. 49-58

Manfred Grieger

Jg. 1960, Dr. phil., studierte Geschichte, Osteuropäische Geschichte, Publizistik und Kommunikationswissenschaft an der Ruhr-Universität Bochum, wo er 1996 mit einer Arbeit zur Geschichte von Volkswagen in der NS-Zeit promoviert wurde. Seit 1998 ist er bei der Volkswagen Aktiengesellschaft beschäftigt und leitet dort die Historische Kommunikation. Darüber hinaus ist er als Lehrbeauftragter am Institut für Sozial- und Wirtschaftsgeschichte der Georg-August-Universität Göttingen tätig.
Letzte Veröffentlichungen: Das KZ-Außenlager „Hecht" in Holzen bei Eschershausen, in: Jens-Christian Wagner (Hg.): Wiederentdeckt. Zeugnisse aus dem Konzentrationslager Holzen, Göttingen 2013, S. 184-191; Die „geplatzte Wirtschaftswundertüte". Die Krise 1966/67 und 1973/75 im deutschen Symbolunternehmen Volkswagen, in: Stephanie Tilly/Florian Triebel (Hg.): Automobilindustrie 1945 - 2000. Eine Schlüsselindustrie zwischen Boom und Krise, München 2013, S. 23-75

Susanne Urban

Jg. 1968, Dr. phil., studierte Germanistik und Geschichte an der Technischen Universität Darmstadt und der Goethe Universität Frankfurt. Im Jahre 2000 wurde sie an der Universität Potsdam mit der Arbeit „Abwehr von Antisemitismus und der Kampf um Selbstbehauptung" über den Philo-Verlag zwischen 1919 und 1938 promoviert. Von 2004 bis 2009 war sie Mitarbeiterin in Yad Vashem/Jerusalem. Seit 2009 ist sie Bereichsleiterin Forschung und Bildung im ITS Bad Arolsen.
Letzte Veröffentlichungen: „Vernehmungsunfähig". Registraturen nach der Ankunft von Räumungstransporten in KZ, in: Jean-Luc Blondel/Sebastian Schönemann/Susanne Urban (Hg.): Freilegungen. Auf den Spuren der Todesmärsche, Göttingen 2012 (Jahrbuch des ITS, Band 1), S. 263-281; „Unknown Dead". Unsettling Finds from the Archive of the International Tracing Service, in: Yad Vashem Studies 40 (2012), Nr. 1, S. 197-231; „Mein einziges Dokument ist der Nummer auf der Hand." Schriftliche Aussagen Überlebender im Archiv des ITS, in: Rebecca Boehling/Susanne Urban/René Bienert (Hg.): Freilegungen. Überlebende – Erinnerungen – Transformationen, Göttingen 2013 (Jahrbuch des ITS, Band 2), S. 173-197

Manfred Grieger / Ulrike Gutzmann

Vorwort

Das NS-Zwangsarbeitssystem und die Eingebundenheit von Unternehmen in die Kriegswirtschaft des Deutschen Reiches gehörten lange Zeit zu den weithin tabuisierten Aspekten der nationalsozialistischen Diktatur. Was von den Verhandlungen vor dem Internationalen Militärtribunal in Nürnberg noch in die deutsche Öffentlichkeit gedrungen war, überdeckten die Erfolgsgeschichte des bundesdeutschen Wirtschaftswunders und der Ost-West-Konflikt des Kalten Krieges. Die Konsumdemokratie entfaltete ihre konsensbildende Kraft um den Preis des Vergessens.

Volkswagen, das deutsche Symbolunternehmen, bildete hiervon keine Ausnahme. Auch hier konzentrierten sich Geschäftsleitung, Mitarbeiter und Arbeitnehmervertretung auf die Steigerung der Produktion und des Wohlstandes. Dabei kam ihnen zu Hilfe, dass die Opfer der Zwangsarbeit nicht mehr in Wolfsburg, sondern weit weg in Israel und Australien oder hinter dem Eisernen Vorhang in Osteuropa lebten. Zudem waren die meisten Volkswagen Mitarbeiter selbst erst in den Nachkriegsjahren zugezogen und hatten durch die Arbeit am Käfer und Transporter eine neue Heimat gefunden. Die gelegentliche Konfrontation mit dem Tatbestand, dass während des Zweiten Weltkrieges ausländische Zwangsarbeiterinnen und Zwangsarbeiter die Mehrheit der Belegschaft gebildet hatten und auch jüdische KZ-Häftlinge Zwangsarbeit in der Fabrik leisten mussten, konnten im Verein mit den anderen Unternehmen und der schweigsamen Öffentlichkeit beiseite geschoben werden.

Mitte der 1980er Jahre änderte sich das gesellschaftliche Klima. Erinnerung wurde daraufhin zur Pflichtaufgabe. Die Volkswagen Aktiengesellschaft gab 1986 auf Initiative der Arbeitnehmervertretung als eines der ersten Unternehmen überhaupt eine umfangreiche Studie zur Aufklärung der Gründungsgeschichte im Nationalsozialismus und der Einbindung in die nationalsozialistische Kriegswirtschaft bei dem renommierten Zeithistoriker Prof. Dr. Hans Mommsen in Auftrag. Das Unternehmen fungierte damit als Motor einer mehr als zwei Jahrzehnte anhaltenden unternehmenshistorischen Forschungskonjunktur. Die Förderung der Internationalen Jugendbegegnungsstätte in Oświęcim/Auschwitz (IJBS) und die dort seit 1987 durchgeführten Begegnungsmaßnahmen von Volkswagen Auszubildenden mit Auschwitz-Überlebenden und gleichaltrigen polnischen jungen Erwachsenen trugen zur Entwicklung einer besonderen betrieblichen Erinnerungskultur bei. Zudem erschien 1996 das international anerkannte Buch „Das Volkswagenwerk und seine Arbeiter im Dritten Reich", das den Sachverhalt der massenhaften Zwangsarbeit an den verschiedenen Standorten der damaligen Volkswagen Gesellschaft wissenschaftlich aufklärte. Mit der drei Jahre später eröffneten „Erinnerungsstätte an die Zwangsarbeit auf dem Gelände des Volkswagenwerks", die in einem ehemaligen Luftschutzbunker eingerichtet wurde, und dem bereits 1991 an der Südstraße des Werks Wolfsburg gesetzten Gedenkstein kehrte das Thema schließlich an den Ort des Geschehens zurück. Auch Dank der Leihgaben von Überlebenden bietet die Dauerausstellung Einblicke in die damalige Situation der Zwangsarbeiter. Sie verhindert damit, dass die historischen Menschenrechtsverletzungen in Vergessenheit geraten.

Indem Volkswagen 1998 mit dem betrieblichen Humanitären Fonds den Überlebenden eine materielle Geste anbot, die 2 151 von Zwangsarbeit persönlich Betroffene erreicht hat, nahm das Unternehmen formell Kontakt zu individuellen Opfern der Zwangsarbeit auf. Diese betriebliche Regelung ging der auf gesetzlicher Basis erfolgten Zwangsarbeiterentschädigung durch die im Jahr 2000 eingerichtete und hälftig von der deutschen Wirtschaft finanzierte „Stiftung Erinnerung, Verantwortung, Zukunft" voraus. Es lag auf der Hand, zunächst die lange beschwiegene Geschichte der verschiedenen Zwangsarbeitergruppen des Volkswagen Werks durch die Veröffentlichung von Egotexten und zeitgenössischen Dokumenten in der Schriftenreihe „Historische Notate/Historical Notes" einer breiteren Öffentlichkeit zur Kenntnis zu bringen, auch indem die Publikationen online abgerufen werden können. Die Historische Kommunikation unterstützte darüber hinaus Zeitzeugen, sofern diese den Ort ihrer damaligen Zwangsarbeit aufsuchen wollten. Aus den Begegnungen im Rahmen der Forschung, aus der Arbeit an den Veröffentlichungen und den Besuchskontakten entstanden persönliche Beziehungen, die sich über die Jahre festigten und intensivierten.

Im vertrauensvollen Dialog zwischen den Generationen ergab sich insoweit ein Perspektivwechsel, dass die damaligen Opfer auf ihre nach der Befreiung bewiesene Regelungskompetenzen und ihre Lebenslust verwiesen, die bei einer ausschließlichen Betrachtung der Verfolgungssituation außerhalb des Blicks blieben. Der Gedanke schlug Wurzeln, und die nach 2007 erfolgte Öffnung der umfangreichen

Moshe Shen
(1930-2012)

Julie Nicholson
(1922-2007)

Sara Frenkel (1922)

Sally Perel (1925)

Archivbestände des International Tracing Service (ITS) in Bad Arolsen bot die Chance, die Nachkriegswege von Überlebenden zu dokumentieren. Hinzu trat der glückliche Umstand, dass die Historikerin Dr. Susanne Urban, die die Interviews geführt und das 2005 veröffentlichte Erinnerungsbuch „Überleben in Angst. Vier Juden berichten über ihre Zeit im Volkswagenwerk in den Jahren 1943 bis 1945" vorbereitet hatte, dort seit 2009 als Bereichsleiterin Forschung und Bildung tätig ist. Im Rahmen ihrer Aufgabe zur verstärkten Rückbindung der dortigen Archivbestände in den öffentlichen Diskurs über den Nationalsozialismus und seine Opfer kamen die Historische Kommunikation der Volkswagen Aktiengesellschaft und der ITS überein, die Nachkriegswege dieser vier Jüdinnen und Juden exemplarisch für den Neuanfang nach der Befreiung zu rekonstruieren. Dabei sollte das Hauptaugenmerk der drei vorgeschalteten Aufsätze auf dem verwaltungstechnischen Umgang im Nationalsozialismus und in der Nachkriegszeit, dem Leben im Transit und der Subjektivierung der vormaligen Opfer durch Betonung ihrer aus den dokumentarischen Unterlagen ersichtlichen Entscheidungen liegen. Im Hauptteil sind die dokumentarischen Spuren zu finden, die die vier Menschen in den Unterlagen des ITS hinterlassen haben. Wir laden damit zu einem vertieften Blick auf diese Menschen mit dem Ziel ein, ihre identitätsstiftenden Entscheidungen als Lebensleistungen zu würdigen. Zugleich stellt das Buch Material für die Bildungsarbeit bereit.

Dem ITS - vom Direktorat bis zu den Mitarbeitern in Forschung und Archiv - sei an dieser Stelle für die unkomplizierte und kollegiale Kooperation gedankt. Gewidmet ist das Buch den Handelnden Moshe Shen, Julie Nicholson, Sara Frenkel-Bass und Sally Perel, die uns als Persönlichkeiten beeindruckt haben, deren Geschichten uns berühren und für deren Zuneigung wir dankbar sind. Wir sind traurig, dass Moshe Shen und Julie Nicholson die Veröffentlichung dieses Buches nicht mehr erlebt haben.

Wolfsburg, Januar 2014

30.7.1944

ab.

1.	Bernas, Anna	13.5.85	polit.	47.562	Polin
2.	Boczarska, Karolina	2.3.97	"	47 563	"
3.	Bulat, Natalia	5.9.25	"	47 564	"
4.	Bilinska, Maria	21.3.25	"	47 565	"
5.	Bandalowska, Czeslawa	4.5.21	"	47 566	"
6.	Batl, Hilde	8.10.14	"	47 567	D.R.
7.	Breuer, Therese	9.3.02	"	47 568	Polin
8.	Bzowska, Helena	17.8.95	"	47 569	"
9.	Bako, Margarete	15.3.03	"	47 570	"
10.	Broda, Christina	24.11.21	"	47 571	"
11.	Breiter, Sofia	7.6.98	"	47 572	"
12.	Birger, Josefa	12.12.12	"	47 573	"
13.	Bednarz, Maria	26.12.12	"	47 574	"
14.	Buchaniez, Anna	2.4.03	"	47 575	"
15.	Barna, Anna	47 Jahre	"	47 576	Ukrainerin
16.	Barna, Katharina	22.1.93	"	47 577	"
17.	Claude, Jadwiga	15.10.01	"	47 578	Polin
18.	Bulanda, Stanislawa	10.10.20	"	47 579	"
19.	Czajer, Maria	4.4.21	"	47 580	"
20.	Czarnochowska, Stefania	22.6.99	"	47 581	"
21.	Cicha, Katharina	23.11.88	"	47 582	"
22.	Cicha, Henrika	27.11.22	"	47 583	"
23.	Cichon, Natalia	2.2.22	"	47 584	Ukrainerin
24.	Dziewinska, Wladislawa	4.6.08	"	47 585	Polin
25.	De Soevy, Barbara	25.2.22	"	47 586	"
26.	Busza, Maria	23.1.00	"	47 587	"
27.	Dzieduszycka, Maria	28.7.13	"	47 588	"
28.	Debska, Janina	14.3.07	"	47 589	"
29.	Eisenreich, Lilli	18.10.19	"	47 590	D.R.
30.	Fojtuch, Ludmilla	18.8.12	"	47 591	Polin
31.	Frankowska, Martha	23.7.07	"	47 592	"
32.	Felinska, Wanda	15.12.10	"	47 593	"
33.	Gregorska, Maria	16.11.16	"	47 594	Ukrainerin
34.	Fielkowska, Maria	19.11.08	"	47 595	Polin
35.	Firek, Stefania	7.11.11	"	47 596	"

KZ Ravensbrück: Veränderungsmeldung, Sondertransport von Krakau, 30.7.1944 (1.1.35.1, Dokument ID 3766155, ITS Digitales Archiv)

Manfred Grieger

Namen, Nummern, Listen.

Zur Ambivalenz der Verwaltung zur Tötung im Nationalsozialismus und zum Weiterleben in der Nachkriegszeit

1. Einleitung

1
Ernst Hansack: Das Wesen des Namens, in: Andrea Brendler/Silvio Brendler (Hg.): Namenarten und ihre Erforschung. Ein Lehrbuch für das Studium der Onomastik, Hamburg 2004, S. 51-59.

2
Zygmunt Bauman: Moderne und Ambivalenz. Das Ende der Eindeutigkeit, Hamburg 2005, S. 92ff..

3
Detlev Peukert: Die KPD im Widerstand. Verfolgung und Untergrundarbeit an Rhein und Ruhr 1933 bis 1945, Wuppertal 1980, S. 84.

4
Götz Aly/Karl Heinz Roth: Die restlose Erfassung. Volkszählen, Identifizieren, Aussondern im Nationalsozialismus, Berlin 1984, S. 55ff..

5
Eine frühe Beschreibung des Prozederes der Umwandlung vom Menschen zum Häftling bei Eugen Kogon: Der SS-Staat. Das System der deutschen Konzentrationslager, Berlin 1947, S. 71ff.; Publikationen von Überlebenden, aber auch biographische Würdigungen enthalten nicht selten im Titel deren Häftlingsnummer, etwa Ernst Wiechert: Häftling Nr. 7 188. Tagebuchnotizen und Briefe, München 1966; Anna Andlauer: Du, ich bin ... der Häftling mit der Nummer 1, Unkel/Rhein; Bad Honnef 1992; Kazimierz Albin: Józef Szajna, Häftling Nr. 18 729, in: Gesellschaft zur Betreuung von Auschwitz (Hg.): Memento Auschwitz, Warschau 1998, S. 28-37.

6
KZ-Gedenkstätte Dachau (Hg.): Gedenkbuch für die Toten des Konzentrationslagers Dachau, Dachau 2011; Anja Reuss (Hg.): Berlin – Minsk. Unvergessene Lebensgeschichten. Ein Gedenkbuch für die nach Minsk deportierten Berliner Jüdinnen und Juden, Berlin 2013; Wolfgang Form/Theo Schiller/Karin Brandes (Hg.): Die Verfolgten der politischen NS-Strafjustiz in Hessen. Ein Gedenkbuch, Marburg 2012; Terezínská Iniciativa/Miroslav Kárný (Hg.): Terezínská pamětní kniha. Židovské oběti nacistických deportací z Čech a Moravy 1941 - 1945, Praha 1995.

7
Der „Raum der Namen", http://www.mauthausen-memorial.at/db/admin/de/index_main.php?cbereich=14&cthema=50243 (letzter Zugriff: 7.7.2013).

Der Name eines Menschen drückt seine Individualität aus und dient gleichermaßen seiner Identifizierung.[1] In der durch persönliche Freiheit, Rationalität, Staatlichkeit, Industrialisierung und Verwaltung geprägten Moderne ergibt sich daraus eine Ambivalenz aus Selbstbestimmung und staatlicher Überwachung.[2] Mit Blick auf den Nationalsozialismus und seine Vorgeschichte kann festgestellt werden, dass bereits in der Weimarer Republik Polizeibehörden Personenlisten von kommunistischen Systemgegnern zusammenstellten. Zu Beginn der NS-Herrschaft griffen die zu „Hilfspolizisten" ernannten SA-Aktivisten und SS-Männer zur Verfolgung der politischen und sozialen Gegner auf diese Verzeichnisse zurück.[3] Nach der Etablierung der NS-Diktatur entstanden im Zusammenhang mit der rassistischen Ausgrenzung von Juden, etwa im Vollzug der Nürnberger Gesetze von 1935 oder auch im Zusammenhang mit der „Volkszählung" 1939, bei Polizei- und anderen Verwaltungsstellen immer neue, nach Namen oder Wohnsitzen geordnete Listen, der sich SS, Gestapo oder andere nationalsozialistische Verfolgungsinstitutionen bedienten.[4]

Individuen ihrer Namen zu berauben und sie zu Nummern zu machen war Teil einer Dehumanisierungsstrategie, die in den nationalsozialistischen Konzentrationslagern eine verbrecherische Funktion erfüllte.[5] Deshalb besteht heute der Wunsch, die Opfer der NS-Verfolgungspolitik und der Konzentrationslager durch ihre namentliche Nennung dem Vergessen zu entreißen. Außerdem soll hierdurch ihre vormalige Entindividualisierung und Anonymisierung durch die nummernmäßige Erfassung aufgehoben werden – Gedenkbücher oder Namensdateien erfüllen insbesondere in Gedenkstätten diese Funktion.[6] Die im Mai 2013 eröffnete neue Dauerausstellung der Gedenkstätte Mauthausen umfasst auch einen „Raum der Namen", in dem die bislang 81 000 namentlich bekannten Opfer des Konzentrationslagers Mauthausen in ihrer Originalschreibweise gezeigt werden. „Ziel des ‚Raums der Namen' ist es, das Ausmaß des Massenmords an Personen aus über 40 Ländern sichtbar zu machen und allen Opfern in gleichem Maße ein würdiges Andenken zu bewahren."[7]

In der unmittelbaren Nachkriegszeit wurden die Überlebenden namentlich erfasst, etwa um den Kontakt zwischen den verstreuten Familienmitgliedern zu erleichtern.

Lfd. Nr.	Häftl. Nr.	Name	Zugang	Abgang	Bemerkungen
21641	167615	Riech, Bernhard Isr.	30.3.44	17.4.44	nach Birkenau
21642	171323	Kotschernik, Grigor	"	17.4.44	Entlassen
21643	152003	Meyer, Eduard Isr.	"	3.4.44	Entlassen
21644	172352	Kupferwasser, Hersch Isr.	"	17.4.44	Entlassen
21645	172719	Israel, Leon Isr.	"	5.4.44	Entlassen
21646	E 7156	Sepitaluy, Kasimierz	"	6.4.44	Entlassen
21647	173174	Domogalla, Alfred	"	12.4.44	✠
21648	112503	Kowalski, Josef	"	14.4.44	Entlassen
21649	174486	Coen, Giuseppe Isr.	"	11.4.44	Entlassen
21650	135658	Gemel, Zygmunt	"	3.4.44	Entlassen
21651	156975	Bonomo, Marco Isr.	"	15.4.44	Entlassen
21652	122590	Pohn, Benedikt	"	20.5.44	✠
21653	157239	Steinberg, Paul Isr.	"	21.4.44	Entlassen
21654	106899	Markus, Erwin Isr.	"	25.5.44	nach Birkenau
21655	137486	Rapaport, Israel	"	22.5.44	Entlassen
21656	167086	Israelski, Michel Isr.	"	21.4.44	nach Birkenau
21657	169854	Kriwatsy, Thomas Isr.	"	20.4.44	Entlassen

KZ Auschwitz-Monowitz, Häftlingskrankenbau: Zu- und Abgangsverzeichnis, 8.2.1944-13.5.1944 (1.1.2.1, Dokument ID 507601, ITS Digitales Archiv)

Sie wurden gezählt, um die Aufnahmekontingente nicht zu überschreiten, oder sie kamen auf Listen, um ihnen bevorrechtigt Nahrungsmittel oder Wohnraum zuzuteilen. Manche Überlebende gaben sich aus freier Willensentscheidung neue Namen oder nahmen eine andere Identität an, die Eingang in die Listen der United Nations Relief and Rehabilitation Administration (UNRRA) oder jüdischer Hilfsorganisationen fand.

Waren vorher ihre listenmäßige Erfassung und Kategorisierung Ausdruck staatlicher Gewalt, resultierten die Eintragungen nach 1945 aus Selbstäußerungen von vormaligen Opfern, die wieder zu Subjekten mit ihren individuellen Namen geworden waren. Dass sie gleichwohl auf Listen standen und ihr Pass wieder eine Zahlenkombination enthielt, verdeutlichte die Individualität überwölbende Zahlen- und Listenleidenschaft von Verwaltungen. Ambivalenz bildete das eigentliche Signum des modernen Staates und des 20. Jahrhunderts. Im Zweiten Weltkrieg führte die rassistische Ausgrenzungspolitik des NS-Regimes zum Holocaust. Das Überleben von Juden bildete unter diesen Verhältnissen eine unvorhergesehene Normabweichung. Dass sich den Überlebenden nach der Befreiung neue Lebensmöglichkeiten eröffneten, war zuvor nicht absehbar gewesen. Der folgende Beitrag will die Voraussetzungen der nationalsozialistischen Verfolgung und der Politik der Ausmerzung sowie den Verwaltungsumgang mit zu Tötenden und Überlebenden aufzeigen.

2. Namhaftmachung der Gegner des NS-Regimes und deren Entindividualisierung im Konzentrationslager

8
Christoph Graf: Politische Polizei zwischen Demokratie und Diktatur. Die Entwicklung der preußischen Politischen Polizei vom Staatsschutzorgan der Weimarer Republik zum Geheimen Staatspolizeiamt des Dritten Reiches, Berlin 1983, S. 13ff..

9
Ebd., S. 14.

10
Dirk Stegmann: Politische Radikalisierung in der Provinz. Lageberichte und Stärkemeldungen der Politischen Polizei und der Regierungspräsidenten für Osthannover 1922 - 1933, Hannover 1999, S. 196ff. und 333ff..

11
Abt. IA des Harburger Polizeipräsidiums, Lüdtke betr. Übersicht über die Struktur der KPD ihrer Organisation usw. im LKP-Bezirk, ihre Bekämpfung als staatsgefährdenden Organisation vom 1. Januar 1930 bis jetzt vom 3.8.1932, abgedruckt, in: ebd., S. 296.

12
Vierteljahresbericht (Lagebericht Nr. 1) des Harburger Polizeipräsidenten, Wentker, für den Regierungspräsidenten in Lüneburg, Herbst, vom 10.4.1929, in: ebd., S. 179.

Der Rechtsstaat der Weimarer Republik befugte mit dem Argument des Staatsschutzes bereits in seiner Etablierungsphase informelle Polizeistrukturen mit der Beobachtung und Verfolgung von „republikfeindlichen" Kräften. Das dabei eingesetzte Polizeipersonal wies eine starke Kontinuität zu den vorrepublikanischen Vorläufern auf, sodass insbesondere Linkskräfte in den Blick gerieten. Die formale Einrichtung einer politischen Polizei vollzog sich wegen der Polizeihoheit der Länder verspätet und uneinheitlich, da diese beispielsweise in Preußen erst mit dem Runderlass des Preußischen Ministers des Innern vom 12. Dezember 1928 und dem Polizeiverwaltungsgesetz vom 1. Juni 1931 erfolgte.[8] Der mit dem Dezember-Runderlass formalisierte „Schutz des Staates" zog die „Beobachtung der staatspolitischen und insbesondere staatsfeindlichen Bewegungen und Bestrebungen" nach sich.[9] Darüber hinaus ergriffen die Polizeibeamten „vorbeugende Maßnahmen gegen Unruhen etc.". Das Beobachtungsfeld umfasste beispielsweise im Regierungsbezirk Stade die radikalisierten Kräfte der Rechten und Linken, wie die KPD und ihre Umfeldorganisationen oder die NSDAP und den Stahlhelm als Wehrverband der Deutsch-Nationalen Volkspartei.[10]

Die polizeiliche Überwachung von politischen Gegnern erfolgte auf rechtsstaatlicher Basis, ohne dass eine tendenziöse Auslegung des Rechtsrahmens ausgeschlossen war. Abgesehen von den Spitzenbeamten, die zunächst mehrheitlich staatstragenden Parteien angehört hatten, gab allein schon die vorrepublikanische Prägung des Personals einem aggressiven Antikommunismus Raum, der sich in vermehrten Versammlungsverboten, der Beschlagnahme von Schriften und Flugblättern, der Veranstaltungsüberwachung und nicht wenigen Hausdurchsuchungen ausdrückte. Im Dezember 1931 waren auf Anordnung des Regierungspräsidenten in Stade bei KPD-Funktionären in den Gemeinden Blumenthal, Aumund und Grohn Durchsuchungen vorgenommen worden. In „strafrechtlicher Hinsicht" erbrachten diese „kein besonderes Material, aber genügend Anhaltspunkte über Dinge, die es der Polizei ermöglichten, die Überwachung der KPD in den genannten Ortsteilen zweckmäßig durchzuführen".[11] Solche Berichte waren wiederholt mit Namen gespickt, etwa wenn der Lagebericht des Harburger Polizeipräsidenten vom 10. April 1929 als „Führer der KPD" im Stadtteil Harburg den „Zimmerer Hans Knorre, geb. am 21.3.1895 zu Harburg, hier, Bonusstraße 28a wohnhaft" und für den Stadtteil Wilhelmsburg den „Arbeiter Georg Nietner, geb. 4.3.1898 zu Wilhelmsburg, hier, Vogelhüttendeich 70 wohnhaft" nannte.[12]

Zudem waren im Zusammenhang mit dem „Preußenschlag" im Juli 1932 die meisten sozialdemokratischen und republikloyalen Beamten aus den Spitzenpositionen der Politischen Polizei Preußens entfernt worden. Ausdruck dieser Verschiebung war im August 1932 die Ernennung des späteren Leiters des Geheimen Staatspolizeiamts, Rudolf Diels, zum Oberregierungsrat und dessen Übernahme der Leitung des antikommunistischen Referats.[13] Bis Ende 1932 erfolgte eine klare Ausrichtung der Politischen Polizei Preußens, da nunmehr fünf der sechs Referate die KPD und andere linksextreme Gruppen verfolgten.

Auch für andere Länder lässt sich eine vergleichbare Entwicklung beobachten. In Württemberg der Abteilung „Polizeiwesen" des Innenministeriums zugeordnet, griff die Politische Polizei über die Landräte und Ortspolizeibehörden bis auf die kommunale Ebene durch. Allein durch eine Richtlinie legitimiert, Straftaten zu verhindern, aufzudecken und zu verfolgen, „die für die Allgemeinheit von besonderer Schädlichkeit" waren, bestand für die Politische Polizei ein unkontrolliert weiter Handlungsrahmen.[14] Die leitenden Beamten verorteten dabei die Gefahren fast durchgängig im Lager links von der SPD. Seit ihrer Gründung bildete die KPD das hauptsächliche Beobachtungsfeld, sie musste zudem die meisten polizeilichen Eingriffe, etwa Veranstaltungsverbote, hinnehmen. Während beispielsweise im Polizeibezirk Tuttlingen faktisch jede KPD-Veranstaltung ohne Genehmigung blieb, griff die Polizei 1931 in Rottweil trotz eines bestehenden Verbots öffentlicher Propagandafahrten bei einem NSDAP-Umzug nicht durch.[15]

Hier wie dort sammelte die Politische Polizei personenbezogene Informationen und listete Namen. Die im Dezember 1928 durch einen Runderlass des Preußischen Ministers des Innern veranlasste Vereinheitlichung des Karteiwesens zur Erfassung potentieller Staatsfeinde führte im weiteren Verlauf dazu, dass die Personenkarteien der Politischen Polizeien Anfang 1933 rund 500 000 Namen enthalten haben sollen.[16] In diesen Zusammenstellungen bildete noch der Name zusammen mit dem Geburtsdatum und der Wohnadresse das wesentliche Ordnungskriterium. Mit den Karteien, die zunächst auch zahlreiche NS-Aktivisten enthielten, fiel den Nationalsozialisten ein Instrument zur Verfolgung der politischen Gegner in die Hand, das sie und ihre professionellen Helfer in den Polizeistrukturen nur zu gern nutzten.[17]

Die Ernennung Adolf Hitlers zum Reichskanzler und die Amtsübernahme von Nationalsozialisten im Reichsministerium des Innern und im Preußischen Ministerium des Innern gab der NSDAP polizeiliche Schlüsselressorts in die Hände. Gestützt auf Notverordnungen, setzte die NSDAP unter anderem durch die Ernennung von SA- und SS-Männern zu „Hilfspolizisten" vor allem die KPD und ihre Funktionäre von den frühen Februartagen 1933 an unter hohen Verfolgungsdruck. Der Reichstagsbrand gab die Begründung für die „Notverordnung zum Schutz von Volk und Staat" vom 28. Februar 1933, mit der die verfassungsmäßigen Grundrechte aufgehoben werden konnten. Die politische Opposition wurde daraufhin durch Inhaftierungen oder die Einlieferung in Folterkeller eingeschüchtert und dezimiert.[18] Auf lokaler Ebene kannten die an die Macht gelangenden NSDAP-Aktivisten ihre Gegenspieler.[19] Zudem fand das neue Regime weitgehende Unterstützung durch Polizeikräfte, die den lange erhofften

13
Graf, Politische Polizei, S. 72f..

14
Ingrid Bauz: Von der Politischen Polizei zur Gestapo – Brüche und Kontinuitäten, in: Ingrid Bauz/Sigrid Brüggemann/Roland Maier (Hg.): Die Geheime Staatspolizei in Württemberg und Hohenzollern, Stuttgart 2013, S. 23-77, hier S. 32.

15
Ebd., S. 42.

16
Graf, Politische Polizei, S. 15.

17
Gerhard Paul: Kontinuität und Radikalisierung. Die Staatspolizeistelle Würzburg, in: Gerhard Paul/Klaus-Michael Mallmann (Hg.): Die Gestapo. Mythos und Realität, Darmstadt 1995, S. 161-177; Martin Faatz: Vom Staatsschutz zum Gestapo-Terror. Politische Polizei in Bayern in der Endphase der Weimarer Republik und der Anfangsphase der nationalsozialistischen Diktatur, Würzburg 1995, S. 46off..

18
Richard J. Evans: Das Dritte Reich, Bd. 1: Aufstieg, München 2004, S. 438ff..

19
Sigrid Brüggemann: Die Verfolgung der politischen Gegnerinnen und Gegner aus dem linken Spektrum, in: Bauz/Brüggemann/Maier, Geheime Staatspolizei, S. 166-195, hier S. 176ff.; Herbert Wagner: Die Gestapo war nicht allein… Politische Sozialkontrolle und Staatsterror im deutsch-niederländischen Grenzgebiet 1929 - 1945, Münster 2004, S. 389ff..

20
Sigrid Brüggemann: Das Institut der Schutzhaft, in: Bauz/Brüg-
gemann/Maier, Geheime Staatspolizei, S. 110-120.

21
Karin Orth: Das System der nationalsozialistischen Konzentrationslager. Eine politische Organisationsgeschichte, Hamburg
1999, S. 23ff.; Johannes Tuchel: Organisationsgeschichte der
„frühen" Konzentrationslager, in: Wolfgang Benz/Barbara Distel
(Hg.): Instrumentarium der Macht. Frühe Konzentrationslager
1933 - 1937, Berlin 2003, S. 9-26.

22
Markus Kienle: Das Konzentrationslager Heuberg in Stetten
am kalten Markt, in: Wolfgang Benz/Barbara Distel (Hg.): Terror
ohne System. Die ersten Konzentrationslager im Nationalsozialismus 1933 - 1935, Berlin 2001, S. 41-63.

23
Brüggemann, Verfolgung, S. 173.

24
Friedrich Wilhelm: Die Polizei im NS-Staat. Die Geschichte ihrer
Organisation im Überblick, Paderborn; Wien 1997, S. 73ff.; Holger
Berschel: Bürokratie und Terror. Das Judenreferat der Gestapo
Düsseldorf 1935 - 1945, Essen 2001, S. 34ff.; Carsten Dams/
Michael Stolle: Die Gestapo. Herrschaft und Terror im Dritten
Reich, München 2008, S. 23ff.; Robert Gellately: Die Gestapo und
die deutsche Gesellschaft. Die Durchsetzung der Rassenpolitik
1933 - 1945, Paderborn 1993, S. 45ff.

25
Lageberichte rheinischer Gestapostellen. Bd. 1: 1934. Bearbeitet
von Anselm Faust/Bernd-A. Rusinek/Burkhard Dietz, Düsseldorf
2012, S. 118f.

26
Volker Eichler: Die Frankfurter Gestapo-Kartei. Entstehung,
Struktur, Funktion, Überlieferungsgeschichte und Quellenwert,
in: Paul/Mallmann, Gestapo, S. 178-199; Gerhard Paul/Erich Koch:
Staatlicher Terror und gesellschaftliche Verrohung. Die Gestapo
in Schleswig-Holstein, Hamburg 1996, S. 55ff..

27
Bauz, Politischen Polizei, S. 64; Wagner, Gestapo, S. 181ff..

Schlag gegen die Kommunisten ausführen wollten und nach bestehenden Personenlisten etwa Mandatsträger der KPD in „Schutzhaft" nahmen.[20]

Die Massenverhaftungen im März 1933 überlasteten vielerorts die Aufnahmemöglich-
keiten der Amtsgerichtsgefängnisse und Strafanstalten, woraufhin sowohl SS- und
SA-Stellen als auch Polizeibehörden erste provisorische Konzentrationslager einrich-
teten.[21] In Zuständigkeit des Stuttgarter Polizeipräsidenten entstand am 20. März 1933
das Schutzhaftlager Heuberg, dem an anderen Orten des Deutschen Reiches zahlreiche weitere Provisorien folgten.[22] Der Phase der eruptiven Gewaltausübung folgte eine
Formalisierung und Professionalisierung der Verfolgung, die eine organisatorische
Neuausrichtung der Politischen Polizei in den Ländern mit sich brachte. Das setzte
eine Verfolgungsdynamik frei, die polizeiliche Erfahrung mit ideologischer Radika-
lität verschmolz. Bei Vernehmungen fielen daraufhin jegliche Schranken, weshalb
Einvernahmen bei der Gestapo fast regelmäßig in Folterungen übergingen.[23]

Doch die Effizienz der staatlich organisierten Verfolgung erhielt durch die 1936 erfolgte Verschmelzung der Polizeien mit der SS und durch die Unterstellung der früheren
Landespolizeiämter unter die zentrale Leitung der Geheimen Staatspolizei, der Ver-
reichlichung der Politischen Polizei, neue Impulse.[24] Die Ermittlungserfolge der Gestapo resultierten dabei weniger aus der unmittelbaren Gewaltanwendung, sondern vor
allem aus der systematischen Auswertung von Berichten, Akten und Denunziationen.
Diesem Zweck dienten auch die Lageberichte von Gestapodienststellen, die regelmäßig Namen von Verhafteten enthielten. Beispielsweise führte der Lagebericht der
Geheimen Staatspolizei Aachen vom Februar 1934 nicht nur Angaben zur Festnahme
des früheren Aachener KPD-Funktionärs Bachmann, sondern auch eine Passage über
die ergangene Schutzhaft gegen Kaplan Josef Leyendecker auf, der die Goebbels-Rede
zum Jahrestag der „Machtübernahme" „in äusserst scharfer und herausfordernder
Weise kritisiert hatte".[25]

Diese Angaben flossen in die zentral und dezentral geführten Personenkarteien ein,
die neben den persönlichen Daten auch amtlich erstellte Lichtbilder, aufgenommene
Strafanzeigen, Einlieferungsvermerke, Schutzhaftverhängungen, Vernehmungs-
protokolle, persönliche Kontakte und Bewertungen umfassten und ein wichtiges
Instrument der polizeilichen Verfolgung bildeten.[26] Gegen vier Fünftel der in den
Karteien Vermerkten, die nur vorsorglich als Regimegegner geführt wurden, lag
im engeren Sinne nichts vor. Die „A-Kartei" mit den im Kriegsfalle in Schutzhaft zu
nehmenden „Staatsfeinden" und weitere Verzeichnisse kamen im weiteren Verlauf
der NS-Diktatur hinzu.[27] Insoweit bildete die namentliche Identifizierung von Personen und Personengruppen den funktionalen Ausgangspunkt der bürokratisierten
Verfolgungsmaßnahmen. In den Fängen der Verfolgungsinstanzen erfolgte rasch eine
Entindividualisierung der Verhafteten, wobei sich schon bei der erkennungsdienstli-

chen Behandlung eine Registrierungsnummer neben den Namen schob oder diesen sogar nach der weiteren Etablierung der NS-Herrschaft ersetzte.[28]

Das KZ-System sorgte seinerseits für die soziale Auslöschung des Individuums. Waren die Insassen der ersten „wilden" Konzentrationslager der SS und SA den Wachen womöglich noch aus den politischen Kämpfen der Weimarer Republik persönlich oder wegen ihrer Prominenz namentlich bekannt, ging die Verstaatlichung und Formalisierung des KZ-Wesens mit einer Umdefinition des der Lagerexistenz ausgesetzten Menschen einher. Aus dem individuellen Kommunisten oder Gewerkschaftsfunktionär wurde ein Häftling, der zunächst noch seine Kleidung behielt, aber beispielsweise im Konzentrationslager Dachau, das in mehrerer Hinsicht eine Vorbildfunktion für die Ausprägung des KZ-Systems übernahm, ab Spätsommer 1933 zunächst einheitliche weiße Drillichanzüge zu tragen hatte. Die ersten Kennzeichnungssysteme entstanden, als im November 1933 graue Winteranzüge aus leichtem Lodenstoff eingeführt und mit einem breiten roten Ölfarbenstreifen markiert wurden.[29] Ähnliches kann zu den Verhältnissen in Esterwegen gesagt werden. 1933 teilte die staatliche Polizeiverwaltung zumeist hellgrüne Arbeitskleidung aus. In Börgermoor trugen manche Häftlinge Armbinden; eine erhaltene trägt eine dreistellige Häftlingsnummer. Als der Lagerkomplex im Emsland 1934 unter das Kommando der SS kam, setzte eine Vereinheitlichung der Häftlingskleidung ein. Zusätzliche Markierungen kamen auf, und ab 1935 wurde die Häftlingsnummer auf der linken Brustseite aufgenäht.[30] Im Konzentrationslager Esterwegen wurde 1935 an Schutzhäftlinge eine feldgraue Kleidung ausgeteilt. Politische Häftlinge erhielten zudem rote Streifen an Armen und Beinen, Neuzugänge zusätzlich rote Punkte auf Brust und Rücken, was bei vielen Häftlingen die Assoziation von Zielpunkten auslöste. Rückfällige waren an ihren gelben Mützen, Remigranten an weißen Streifen erkennbar. Zeugen Jehovas trugen schwarze Punkte und Juden gelbe Punkte auf Brust und Rücken. Demgegenüber wurde an straffällige „Vorbeugehäftlinge" dunkelblaue Kleidung mit grünen Armstreifen ausgegeben.[31] Auf Brust und Rücken waren in gelb die Buchstaben „BV" für „Befristete Vorbeugehaft" angebracht, was viele Mithäftlinge als Abkürzung von „Berufsverbrecher" ansahen. Die SS unterschied also zu diesem Zeitpunkt die beiden großen Gruppen der Schutzhäftlinge und Vorbeugehäftlinge.

Der ab 1938 eingeführte blau-weiße Drillich, die „Zebra-Kleidung", und das ausgeklügelte Kennzeichnungssystem der farbigen Winkel mit den später hinzugefügten Buchstaben der Nationalität stand im Zusammenhang mit der erfolgten Neuorganisation des KZ-Systems, die mit einer Vereinheitlichung der Bekleidung einhergehen sollte.[32] Der Funktionswandel der Konzentrationslager, der nach 1942 zu deutlich höheren Häftlingszahlen in den Stammlagern und dem entstehenden Außenlagersystem führte, erhöhte den Kleidungsbedarf immens. Angesichts der kriegsbedingten Versorgungsengpässe musste die SS-Führung vermehrt auf markierte, zumeist aus dem Besitz ermordeter Juden stammende Zivilkleidung oder gekennzeichnete sowjetische

28
Erkennungsdienst Bruchsal Nr. 757 30.1.1935, Foto von Rosa S., abgedruckt in: Nikolaus Wachsmann: Gefangen unter Hitler. Justizterror und Strafvollzug im NS-Staat, München 2006, S. 130.

29
Hans-Günter Richardi: Schule der Gewalt. Das Konzentrationslager Dachau, München; Zürich 1995, S. 72.

30
Ich danke Sebastian Weitkamp für die am 4. Juni 2013 übermittelten Sachinformationen und weiterführenden Hinweise; siehe auch Bärbel Schmidt: Geschichte und Symbolik der gestreiften KZ-Häftlingskleidung, Oldenburg, Phil. Diss. 2000, S. 51ff.

31
Klaus Drobisch/Günther Wieland: Das System der NS-Konzentrationslager 1933 - 1939, Berlin 1993, S. 206.

32
Schmidt, KZ-Häftlingskleidung, S. 63ff..

33
Ebd., S. 68ff.

34
Bertrand Perz: Verwaltete Gewalt. Der Tätigkeitsbericht des Verwaltungsführers im Konzentrationslager Mauthausen 1941 bis 1944, Wien 2013, S. 135f.

35
Schmidt, KZ-Häftlingsbekleidung, S. 170ff.; Jens-Christian Wagner (Hg.): Wiederentdeckt. Zeugnisse aus dem Konzentrationslager Holzen, Göttingen 2013.

36
Johannes Tuchel: Registrierung, Misshandlung und Exekution. Die ,Politischen Abteilungen' in den Konzentrationslagern, in: Gerhard Paul/Klaus-Michael Mallmann (Hg.): Die Gestapo im Zweiten Weltkrieg. ,Heimatfront' und besetztes Europa, Darmstadt 2000, S. 127-140, hier S. 133; siehe auch Klaus Trostorff/Herbert Weidlich: Die Politische Abteilung im Terrorsystem des KZ Buchenwald, Weimar-Buchenwald 1984, S. 32ff.; siehe auch Emil Büge: 1470 KZ-Geheimnisse. Heimliche Aufzeichnungen aus der Politischen Abteilung des KZ Sachsenhausen Dezember 1939 bis April 1943, Berlin 2010, S. 8off..

37
Elke Suhr: Die Emslandlager. Die politische und wirtschaftliche Bedeutung der emsländischen Konzentrations- und Strafgefangenenlager 1933 - 1945, Bremen 1985; Dirk Lüerssen: „Moorsoldaten" in Esterwegen, Börgermoor, Neusustrum. Die frühen Konzentrationslager im Emsland 1933 bis 1936, in: Wolfgang Benz/Barbara Distel (Hg.): Herrschaft und Gewalt. Frühe Konzentrationslager 1933 - 1939, Berlin 2002, S. 157-210; Günter Morsch: Gründung und Aufbau des Konzentrationslagers Sachsenhausen, in: Günter Morsch (Hg.): Von der Sachsenburg nach Sachsenhausen. Bilder aus dem Fotoalbum eines KZ-Kommandanten, Berlin 2007, S. 87-194; Gedenkstätte Buchenwald (Hg.): Konzentrationslager Buchenwald 1937 - 1945. Begleitband zur ständigen historischen Ausstellung, Göttingen 2011, S. 30 und 47f..

Uniformen zurückgreifen.[33] Der „Tätigkeitsbericht Nr. 2" des Verwaltungsführers im Konzentrationslager Mauthausen hielt unter dem 27. Februar 1943 dementsprechend fest, dass „an Zivilbekleidung (Altbekleidung Ost) (...) das hies. Lager als Ergänzung der knapp gewordenen Häftlingsbekleidung zugewiesen" erhielt: „6 500 Mäntel, 2 500 Röcke, 1 300 Hosen, 2 800 Westen, 18 091 Hemden und 16 213 Unterhosen".[34] Das Ergebnis war im weiteren Kriegsverlauf eine starke Ausdifferenzierung der Häftlingsbekleidung, die ihrerseits den sozialen Status und die Anwesenheitsdauer der KZ-Häftlinge widerspiegelte, wie zeitgenössische Fotos und Zeichnungen verdeutlichen.[35]

Auch bei der Etablierung der „Politischen Abteilung", die den verlängerten Arm der Polizeidienststellen im Konzentrationslager darstellte und bei Einweisungen und Entlassungen von Häftlingen deren Anweisungen umzusetzen hatte, nahm das Konzentrationslager Dachau eine Vorreiterrolle ein. Zugleich in die Administration der Häftlinge integriert, war die Politische Abteilung auch für die Führung der Häftlingskartei zuständig, sie verhörte Gefangene und stellte Transporte zusammen. Zu ihren Aufgaben gehörte nach einem am 1. September 1937 erstellten „Arbeitsplan": „I. Aufnahme der Neuzugänge, II. Sachbearbeitung während der Verwahrungsdauer, III. Überstellungen und Rückübernahmen sowie IV. Entlassungen".[36] Zur zumeist mit Misshandlungen verbundenen Aufnahmeprozedur gehörte für die neuen KZ-Häftlinge ihre erkennungsdienstliche Behandlung samt Fotoaufnahme sowie Anlegung einer Häftlingsakte, die außen die wichtigsten persönlichen Daten, die Häftlingskategorie und die Häftlingsnummer auflistete. Die Konzentrationslager Esterwegen, Sachsenhausen und Buchenwald griffen die organisatorischen Erfahrungen des KZ Dachau bei der Verwaltung, Nummerierung und Kennzeichnung der Häftlinge auf.[37]

Die den Häftlingen anstatt ihres Namens zugewiesene Nummer gab zumindest im Umgang mit den SS-Offiziellen die formelle Identität vor, die beim Rapport oder beim Grüßen eingesetzt werden musste, um Repressalien zu vermeiden. Dem Aufruf der eigenen Nummer durch die Lagerlautsprecher hatte eine sofortige Reaktion des Betreffenden zu folgen. Dass ein Vermerken der Häftlingsnummer im Notizbuch des SS-Wachmanns in aller Regel negative Konsequenzen haben würde, gehörte rasch zum Erfahrungswissen der Häftlinge. Innerhalb der Häftlingshierarchie griffen die meisten vorgesetzten Funktionshäftlinge ebenfalls auf die Nummer als Personenbezeichnung zurück, während die zwischenmenschliche Kommunikation innerhalb der eigenen Häftlingsgruppe nach Möglichkeit den Namen nutzte.

Auf Transportlisten und auf vielen weiteren Dokumenten des KZ-Kosmos führten Nummern und Namen eine denkwürdige Doppelexistenz, da beispielsweise die Transportliste vom 6. Juli 1944, auf denen die aus dem „Frauen-Lager Birkenau" des „K.L. Auschwitz" in das Konzentrationslager Ravensbrück überstellten weiblichen polnischen Häftlinge mit einer laufenden Nummer und aufsteigend geordnet nach den Häftlingsnummern, aber ergänzt um den Namen und das Geburtsdatum,

```
                3 o 5 9   Überstellungen vom
                K.L. Gross-Rosen am 25.Februar
                             1945.

                             -1-

 1.  J.Pole         8o926 Beczkowski    Mendel      1o. 5.18 Belcha-
                                                               tow.
 2.  " .Ung.        8o927 Blum          Andor        6. 5.28  Munkacz
 3.  "  Pol.        8o928 Bernstein      Moriz      27.11.o8  Paieczno
 4.  "   "          8o929 Boltmann       Mayer      24.12.24  Litzmannstadt
 5.  "  Ital.       8o93o Diporte        Marie      16. 4.26  Rom
 6.  "  Tsch.       8o931 Dominic        Moses       4. 3.23  Karlsbad
 7.  "  Pol.        8o932 Doroscow       Leon        7. 7.25  Litzmannstadt
 8.  "  Ung.        8o933 Drummer        Emil       22.12.17  Satmarnemeti
 9.  "   "          8o934 Feuerman       Heinrich   12. 4.1o  Ungvar
1o.  "   "          8o935 Feuermann      Wilmos     12. 2.o3  Zawacka
11.  "  Pole        8o936 Gaitlowitsch   Abraham    11.1o.2o  Zduiska  Pola
12.  "  Ung.        8o937 Glied          Georg       5. 2.26  Herygsanto
13.  "  Pole        8o938 Goldberg       Czhaim     15. 7.99  Litzmannstadt
14.  "   "          8o939 Goldberg       Fischel     9. 2.27       "
15.  "  Ung.        8o94o Grietz         Desider    11. 9.98  Beregszasz
16.  "   "          8o941 Grünberg       Ladislaw   25. 3.27  Kaposzvar
17.  "   "          8o942 Hoch           Chaim      2o.1o.15  Desetzty
18.  "   "          8o943 Ickowicz       Adolf      26. 4.26  Kaschau
19.  "   "          8o944 Israel         Aron        6. 6.25  Silanogfelu
2o.  "              8o945 Jakobowitsch   Bernard      1928    Marm.Sziget
21.  "   "          8o946 Kahan          Lazar      24.12.98  Borgoprund
22.  "   "          8o947 Klein          Alexander  29.1o.o3  Szatmar Nemeti
23.  "Tsch.         8o948 Klein          Georg      26. 3.29  Beneschau
24.  " Ung.         8o949 Kowacz         Desider    15.11.91  Nagykarol
25.  "              8o95o Kowacz         Eugen      19. 5.94
26.  "  Pole        8o951 Kuperberg      Abram       6. 4.2o  Kielce
27.  "   "          8o952 Lewin          Fischel    3o. 5.11  Litzmannstadt
28.  "   "          8o953 Lewy           Fischel     2. 8.2o  Lubien
29.  "   "          8o954 Lichtman       Manes       1.12.17  Litzmannstadt
3o.  " Ung.         8o955 Lorber         Alexander   3. 3.2o  Groswardein
31.  "   "          8o956 Lorber         Eduard     17. 3.22       "
32.  " Pole         8o957 Manella        Ignatz     15. 6.28  Litzmannstadt
33.  "   "          8o958 Mogelnicki     Isak       17. 7.o6  Litzmannstadt
34.  " Tsch.        8o959 Rosner         Arnost     17. 8.14  Riga
35.  " Pole         8o96o Rozenblum      Mendel      2. 2.21  Bialystock
36.  " Ung.         8o961 Salamon        Ernest     16. 2.24  Halmi
37.  "   "          8o962 Sziklen        Emerich     3. 3.25  Budapest
38.  " Pole         8o963 Szachcio       Felix       1. 2.24  Sosnowitz
39.  " Ung.         8o964 Schafer        Lazar      11.12.98  Berezno
4o.  "   "          8o965 Steinberg      Ignatz      8.12.12  Leholz
41.  "   "          8o966 Steiner        Eugen      28. 1.94  Torosa
42.  "   "          8o967 Teitelbaum     Andor      24. 4.27  Talyo
43.  "  Pole        8o968 Tenenbaum      Izaak      18. 2.o8  Litzmannstadt
```

KZ Flossenbürg: Überstellungen von Häftlingen aus dem KZ Groß-Rosen, 25.2.1945
(1.1.8.1, Dokument ID 10799923, ITS Digitales Archiv)

aufgeführt waren.[38] Andere Transportlisten nahmen weiterhin den Familiennamen als Ordnungskriterium, wie beispielsweise die Aufstellung der am 27. März 1944 aus dem KZ-Außenkommando Dora nach Bergen-Belsen transportierten 1 000 kranken KZ-Häftlinge.[39] Die Aufforderung, mit der die Arbeitsstatistik des Konzentrationslagers Buchenwald am 21. November 1944 die Häftlingsschreibstube anwies, für das Außenlager „Hecht" bis Dienstagnachmittag „250 Mann marschbereit" zu machen, enthielt ausschließlich die in aufsteigender Folge sortierten Häftlingsnummern.[40] Die betreffenden Häftlinge gehörten zur „Reserve C" oder waren im Block 19 und 58 untergebracht. Auch das Verzeichnis der Überstellungen und Rücküberstellungen des Konzentrationslagers Buchenwald kam aus verwaltungstechnischer Sicht mit der Eintragung von Häftlingsnummern aus, da ein Eintrag vom 2. Oktober 1944 festhielt:

38
Konzentrationslager Frauen-Lager Birkenau, Abteilung III/a, K.L. Auschwitz betr. Transportliste (poln. Häftl.) vom 6.7.1944, auszugsweise abgedruckt in: Irena Strzelecka: Das Frauenlager im KL Auschwitz-Birkenau (BIa, BIb), in: Hefte von Auschwitz, Nr. 24, Oświęcim 2009, S. 7-124, hier S. 65f.; siehe auch Überstellungen vom K.L. Gross-Rosen am 25.2.1945 (1.1.8.1, Dok. Nr. 10799923, ITS Digitales Archiv).

39
Transportliste vom 27.3.1944, abgedruckt in: Stiftung niedersächsische Gedenkstätten (Hg.): Bergen-Belsen. Kriegsgefangenenlager 1940 - 1945, Konzentrationslager 1943 - 1945, Displaced Persons Camp 1945 - 1950. Katalog der Dauerausstellung, Göttingen 2009, S. 194, siehe auch die Aufstellung der Politischen Abteilung des Konzentrationslagers Buchenwald vom 20.1.1945, ebd., S. 200.

40
Konzentrationslager Buchenwald, Arbeitsstatistik an Häftlingsschreibstube betr. Transport Hecht vom 21.11.1944 (Bundesarchiv Berlin, Bestand NS 4 Bu, Nr. 134).

41
Konzentrationslager Buchenwald betr. Verzeichnis der Überstellungen und Rücküberstellungen (Bundesarchiv Berlin, Bestand NS 4 Bu, Nr. 136a)

42
Ich danke der Gedenkstätte Buchenwald, Herrn Torsten Jugl, für die auf der Basis der dortigen Unterlagen zusammengestellten Informationen, Schreiben von Torsten Jugl an den Verfasser vom 25.7.2013.

43
Konzentrationslager Buchenwald betr. Facharbeiter-Musterung „Stein" (Juden) vom 18.2.1945, S. 3 (Bundesarchiv Berlin, Bestand NS 4 Bu, Nr. 231); zum Außenlager „Hecht" siehe Manfred Grieger: Das KZ-Außenlager „Hecht" in Holzen bei Eschershausen, in: Wagner, Wiederentdeckt, S. 184-191.

44
Aus der Fülle der Literatur etwa Walter Poller: Arztschreiber in Buchenwald. Bericht des Häftlings 996 aus Block 36, Hamburg 1946; Renate Müller De Paoli: Salomon Finkelstein. Häftling Nummer 142.340, Hannover 2012.

45
Primo Levi: Ist das ein Mensch?, München; Wien 1988, S. 34.

46
Ebd., S. 50; Levi, „Häftl. Nr. 176 517", wurde vom 30. März bis 20. April 1944 im Häftlingskrankenbau des KZ-Lagers Auschwitz-Monowitz behandelt und unter der laufenden Nummer 21 669 in das Zu- und Abgangsverzeichnis eingetragen (1.1.2.1, Dok. Nr. 507601, ITS Digitales Archiv).

„von Hecht flüchtig 76 943".[41] Beim Häftling Nr. 76 943 handelte es sich um den am 11. November 1920 geborenen Franzosen Hubert Blanchetier, der am 20. August 1944 in das Konzentrationslager Buchenwald eingeliefert worden war. Zunächst war er im Zeltlager im „Kleinen Lager", dem Quarantänebereich des KZ-Hauptlagers, untergebracht. Am 14. September 1944 gehörte er zum ersten Häftlingskommando, das in das Außenlager „Hecht" bei Holzen überstellt wurde. Von dort floh er am 2. Oktober 1944. Am 17. November 1944 tauchte sein Name in der täglich erstellten Veränderungsmeldung für das Lager Buchenwald als „entlassen" vom Kommando Hecht auf. Das deutet daraufhin, dass Blanchetier nach seiner Wiederergreifung der Gestapo übergeben wurde. Gescheiterte Fluchtversuche führten in den meisten Fällen zur Exekution, dagegen findet sich Blanchetier allerdings in dem bis März 1945 geführten Nummernbuch des KZ Buchenwald mit der Angabe, dass er zuletzt in Block 51 des Stammlagers untergebracht war.[42] Wann er von der Gestapo an die Konzentrationslager-SS übergeben wurde und ob er Strafmaßnahmen erleiden musste, ist unklar. Blanchetier dürfte die Befreiung erlebt haben.

Die am 17./18. Februar 1945 erfolgenden „Facharbeiter-Musterungen" für das Außenlager „Stein" betrafen immerhin 574 Häftlinge, deren Aufstellung durchgehend nummeriert war. Die Abfolge auf der Liste ergab sich aber weder aus der Häftlingsnummer noch aus dem aufgeführten erlernten Beruf. Dass dieser aber im Gegensatz zum Namen Berücksichtigung fand, hatte mit dem geplanten Anlauf der Rüstungsfertigung im „Hecht"-Komplex zu tun. In diesem Zusammenhang wollte Arbeitseinsatzführer Schwarz noch entscheiden, die „Musterung auf 600 Häftl. mit Pressenfachleuten oder Schlossern und Klempner zu ergänzen".[43]

Die Erfahrung, zur Nummer gemacht worden zu sein, durchzieht die autobiographische Literatur ehemaliger Häftlinge.[44] Sowohl seiner Zugehörigkeit zur menschlichen Gattung beraubt, mithin dehumanisiert, als auch entindividualisiert worden zu sein, beschrieb beispielsweise Primo Levi, wenn er seine damalige Verwunderung festhielt, dass 650 „Stück", das Synonym der SS-Wachen für italienische Juden, auf Transport nach Auschwitz geschickt wurden.[45] In dem Kapitel „In der Tiefe" findet sich folgende Sequenz: „‚Häftling': ich lernte, dass ich ein ‚Häftling' bin. Mein Name ist 174 517; wir wurden getauft, und unser Leben lang werden wir das tätowierte Mal auf dem linken Arm tragen. (…) Erst viel später und nur nach und nach lernte ein Teil von uns einiges von der makabren Wissenschaft der Auschwitz-Nummern, (…). Den Alten des Lagers sagte die Nummer alles: die Zeit des Lagereintritts, den Transport, mit dem man gekommen ist und demnach auch die Nationalität."[46] Die Nummer bot also Orientierung und war zugleich Mal eines vorbestimmt scheinenden Schicksals. Den meisten Häftlingen blieb ihr anderes, gewaltsam oktroyiertes Ich auch dann dauerhaft in Erinnerung, selbst wenn ihnen die Zahl nicht tätowiert wurde.

3. Erfassung, Verfolgung und Vernichtung der Juden

Den Hauptgegner der Nationalsozialisten bildete nach 1933 zunächst die politische Opposition, die zerschlagen werden sollte. Der rassistische Völkermord richtete sich zu einem späteren Zeitpunkt dann vor allem gegen Juden, aber auch gegen Sinti und Roma, ähnlich auch gegen Slawen. Bereits in der Frühphase der NS-Herrschaft kam es allerdings bereits zu antijüdischen Übergriffen, wobei viele NSDAP-Aktivisten diejenigen kannten, die in ihrem Einzugsgebiet als Juden galten. Und sie wussten, wo diese wohnten. Dementsprechend richteten sich die „Boykott"-Aktionen am 1. April 1933 zumeist gegen bekannte jüdische Geschäfte. Polizeiberichte über Verwüstungen oder persönliche Übergriffe auf jüdische Eigentümer, Mitarbeiter und Hausbewohner enthielten aber schon deren Namen, die dadurch Eingang in Akten und Aufnahme in Listen fanden.[47] Darüber hinaus kam es auf Initiative einzelner Beamter zur Abfrage der Personalien von im zuständigen Wohnbezirk lebenden Juden.[48]

Systematischer wurde das Wissen, nachdem der Leiter des Geheimen Staatspolizeiamts in Preußen, Rudolf Diels, am 11. Juli 1933 die Staatspolizeistellen und den Polizeipräsidenten in Berlin wegen des angeblich beobachteten „besonders starken Eindringens marxistischer Elemente in jüdische, insbesondere national-jüdische Vereine und Verbände" aufgefordert hatte, bis zum 5. August 1933 Aufstellungen der „a) jüdischen politischen Vereine pp., sowie ihrer Nebenorganisationen aller Art, b) jüdischen angeblich unpolitischen Vereine (...), c) jüdischen Logen oder logenartigen Verbände, d) ausländischen Juden, e) inländischen Juden, die bisher in irgendeiner Form in politischer Hinsicht in Erscheinung getreten sind", einzureichen.[49] Die personenbezogenen Nachweisungen hatten „Geburtsname, Vorname, Stand, Geburtsort, Tag, Monat und Jahr, Staatsangehörigkeit, Wohnung und Straße, Familienstand, Glaubensbekenntnis und die politische Einstellung" zu enthalten. Auch wenn Diels noch sibyllinisch ergänzte, dass er sich „über den Verwendungszweck der Nachweisung (...) Entscheidung" vorbehalte, band sich die preußische Polizeistruktur früh und ohne erkennbaren Druck in die Erfassung von Juden und ihrer Lebensäußerungen ein.[50]

Ab August 1935 erfolgte die namentliche Erfassung von Juden, nachdem vom Geheimen Staatspolizeiamt eine Anweisung ergangen war, dass die Staatspolizeileitstellen eine Bezirkskartei der Mitglieder jüdischer Vereine anzulegen hatten.[51] Die im Zuständigkeitsbereich bestehenden jüdischen Organisationen mussten der Gestapo vierteljährlich aktualisierte Mitgliederlisten einreichen, die die Namen, den Geburtsort und -tag, Adresse und Beruf sowie Eintrittsdatum und Funktion enthielten. Da in der Etablierungsphase der NS-Diktatur die Zerschlagung der politischen Gegnerorganisationen und die blutige Verfolgung ihrer Funktionäre und Anhänger den Schwerpunkt der polizeilichen Arbeit gebildet hatten, erfolgte bei den Staatspolizeileitstellen erst nach der Verkündung der Nürnberger Gesetze die Einrichtung von „Judenreferaten".

47
Gerhard Paul: Der Judenboykott vom 1. April 1933. Vom Original-bild zur Retusche. Etappen der lokalen Erinnerungspolitik, in: Jürgen Matthäus/Klaus-Michael Mallmann (Hg.): Deutsche, Juden, Völkermord. Der Holocaust als Geschichte und Gegenwart. Konrad Kwiet zum 65. Geburtstag gewidmet, Darmstadt 2006, S. 293-310; Avraham Barkai. Vom Boykott zur „Entjudung". Der wirtschaftliche Existenzkampf der Juden im Dritten Reich 1933 - 1943, Frankfurt am Main 1988, S. 26ff.

48
Roland Maier: Die Verfolgung und Deportation der jüdischen Bevölkerung, in: Bauz/Brüggemann/Maier, Geheime Staatspolizei, S. 259-304, hier S. 267.

49
Graf, Politische Polizei, S. 429.

50
Maier, Verfolgung S. 261ff..

51
Ebd., S. 267; Berschel, Bürokratie, S. 182.

52
Ebd., S. 101ff.; Volker Eichler: Das Judenreferat der Frankfurter Gestapo, in: Monica Kingreen (Hg.): „Nach der Kristallnacht". Jüdisches Leben und antijüdische Politik in Frankfurt am Main 1938 - 1945, Frankfurt am Main; New York 1999, S. 237-258.

53
Staatspolizeistelle Lüneburg betr. Gesamtübersicht über die im Staatspolizeibezirk Lüneburg ansässigen Juden einschließlich Kinder unter 15 Jahren vom 1.8.1937 (Niedersächsisches Landesarchiv, Hauptstaatsarchiv Hannover, Bestand Hann. 180 Lüneburg, Acc. 3/016 Nr. 430); siehe auch Manfred Grieger: Zwischen Krise und Krieg. Hoffmann-Stadt Fallersleben in der Hitler-Zeit, in: Stadt Wolfsburg (Hg.): Hoffmannstadt Fallersleben. Zeitreise durch ein Jahrtausend, Braunschweig 2010, S. 274-305, insbesondere S. 294.

54
Wolf Gruner: Judenverfolgung in Berlin 1933 - 1945. Eine Chronologie der Behördenmaßnahmen in der Reichshauptstadt, Berlin 2009, S. 110; Berschel, Bürokratie, S. 184.

55
Maier, Verfolgung, S. 268; Aly/Roth, Erfassung, S. 55ff.; Gudrun Exner/Peter Schimany: Amtliche Statistik und Judenverfolgung. Die Volkszählung von 1939 in Österreich und die Erfassung der österreichischen Juden, in: Geschichte und Gesellschaft 32 (2006), Nr. 1, S. 93-118; vgl. dagegen Jutta Wietog: Volkszählungen unter dem Nationalsozialismus. Eine Dokumentation zur Bevölkerungsstatistik, Berlin 2001, S. 20.

56
Berschel, Bürokratie, S. 107, siehe auch Michael Zimmermann: Die Gestapo und die regionale Organisation der Judendeportationen. Das Beispiel der Stapo-Leitstelle Düsseldorf, in: Paul/ Mallmann, Gestapo, S. 357-372.

57
Maier, Verfolgung, S. 293; Berschel, Bürokratie, S. 367ff..

58
Andreas Heusler: Fahrt in den Tod. Der Mord an den Münchner Juden in Kaunas (Litauen) am 25. November 1941, in: Stadtarchiv München (Hg.): „… verzogen, unbekannt wohin". Die erste Deportation von Münchner Juden im November 1941, Zürich; München 2000, S. 13-24, hier S. 15f..

59
Geheime Staatspolizei, Staatspolizeileitstelle München, Referat II B betr. Evakuierung von Juden nach Riga aus dem Stapobereich München vom 13.11.1941, abgedruckt in: ebd., Dok. 12.

60
Rolf Fischer: Ohne Rückkehr. Die Deportation der Juden aus dem Regierungsbezirk Arnsberg nach Zamość im April 1942, in: Ralf Piorr (Hg.): Ohne Rückkehr. Die Deportation der Juden aus dem Regierungsbezirk Arnsberg nach Zamość im April 1942, Essen 2012, S. 18-48, hier S. 22f..

Im Oktober 1935 entstand in der Gestapostelle Düsseldorf das Referat II 1 B2, das im weiteren Verlauf die Überwachung und Reglementierung des jüdischen Vereins- und Gemeindelebens, aber auch die Erfassung der jüdischen Bevölkerung und die Verfolgung von „Rassenschande"-Fällen oder von Verstößen gegen Kennzeichnungsbestimmungen übernahm.[52] Selbst die verstreut auf dem Land wohnenden Juden, etwa in dem Landstädtchen Fallersleben, wurden akribisch gezählt und ihre Anwesenheit unter Zuhilfenahme der örtlichen Polizei regelmäßig überprüft.[53]

Zur weiteren Vervollständigung der Erfassungsmaßnahmen von ansässigen Juden führte die am 23. Juli 1938 allen Juden im Sinne der Nürnberger Gesetze auferlegte Pflicht, eine Kennkarte zu beantragen.[54] Aus den bei der Volkszählung im Mai 1939 entstandenen Erhebungen stellte das Statistische Reichsamt eine Kartei der Juden und „Mischlinge" zusammen, die, ergänzt um die Angaben der jüdischen Reichsvereinigung und ihrer regionalen Untergliederungen und Passfotos, ab 1940 der Erstellung einer Zentralkartei der Juden diente.[55] Im Zuge der verschärften Verfolgung von Juden, ihrer erzwungenen Emigration oder auch ihrer Ausgrenzung, Entwurzelung und Konzentration vergrößerte die Gestapo das mit antijüdischen Maßnahmen betraute Personal, sodass beispielsweise das Judenreferat der Gestapo Düsseldorf 1938 bis 1942 sieben Mann zählte.[56] Nachdem die nationalsozialistische Judenpolitik von der Vertreibung zur Deportation übergegangen war, erstellten die jeweiligen Staatspolizeileitstellen nach Eingang eines vom Reichssicherheitshauptamt ausgestellten Deportationsbefehls die Listen der zu Deportierenden insbesondere auf Basis der Angaben der Judenkarteien.[57] Alphabetisch sortierte Transportlisten benannten die Opfer des Völkermords. Nachdem im Oktober 1941 die systematischen Deportationen deutscher Juden etwa aus Berlin, Düsseldorf und Wien eingesetzt hatten, fuhr aus München am 20. November 1941 der erste Deportationszug mit 1 000 Juden mit dem Ziel Kaunas ab.[58] Die Staatspolizeileitstelle München hatte der Israelitischen Kultusgemeinde München zuvor aufgegeben, ihr 1 000 Personen zur „Evakuierung" zu benennen. Die betreffenden Personen erfasste die Gestapo am 13. November 1941 listenmäßig,[59] um sie in der „Judensiedlung Milbertshofen" zusammenzuführen. Münchner Schutzpolizisten begleiteten die Marschkolonne dann am 20. November 1941 zum Bahnhof Milbertshofen; 12 Schutzpolizisten bewachten den Transportzug während der dreitägigen Fahrt nach Kaunas. Am 25. November 1941 fielen alle aus München deportierten Juden einer Erschießungsaktion von Angehörigen des Einsatzkommandos 3 zum Opfer.

Die Vorbereitung der Deportationslisten und die Abwicklung des Abtransports erfolgte an den unterschiedlichen Orten nach einem ähnlichen Muster. Die Gestapo-Außendienststelle Bochum informierte beispielsweise am 8. Mai 1942 die Polizei in Herne mit einer namentlichen Aufstellung darüber, dass die aufgelisteten Herner Juden am 28. April 1942 „nach dem Osten abgeschoben worden" waren.[60] Der Herner Polizei wurde zugleich aufgetragen, für die „polizeiliche Abmeldung" zu sorgen und auf den

Meldekarten lediglich den Vermerk anbringen zu lassen: „Am 28.4.1942 unbekannt verzogen (evakuiert)."

Indem das verwaltungstechnische Netz immer enger um die jüdische Minderheit gezogen wurde, dienten die zentral und dezentral gewonnenen Kenntnisse über die betreffenden Individuen und Familien der Fortentwicklung und Umsetzung der antijüdischen Maßnahmen bis hin zur Deportation. Die fast lückenlose Erfassung bildete die Voraussetzung für die Deportation und Ermordung der meisten Juden, die nach Kriegsbeginn noch im Deutschen Reich gewohnt hatten.[61] An den Tötungsstätten angekommen, erfolgte ihre Erschießung an offenen Gruben oder ihre Vergasung in den Vernichtungsstätten ohne weitere namentliche Registrierung.[62] Nur eine Minderheit der Juden fand überhaupt Aufnahme in das KZ-System und blieb zunächst am Leben. Ihre Namen verschwanden dann hinter der für die KZ-Situation typischen Häftlingsnummer. Für den Fall eines Transports in ein anderes Lager führte zumindest die Transportliste zusätzlich ihren Namen auf. Selbst wenn der Name dokumentarisch überliefert wurde, verlor sich die Spur vieler Juden im KZ-Kosmos, sodass ihr Tod gewissermaßen ortlos blieb.

4. Der „verwaltete Mensch" als Formel der bürokratischen NS-Herrschaft über Leben und Tod

Kaum ein Überlebender hat die Monströsität des Menschheitsverbrechens an den europäischen Juden, die eigene Ohnmacht und die Zufälligkeit des Überlebens im KZ-System so früh und exakt auf Begriffe gebracht wie der am 2. Juli 1910 in Prag geborene Jude Hans Günther Adler. Zunächst mit seinen Eltern und seiner Schwester in das Ghetto Theresienstadt gebracht, wurde der als „Arbeiter" geführte Promovierte zusammen mit seiner fünf Jahre älteren Schwester, einer Ärztin, nach Auschwitz deportiert.[63] Aus dem Konzentrationslager Auschwitz ohne „Effekten übersandt" und am 19. November 1944 im Konzentrationslager Buchenwald als Zugang unter der Nummer 95 714 als „Polit. Tscheche – Jude" registriert,[64] erlebte Adler als einziger seiner Familie im Außenlager Langenstein-Zwieberge des KZ Buchenwald die Befreiung. In seinem zuerst 1955 erschienenen umfangreichen Werk „Theresienstadt 1941-1945" beschrieb er das dortige Leben und Sterben als „Zwangsgemeinschaft" und zog hierbei auch Materialien des Internationalen Suchdienstes heran.[65] Seine Darstellung des Alltags von Überleben und Sterben, die Schilderung der Kulturleistungen und Bildungsanstrengungen und auch die Problematisierung des Wirkens der dortigen „Judenältesten" gehörten zu den herausragenden Ergebnissen der frühen Historiographie zum Holocaust. Das Entstehen dieser distanzierten und über weite Strecken bis heute gültigen Analyse verdankte sich wohl auch dem Versuch des Autoren, das eigene Erleben und die Zeugenschaft in die wissenschaftsförmige Betrachtung einzubringen, um die Verfolgungserfahrung außerhalb eines aktualisierten Empfindens

61
Stefan Baumeister: Zur Organisation und Realisation der Schoah. Rechtliche, institutionelle, organisatorische und verwaltungstechnische Voraussetzungen des Massenmords an den europäischen Juden, Konstanz 2001, S. 307ff.; Eric A. Johnson: Der nationalsozialistische Terror. Gestapo, Juden und gewöhnliche Deutsche, Berlin 2001, S. 405ff..

62
Saul Friedländer: Das Dritte Reich und die Juden. Bd. 2: Die Jahre der Vernichtung 1939-1945, München 2006, S. 235ff. und 384ff.; siehe auch Arno J. Mayer: Der Krieg als Kreuzzug. Das Deutsche Reich, Hitlers Wehrmacht und die „Endlösung", Reinbek bei Hamburg 1989, S. 405ff. und 560ff..

63
Ghetto Theresienstadt, Transportliste von Theresienstadt nach Auschwitz vom 12.10.1944, Nr. 1 461 und 1 460 (1.1.42.1, Dok. Nr. 5412589, ITS Digitales Archiv).

64
Konzentrationslager Buchenwald: Effektenkarte von Hans Adler (1.1.5.3, Dok. Nr. 5412589, ITS Digitales Archiv); Konzentrationslager Buchenwald: Häftlings-Personal Karte für Hans Adler (1.1.5.3, Dok. Nr. 5412590#1, ITS Digitales Archiv).

65
Hans G. Adler: Theresienstadt 1941-1945. Das Antlitz einer Zwangsgemeinschaft. Geschichte, Soziologie, Psychologie, Tübingen 1955; H. G. Adler an Internationaler Suchdienst vom 29.12.1954 (1.1.0.7, Dok. Nr. 87766115, ITS Digitales Archiv); Internationaler Suchdienst an H. G. Adler o.D. (Entwurf) (1.1.0.7, Dok. Nr. 87766116, ITS Digitales Archiv).

1449	Langer Valerie	1.11.1899	Haushalt	41/R
1450	Weiner Anna	8.6.1893	Haushalt	714/U
1451	Weisz Olga	18.12.1887	Haushalt	828/?
1452	Nykerk-Goudvis Dolfje	10.1.1890	Arbeiterin	2052-XXIV/7
1453	Wachtel Dr.Alex	25.1.1881	Arbeiter	752-XXIV/2
1454	Frankenthal Dr.Ludwig	27.11.1885	Chirurg	231-XXIV/7
1455	Frankenthal-Hinrichsen Ilse	29.1.1904	Haushalt	202-XXIV/7
1456	Frankenthal Günther	28.9.1929	Jugendl.	203-XXIV/7
1457	Frankenthal Wolfgang	10.6.1931	Jugendl.	204-XXIV/7
1458	v.Blankenstein Philipp	21.2.1886	Arzt	1941-XXIV/7
1459	Hochwald Ida	12.3.1881	Haushalt	555/K
1460	Adler MUDr Gertrude	9.12.1905	Aerztin	454/W
1461	Adler Dr.Hans Günther	2.7.1910	Arbeiter	982/W

Ghetto Theresienstadt: Auszug aus Transportliste zum Transport EQ aus Theresienstadt nach Auschwitz, 12.10.1944 (1.1.42.1, Dokument ID 4959366, ITS Digitales Archiv) Hans Günther Adler wird unter der Nummer 1 461 aufgeführt.

66
Franz Hocheneder: H. G. Adler (1910 - 1988). Privatgelehrter und freier Schriftsteller, Wien; Köln; Weimar 2009, S. 316.

67
Hans-Günther Adler: Die Erfahrung der Ohnmacht. Beiträge zur Soziologie unserer Zeit, in: ders.: Die Erfahrung der Ohnmacht. Beiträge zur Soziologie unserer Zeit, Frankfurt am Main 1964, S. 193-209.

68
Wolfgang Sofsky: Die Ordnung des Terrors. Das Konzentrationslager, Frankfurt am Main 1993; Hans-Günther Adler: Gedanken zu einer Soziologie des Konzentrationslagers, in: ders., Erfahrung, S. 210-226; siehe auch Hocheneder, Adler, S. 142ff. und 202ff..

69
H. G. Adler: Der verwaltete Mensch. Studien zur Deportation der Juden aus Deutschland, Tübingen 1974, S. XXIII.

70
Hocheneder, Adler, S. 219.

71
Adler, Mensch, S. XXX.

72
Ebd., S. 867.

zu halten. Adler, der sich wegen der Identität seiner Vornamen mit dem Namen des Vertreters von Adolf Eichmann im so genannte Protektorat Böhmen und Mähren, SS-Sturmbannführer Hans Günther, als Autor fortan nur H. G. Adler nannte,[66] setzte auch in seiner 1964 erschienenen Aufsatzsammlung „Die Erfahrung der Ohnmacht" die Überformung der Erfahrung durch eine „Soziologie der Verfolgung" fort.[67]

Lange bevor beispielsweise Wolfgang Sofsky für seinen strukturellen Zugang zur Konzentrationslagerexistenz Anerkennung fand, bereitete Adler mit seinen „Gedanken zu einer Soziologie des Konzentrationslagers" das begriffliche Feld.[68] Vermittels seiner distanzierten Reflexion stellte er die Funktionsweise der Judenausgrenzung, der Deportation und der schließlichen Vernichtung als kalten bürokratischen Akt dar und nahm hierzu sogar den „Blickpunkt des Verfolgers" ein.[69] Der Titel „Der verwaltete Mensch" stand dabei nicht am Anfang der Arbeit, sondern bündelte die Ergebnisse seiner Überlegungen.[70] Ihm ging nach und nach auf, dass er die Deportationsopfer als „verwaltete Menschen" zu begreifen hatte. Eingedenk der Bedingungen der NS-Diktatur kam er zu dem Schluss: „So ist der Mensch versklavt und als Sklave zur Sache geworden, deren Herr und Eigentümer – der befugte Inhaber einer Funktion im Staate – sie nicht mehr beherrscht und nicht regiert, sondern nur noch verwaltet."[71] Ein tieferes Verständnis der Judenvernichtung war seiner Ansicht nach nur durch die Anerkennung des Völkermords an den Juden als „Verwaltungsgeschehen" zu erreichen, da eine „herabgekommene, eine pervertierte Verwaltung durch das Wirken sogenannter ‚Schreibtischmörder' zur Verwirklichung des Völkermords herangezogen wurde".[72] Damit deckten sich viele seiner Befunde ebenso mit der grundlegenden, aber erst

1982 ins Deutsche übersetzten Studie von Raul Hilberg,[73] wie die funktionalistische Schule der deutschen NS-Forschung wesentliche Anregungen durch die Studien von Hans-Günther Adler erhielt.[74] Er selbst bezeichnete „Der verwaltete Mensch" als „ein kommendes Buch", das erst in fernerer Zukunft verstanden werden würde.[75]

Die von Adler angegebene Frist von zwei bis drei Jahrhunderten bis zum Erreichen eines tieferen Verständnisses seiner Ergebnisse war übertrieben, denn der polnische Soziologe Zygmunt Bauman wies in seiner 1992 erschienen „Dialektik der Ordnung" gerade die „Entmenschlichung des bürokratischen Objekts" als Movens der Judenvernichtung aus und kam zum Fazit: „ Der bürokratische Handlungsmodus (...) enthält sämtliche Elemente, die zur Vollstreckung eines Genozids erforderlich sind."[76] Indem er die Bürokratie zu der einen Voraussetzung des Holocaust zählte, benannte er mit dem „kühnen Entwurf einer besseren, vernünftig-rationalen sozialen Ordnung", die neben einer Realisierungsmöglichkeit auch eine durch Entschlossenheit geprägte Trägergruppe finden musste, einen zweiten Motivstrang, der zum „Vollzug" einer genozidalen Gesellschaftsorientierung führte.[77] Dass dies den Völkermord an den europäischen Juden der Ambivalenz der Moderne zuschrieb, gehört vielleicht zu den beunruhigendsten Faktoren der Auseinandersetzung mit den Dehumanisierungstendenzen des Nationalsozialismus.[78]

5. In den Händen der Freunde

Um den Überlebenden nach ihrer Befreiung Hilfe zukommen lassen zu können, erfolgte unter veränderten Bedingungen erneut eine listenmäßige Erfassung. Beispielsweise führte die weitgehend alphabetisch sortierte Aufstellung „Jews living in the area Brunswick" vom 31. Januar 1946 gleich zu Beginn unter den laufenden Nummern 1 und 2 Lea und Sara Bass aus Lublin und unter der Nummer 33 einen „Frenkiel, Manfred" aus Braunschweig auf.[79] Der verwaltungstechnische Umgang mit den Menschen diente der Unterstützung der Betroffenen bei der Unterbringung, bei der bevorrechtigten Versorgung mit Lebensmitteln, Wohnraum und Gesundheitsmaßnahmen oder zur Klärung von Einwanderungsmöglichkeiten. Darüber hinaus machte die Suche nach Verwandten oder die Bemühung um Entschädigungsleistungen eigene Angaben in Fragebögen und Formularen notwendig. Die Unterstützung von Individuen fand in Listen und Aufstellungen Niederschlag, die in den Jahren der Verfolgung eine ähnliche formale Gestaltung besessen hatten. Den Unterschied machte, dass es sich um Maßnahmen zum Wohle der überlebenden Juden und zudem nicht selten um Eigenangaben und Selbstdefinitionen handelte. Der Geschichtswissenschaft steht damit eine die Nachgeschichte der Verfolgung widerspiegelnde Dokumentenbasis zur Verfügung, die Menschen nicht allein auf ihre vorherige Verfolgung als NS-Opfer beschränkt, sondern sie stattdessen auch als eingreifende und selbstständig handelnde Personen zeigt.

73
Raul Hilberg: Die Vernichtung der europäischen Juden. Die Gesamtgeschichte des Holocaust, Berlin 1982; das englischsprachige Original war 1961 unter dem Titel „The Destruction of European Jews" in Oxford, New York und Chicago erschienen; siehe auch Raul Hilberg: Unerbetene Erinnerung, Der Weg eines Holocaust-Forschers, Frankfurt am Main 1994.

74
Nicolas Berg: Der Holocaust und die westdeutschen Historiker. Erforschung und Erinnerung, Göttingen 2003, S. 637.

75
Zit. nach Hocheneder, Adler, S. 320.

76
Zygmunt Bauman: Dialektik der Ordnung. Die Moderne und der Holocaust, Hamburg 1992, S. 119.

77
Ebd. S. 121.

78
Riccardo Bavaj: Die Ambivalenz der Moderne im Nationalsozialismus. Eine Bilanz der Forschung, München 2003, S. 53ff..

79
Jews Living in the Area of Brunswick vom 31.1.1946 (3.1.1.3, Dokument ID 78798714, ITS Digitales Archiv).

80
Aus der Fülle der einschlägigen Publikationen etwa Hans Zeger: Mensch. Nummer. Datensatz. Unsere Lust an totaler Kontrolle, Salzburg 2008, S. 213ff..

81
Gerd E. Hoffmann/Barbara Toetze/Adalbert Podlech, Nummerierte Bürger, Wuppertal 1975; Franz Martin Schmölz: Die Entrechtung des Bürgers durch Bürokratie, in: Leonhard Göke (Hg.): Der verwaltete Mensch – Bürokratie – Die Kehrseite des Rechts- und Sozialstaates?, Düsseldorf 1981, S. 9-18.

82
Manfred Grieger/Ulrike Gutzmann (Hg.): Überleben in Angst. Vier Juden berichten über ihre Zeit im Volkswagenwerk in den Jahren 1943 bis 1945, Wolfsburg 2012; siehe auch Susanne Urban: Koordinaten jüdischer Erinnerung. Jüdische Zwangsarbeiter und Juden mit falschen Papieren im Volkswagenwerk, in: ebd., S. 6-18.

83
Alain Corbin: Auf den Spuren eines Unbekannten. Ein Historiker rekonstruiert ein ganz gewöhnliches Leben, Frankfurt am Main; New York 1999.

Im Zeitalter des Datenschutzes und der bei nicht wenigen Bürgern bestehenden Befürchtungen, ungefragt als Nummer oder Datensatz behandelt zu werden oder bürokratischer Informationssammelwut zu unterliegen,[80] scheinen Personenlisten das prekäre Verhältnis von Individuum und bürokratischer Macht selbst in einem Rechtsstaat zu unterstreichen.[81] Für das Vorhaben, auf dokumentarischer Basis das Wiedereintreten der vier Jüdinnen und Juden, die in der Veröffentlichung „Überleben in Angst" ihre Erinnerungen an die Zeit der Verfolgung geschildert hatten,[82] in ein selbstbestimmtes Leben nachzuzeichnen, sind diese Unterlagen aber unverzichtbar. Erst die Einbeziehung der Listen der Bürokratie des Überlebens und des Neuanfangs ermöglicht, die nicht ganz gewöhnlichen Leben ansonsten unbekannt bleibender Menschen und ihrer Umbruchssituation nach der Verfolgung nachzuzeichnen.[83]

Karteikästen zur Aufbewahrung von DP-Registrierungen, 2012

Dokumentenraum des ITS mit den Konzentrationslagerbeständen, 1950er Jahre

René Bienert

Claimed Nationality – Desired Destination.

Selbstdefinitionen von Shoah-Überlebenden im Spiegel der DP-Registrierungsunterlagen

[1]
Dieter Pohl: Das NS-Regime und das internationale Bekanntwerden seiner Verbrechen, in: Frank Bajohr/Dieter Pohl: Der Holocaust als offenes Geheimnis. Die Deutschen, die NS-Führung und die Alliierten, München 2006, S. 84-130; E. Thomas Wood/ Stanisław M. Jankowski: Jan Karski. Einer gegen den Holocaust. Als Kurier in geheimer Mission, Gerlingen 1997.

[2]
Martin Gilbert: Auschwitz und die Alliierten, München 1982; Heiner Lichtenstein: Warum Auschwitz nicht bombardiert wurde, Köln 1980.

Die im International Tracing Service (ITS) verwahrten Dokumente aus der Nachkriegszeit umfassen eine Vielzahl von unterschiedlichen Listen, Registraturen und Akten zu Displaced Persons (DP) und bieten damit ein bisher wenig genutztes Material zur Untersuchung des Lebens jüdischer DPs nach ihrer Befreiung. Eine eingehendere Betrachtung dieser Dokumente verdeutlicht, vor welchen Herausforderungen und vor welchen Fragen die Überlebenden der Shoah standen. Ebenso spiegeln sich in den Dokumenten der Nachkriegszeit die Selbstdefinitionen und Identitäten der von den Nationalsozialisten ihrer Individualität beraubten und zu Opfern degradierten Menschen. Um diese Aspekte aus den Dokumenten herauslesen zu können, werden die verschiedenen Unterlagen und Formulare im Folgenden detaillierter in den Blick genommen und mit einer Beschreibung der dafür herangezogenen Quellen verbunden.

1. Hilfe organisieren

Nach 1941 erreichten die Alliierten zunehmend Nachrichten über die vernichtende NS-Verfolgungspolitik und der Shoah, die etwa in Form von Berichten über Massenerschießungen in Polen und der Sowjetunion oder die Zustände im Warschauer Ghetto durch den polnischen Untergrund und Kuriere wie Jan Karski nach London geschmuggelt worden waren.[1] Zwar war für die Alliierten das Ausmaß des Krieges und der nationalsozialistischen Verfolgungs- und Vernichtungsmaßnahmen zunehmend sichtbar, jedoch blieb ihr Eingreifen zur Beendigung des Völkermords aus.[2] Allerdings war nach der Schlacht um Stalingrad Anfang 1943 zusehends absehbar, dass die Alliierten Nazideutschland besiegen würden. Damit gewannen Fragen, wie beispielsweise die nötige Hilfe für die zu erwartenden Millionen von Befreiten und Überlebenden organisiert werden sollte, an Bedeutung. Denn es zeichnete sich ab, dass die Alliierten nach dem Sieg über das nationalsozialistische Deutschland vor enormen logistischen und humanitären Herausforderungen stehen würden.

Die daraufhin am 9. November 1943 im Weißen Haus in Washington von 44 Nationen gegründete „United Nations Relief and Rehabilitation Administration" (UNRRA) bekam die Aufgabe, für die Registrierung, Unterstützung und Repatriierung der aus

Morning Report of **1945**

Nationality	Men	Women	Children 6—14	Children under 6	Preg.	Total
Polish						
Russian						
French						
Belgian						
Italian						
Dutch						
Others						
Total						

Bldgs.	Nationality	Men	Women	Children 6—14	Children under 6	Preg.	Total
1							
2							
3							
4							
5	Infirmary						
6							
7							
8							
9							
10							
11							
12							
13							
14							
15							
16							
17							
Total							

Formular „Morning Report of … 1945" zur zahlenmäßigen Erfassung von DPs
(3.1.1.2, Dokument ID 81978807, ITS Digitales Archiv)

den Mitgliedsstaaten der UNO stammenden Personen zu sorgen.[3] Hierzu kooperierte die 1945 von der UNO übernommene Organisation mit dem „Surpreme Headquarter of Allied Expeditionary Forces" (SHAEF), das aber die Zuständigkeit für die befreiten Bürger aus den UNO-Mitgliedsstaaten zunächst für sich rekurrierte. Die ersten UNRRA-Teams kamen im Juli 1945 nach Deutschland. Das UNRRA-Hauptquartier für Deutschland saß von September 1945 an in Höchst, bevor es im Dezember 1945 in das unzerstörte Arolsen in Waldeck verlegt wurde. Eine essentielle Maßnahme zur Erfüllung ihrer Aufgaben bildete die Registrierung der Menschen. Eine wichtige und zentrale Bedeutung kam dabei den vorbereiteten Formularen zu, vor allem der so genannten DP-2-Karte.

3
Zur UNRRA siehe Silvia Salvatici: „Help the People to Help Themselves". UNRRA Relief Workers and European Displaced Persons, in: Journal of Refugee Studies 25 (2012), Nr. 3, S. 428-451; nicht immer ganz zuverlässig Juliane Wetzel: United Nations Relief and Rehabilitation Administration, http://www.historisches-lexikon-bayerns.de/artikel/artikel_46316 (letzter Zugriff: 29.6.2013).

2. Registrierung von Individuen

4
Vor allem die „fiche individuelle", die in der Regel auch mit einem Foto sowie den Fingerabdrücken der Registrierten versehen waren, können als Pendant zu den DP-2-Karten für die in der französischen Verwaltung als „personnes déplacées" bezeichneten Menschen angesehen werden. Zu weiteren Unterschieden zwischen der französischen und der amerikanischen sowie britischen DP-Politik siehe Andreas Rinke: Le grand retour. Die französische Displaced-Person-Politik (1944 - 1951), Frankfurt am Main 2002.

5
DP-2-Card, Moses Schön vom 6.2.1946 (3.1.1.1, 69222475, ITS Digitales Archiv).

Bei der DP-2-Karte handelte es sich um eine doppelseitig bedruckte Karte zur Registrierung der in die einzelnen „Assembly Center" und DP-Camps aufgenommenen Displaced Persons. Das als „A.E.F. D.P. Registration Record" überschriebene, in der britischen und amerikanischen Besatzungszone verwendete Formular diente allerdings nicht als Ausweisdokument oder Identitätsnachweis. Gleiches galt für die in der französischen Besatzungszone zur Registrierung eingesetzten „fiche individuelle" und „carte d'identité".[4] Zudem müssen die DP-2-Karten unterschieden werden von den ebenfalls durch die Alliierten ausgestellten und heute im ITS verwahrten DP-1- und DP-3-Karten, welche zwar im Zuge der Registrierungen von DPs angelegt wurden, aber anderen Zwecken, etwa der Verwaltung der DP-Camps, dienten. Ausgefüllt wurden die Karten in der Regel von einem UNRRA-Officer oder von einem dazu bestimmten Vertreter der jeweiligen im Camp vertretenen DPs. Auch deswegen lagen die im Juni 1944 erschienenen Instruktionen bereits in 19 Sprachen vor. Um die Genauigkeit der Registrierungen noch weiter zu erhöhen, sollten die Angaben auf der Karte mit Ausnahme der vorhandenen Sprachkenntnisse in der jeweiligen Muttersprache ausgefüllt werden.

Allerdings diente die im Deutschen als Hauptmeldekarte bezeichnete und in zweifacher Ausführung als Original und als Duplikat angelegte DP-2-Karte nicht allein der Registrierung, sondern erfüllte darüber hinaus weitere Funktionen. Neben der Organisation und Verwaltung der Hilfe für die rund elf Millionen DPs in Zentraleuropa, ihrer Versorgung mit Nahrung, Kleidung und medizinischer Hilfe sowie ihrer Unterbringung galten die Registrierungen in erster Linie der Identifizierung der Menschen.[5] Die Angaben ihrer Personalien, Geburtsdaten und -orte sowie die Namen der Eltern und ihr letzter Wohnsitz sollten darüber hinaus die Suche nach ihnen oder nach den Angehörigen ermöglichen. Zur Versorgung mit benötigter Kleidung befand sich auf der Vorderseite im unteren Bereich ein Zahlenfeld. Die Kodierungen entsprachen den unterschiedlichen Arten von ausgegebenen Kleidungsstücken – angefangen bei Schuhen über Babywindeln bis hin zu Decken und Stoffen oder auch Essbesteck. Die medizinische Versorgung wie Impfungen sollten in entsprechenden Feldern auf der Rückseite dokumentiert werden.

Für viele DPs finden sich mehrere, zu unterschiedlichen Zeitpunkten ausgestellte DP-2-Karten, weil die Registrierungen wiederholt während ihres Aufenthalts innerhalb eines Camps oder bei einem Wechsel in ein anderes Camp durchgeführt wurden. Die dabei entstehende Dokumentation der Aufenthaltsorte und -zeiten der DPs sollte jederzeit eine möglichst genaue Lokalisierung der Menschen gewährleisten. Die aufwändige Registrierung war allerdings kein bürokratischer Selbstzweck: Vielmehr sollten diese Menschen, nachdem sie während des alliierten Vormarschs aufgefunden oder aus Lagern und der Zwangsarbeit befreit worden waren, keineswegs unkontrol-

A.E.F. D.P. REGISTRATION RECORD

(1) Registration No.

Original ☐   Duplicate ☐

M. ☐ Single   ☐ Married ☐
F. ☐ Widowed   ☐ Divorced ☐

For coding purposes
A. | B. | C. | D. | E. | F. | G. | H. | I. | J.

(2) Family Name | Other Given Names | (3) Sex | (4) Marital Status | (5) Claimed Nationality

(8) Number of Accompanying Family Members:

(6) Birthdate | Birthplace | Province | Country | (7) Religion (Optional)

(9) Number of Dependents:

(10) Full Name of Father | (11) Full Maiden Name of Mother

(12) DESIRED DESTINATION | (13) LAST PERMANENT RESIDENCE OR RESIDENCE JANUARY 1, 1938.

City or Village | Province | Country | City or Village | Province | Country

(14) Usual Trade, Occupation or Profession | (15) Performed in What Kind of Establishment | (16) Other Trades or Occupations

(18) Do You Claim to be a Prisoner of War

a. | b. | c.

(17) Languages Spoken in Order of Fluency | Yes | No | (19) Amount and Kind of Currency in your Possession

(20) Signature of Registrant: | (21) Signature of Registrar: | Date:

(22) Destination or Reception Center:

Name or Number | City or Village | Province | Country

(23) Code for Issue | 1 | 2 | 3 | 4 | 5 | 6 | 7 | 8 | 9 | 10 | 11 | 12 | 13 | 14 | 15 | 16 | 17 | 18 | 19 | 20 | 21 | 22 | 23 | 24 | 25 | 26 | 27 | 28

(24) REMARKS

DP-2
16—39781-1

A.E.F. (Allied Expeditionary Forces): D.P. Registration Record zur individuellen Registrierung, 1945 [DP-2-Card] (3.1.1.1, Dokument ID 67285405, ITS Digitales Archiv)

liert durch Europa ziehen, um nicht Truppenbewegungen zu erschweren und Nachschubwege zu belegen. Nach Überzeugung der Planer erleichterte ihre Sammlung in dezentralen DP-Camps die Umsetzung eines der obersten Ziele alliierter Politik, möglichst alle möglichst rasch in ihre jeweiligen Heimatländer zurückzubringen. Die umfangreichen und genauen Registrierungen sollten die gezielte Repatriierung der DPs effektiver gestalten.

3. Selbstdefinitionen in DP-Registrierungen

Über die genannten organisatorischen und verwaltungsmäßigen Funktionen der Karten hinaus waren diese allerdings auch für die Registrierten selbst von Bedeutung. Die DP-2-Karte war für die meisten DPs eine der ersten Gelegenheiten, sich wieder selbst

(1) REGISTRATION No.	A.E.F. D.P. REGISTRATION RECORD					For coding purposes	
	Original ☒ Duplicate ☐					A. B. C. D. E. F. G. H. I. J.	

GOLD   JACOB   M. ☒ Single   ☐ Married ☒   Pol. Jew / Europe

F. ☐ Widowed ☐ Divorced ☐

(2) Family Name   Other Given Names   (3) Sex   (4) Marital Status   (5) Claimed Nationality

21.8.19 Drohobycz   Poland   jewish   (8) Number of Accompanying Family Members:

(6) Birthdate   Birthplace   Province   Country   (7) Religion (Optional)

(9) Number of Dependents: GOLD MOSES   BIRNBAUM ESTERA

(10) Full Name of Father   (11) Full Maiden Name of Mother

(12) DESIRED DESTINATION   USA   (13) LAST PERMANENT RESIDENCE OR RESIDENCE JANUARY 1, 1938.   DROHOBYCZ   POLAND

City or Village   Province   Country   City or Village   Province   Country

book-keeper

(14) Usual Trade, Occupation or Profession   (15) Performed in What Kind of Establishment   (16) Other Trades or Occupations

a. Pol. b. germ. jud.   (18) Do You Claim to be a Prisoner of War   Yes No

(17) Languages Spoken in Order of Fluency   (19) Amount and Kind of Currency in your Possession

(20) Signature of Registrant: Gold Jokób.   (21) Signature of Registrar: Date: 14.6.4   Assembly Center No.

(22) Destination or Reception Center:

(23) Code for Issue	1	2	3	4	5	6	7	8	9	10	11	12	13	14	15	16	17	18	19	20	21	22	23	24	25	26	27	28

Name or Number   City or Village   Province   Country

(24) REMARKS

18.7.46   for Bremen

DP-2

16—30781-1

Allied Expeditionary Forces: D.P. Registration Record von Jacob Gold, 18.7.1946
(3.1.1.1, Dokument ID 67202916, ITS Digitales Archiv)

6
Zur Auseinandersetzung mit diesem Gegensatz von Registra-
turen des NS-Regimes und der Alliierten in der Bildungsarbeit
auch hinsichtlich der dahinter stehenden Menschenbilder siehe
Elisabeth Schwabauer/René Bienert: Biographische Zugänge
in der pädagogischen Vermittlung. Der ITS als Bewahrer von
Millionen Geschichten, in: Rebecca Boehling/Susanne Urban/
René Bienert (Hg.): Freilegungen. Überlebende – Erinnerungen
–Transformationen, Göttingen 2013 (Jahrbuch des ITS, Band 2),
S. 49-58.

zu definieren. Nachdem diese Menschen zuvor während der oft über Jahre andauern-
den Verfolgung, Verschleppung und Inhaftierung durch die nationalsozialistische Registrierung lediglich als Verwaltungsobjekte angesehen, ihrer individuellen Identität
beraubt, in willkürliche Kategorien eingeteilt und schließlich weithin auf Nummern
und Nummernfolgen reduziert worden waren, gaben die Alliierten durch ihre Art der
Registrierung den Menschen auch das Recht auf Selbstbestimmung zurück.[6]

Ein mit Blick auf die eigene Identität und die persönliche wie geografische Verortung
der Displaced Persons wichtiges Feld auf der Karte war die Frage nach der „claimed
nationality". Hier war die vom DP angegebene Nationalität bzw. Staatsangehörigkeit
einzutragen. Dass Nationalität und Staatsangehörigkeit nicht immer deckungsgleich
sein würden, war bereits bei den Planungen wahrgenommen worden. Deshalb räum-
te das Instruktionshandbuch „Displaced Persons, Registration Instructions" der Allied

Expeditionary Forces die Möglichkeit zur Selbstbestimmung ein. Zwar sollte der registrierende Officer im Fall von Unklarheiten oder Schwierigkeiten bei der Beantwortung helfen, die letztlich einzutragende Nationalität jedoch die vom DP angegebene und damit die von ihm beanspruchte sein.[7] Der Möglichkeit der Selbstdefinition maßen die Alliierten tatsächlich eine herausragende Bedeutung bei: Die Angaben der DPs sollten nicht übergangen oder verändert, sondern vielmehr ernst genommen werden. An die Stelle der Fremdbestimmung während der Verfolgung trat für die Menschen, als Individuum wieder respektiert und angenommen und überdies als autonomes und entscheidungsfähiges Subjekt anerkannt zu werden.

Die formulierten Eigenangaben der DPs erlauben Rückschlüsse auf die jeweiligen Selbstdefinitionen. Denn bei den Registrierungen und Selektionen in den Konzentrationslagern hatten viele Häftlinge angegeben, älter zu sein oder einen bestimmten Beruf erlernt zu haben, um damit ihre Überlebenschancen zu erhöhen. Die in einer existenzbedrohenden Situation angenommene Identität war nun nicht mehr notwendig und konnte durch die Angaben auf der DP-2-Karte wieder abgelegt werden.

4. Zwischen „Claimed Nationality" und „Desired Destination" – Selbstdefinitionen im Transit

Bei der Ausfüllung der DP-2-Karten war neben der „claimed nationality" auch die Frage nach der „desired destination" zu beantworten, womit für die Selbstdefinition ein weiteres wichtiges Feld aufscheint. Hinter den Angaben zur „desired destination" stand ein ganzes Konvolut an Möglichkeiten. Hier konnten gleichermaßen Hoffnungen und Sehnsüchte wie auch die Erkenntnis von Verlust und der Unmöglichkeit einer Rückkehr in die alte sowie die Notwendigkeit zur Suche einer neuen Heimat stehen. Die dort gemachten Angaben verbanden sich allerdings mit einschneidenden Entscheidungen, die letztlich von den DPs selbst getroffen werden mussten und nicht selten gravierende Auswirkungen auf das zukünftige Leben hatten.[8] Nimmt man zu den Angaben der „claimed nationality" und der „desired destination" noch weitere auf der Karte zu beantwortende Fragen, wie die nach den Namen der Eltern und der Anzahl der Familienangehörigen und Begleitpersonen,[9] in den Blick, dann wird die emotionale Zumutung für die Befragten deutlich. Abhängig vom Zeitpunkt der Registrierung war den Befragten klar geworden, dass die Familien, Angehörige und Freunde ermordet worden waren und eine Rückkehr in die alte Heimat keine Möglichkeit mehr darstellte. Zum anderen lassen sich diese Angaben auch als Antworten auf die für viele der Überlebenden virulenten Fragen „Wer bin ich?", „Woher komme ich?" und vor allem „Wohin gehöre ich?" lesen und erlauben somit Rückschlüsse auf vergangene, seinerzeit gegenwärtige und zukünftige Selbstdefinitionen und deren Wandlungen.

[7] „The nationality finally entered in this space will be that claimed by the Registrant." Allied Expeditionary Forces, Displaced Persons, Registration Instructions, Manual CA/d5, o.O., Juni 1944, S. 4 (Bibliothek des ITS). In der deutschen Übersetzung der Instruktionen tritt dieser Anspruch noch deutlicher hervor: „Die eingetragene Staatsangehörigkeit darf jedoch keinesfalls von der Staatsangehörigkeit abweichen, die der Meldepflichtige angibt." Ebd., S. 139.

[8] Zum Feld „desired destination" gaben die Instruktionen vor: „The Registrar will enter the desired destination of the Registrant in this space indicating the city or village, province and country. The Registrar will explain to the Registrant that careful consideration should be given to the selection of the desired destination, so that the destination selected will be the one at which the Registrant desires to reside permanently. In the case of children the desired destination should be stated by their parents or guardians." Ebd., S. 5.

[9] Dafür waren zwei Felder vorgesehen. Neben der „Number of Accompanying Family Members" konnte auch die „Number of Dependants" angegeben werden, wobei es mit Blick auf letztere Angabe in den Instruktionen hieß: „The number of dependants may include family members accompanying the Registrant or dependants residing elsewhere." Ebd..

Allied Expeditionary Forces: D.P. Registration Record von Moses Schön, 6.2.1946
(3.1.1.1, Dokument ID 69222475, ITS Digitales Archiv)

10
Zur Bedeutung von Erinnerungen an ein früheres Leben, siehe Maja Suderland: Territorien des Selbst. Kulturelle Identität als Ressource für das tägliche Überleben im Konzentrationslager, Frankfurt am Main; New York 2004.

11
Gerhard Botz: Widerstand, Überleben und Identität. Zeithistorische und biographiegeschichtliche Überlegungen, in: Alexander Friedmann/Elvira Glück/David Vyssoki (Hg.): Überleben der Shoah – und danach. Spätfolgen der Verfolgung aus wissenschaftlicher Sicht, Wien 1999, S. 42–57, hier S. 48.

Vielen Überlebenden war es trotz der Umstände in den Konzentrationslagern gelungen, an ihre Herkunft anzuknüpfen und die bisherige Identität aufrechtzuerhalten.[10] Durch die Anwesenheit vertrauter Menschen und die Konzentration all ihrer Hoffnung und Kraft auf das Überleben gelang es ihnen, sich selbst und ihre Identität aufrechtzuerhalten sowie ihre Sehnsüchte in die erhoffte Zukunft des „Überlebthabens" zu projizieren.[11]

Der Moment der Befreiung wurde zudem nicht selten stark idealisiert und mit großen Hoffnungen und Erwartungen verknüpft. Diese konnten einerseits in der Rückkehr in ein normales Leben oder im Wiedersehen der Familie und Freunde bestehen, andererseits aber auch in der Hoffnung auf eine bessere Welt, die aus der Tragödie der Shoah Lehren für die Zukunft ziehen und die Überlebenden mit offenen Armen empfangen würde. Angesichts der Erfahrungen von Verlust und Trauer und der

Verhältnisse, in denen sich jüdische DPs in der Nachkriegszeit wiederfanden, folgten stattdessen für viele Ernüchterung, Enttäuschung und Desillusionierung. Nicht wenigen wurde erst jetzt das ganze Ausmaß der Verfolgung und der Folgen ihrer Entwurzelung vor Augen geführt.

Mit Blick auf die Identitäten Überlebender konnten insbesondere diese Erfahrungen nach der Befreiung zu einschneidenden Brüchen führen, da mit der Erkenntnis des Verlusts von Familie und Heimat auch die Grundlagen bisheriger Identitätsentwürfe wegbrachen. Der 1926 in Polen geborene Shmuel Krakowski, der zunächst das Ghetto Łódź überlebt hatte und später nach Auschwitz und Buchenwald deportiert wurde, beschreibt dies folgendermaßen: „Obwohl wir eine Menge gesehen und das Schlimmste durchgestanden haben, hofften wir immer noch, träumten dennoch. All diese Tage, die wir ums Überleben kämpften, Stunde um Stunde, Tag um Tag, war keine Zeit das Ausmaß unserer Tragödie zu begreifen. Jetzt wurde alles klar. Unsere Familien warteten nicht mehr auf uns, es gab für uns kein Zuhause mehr, in das wir hätten zurückkehren können."[12] Für diese Menschen war die Shoah mit ihrer Befreiung nicht abgeschlossen, sondern der Weg zurück in ein Leben nach dem Überleben stand ihnen erst noch bevor. Dieser Prozess von der Befreiung bis zur Auswanderung lässt sich auch mit Blick auf die Identitäten als Übergang begreifen. Damit ist die DP-2-Karte als ein Spiegel eines Übergangsprozesses zu sehen, in dem zwischen Überleben und Neubeginn eine vergangene Identität als Rumäne, eine gegenwärtige Identität als KZ-Überlebender und eine zukünftige Identität als Auswanderer nach Palästina aufscheinen.[13]

5. Menschen in Listen

Bis zum Kriegsende konnte es für Juden überlebenswichtig sein, auf bestimmten Listen nicht aufgenommen zu werden, da diese zumeist die Deportation bedeuteten. Nach Selektionen in den Lagern war der Tod oder eine Überstellung in ein anderes Lager beziehungsweise in ein schlechteres Arbeitskommando zu befürchten. Die Jüdin Lotte Papecke, die in Leipzig Zwangsarbeit leisten musste, versuchte, sich nirgendwo offiziell zu melden oder registrieren zu lassen, „weil ich Angst hatte, dass ich dann in bestimmte Listen komme" oder „mit abtransportiert würde".[14]

Die nach der Befreiung von den Alliierten oder Hilfsorganisationen erstellten Listen bedeuteten allerdings etwas ganz anderes. Listen waren in der unmittelbaren Nachkriegszeit zunächst vor allem Such- und Lokalisierungsinstrumente, die ein wichtiges Informations- und Kommunikationsmedium bei der Suche nach vermissten Angehörigen darstellten. Dabei existierte durchaus eine Vielzahl verschiedener Initiativen, die unabhängig voneinander und dezentral Listen erstellten und kursieren ließen, wie Arno Lustiger am Beispiel der bald nach Kriegsende an vielen Orten gegründeten

12
Zit. nach Yehudit Kleiman/Nina Springer-Aharoni (Hg.): The Anguish of Liberation, Jerusalem 1995, S. 16; siehe auch http://www.yadvashem.org/yv/de/education/lesson_plans/tenth_man.asp (letzter Zugriff: 12.6.2013).

13
Botz, Widerstand, S. 48.

14
Martin Doerry: Nirgendwo und überall zu Haus. Gespräche mit Überlebenden des Holocaust, München 2006, S. 257.

15
Arno Lustiger: Historische Aufarbeitung, in: Michael Brenner (Hg.): Nach dem Holocaust. Juden in Deutschland 1945 - 1950, München 1995, S. 133-141, hier S. 134f..

16
Liste von Displaced Persons in Braunschweig vom 3.8.1945 (3.1.1.3, 78798677, ITS Digitales Archiv).

17
Larry Lubetzky: Berlin AJDC Tracing Office 1945 - 1947, Berlin 1948, S. 47ff..

18
American Jewish Joint Distribution Committee, Location Service Belsen-Camp, Karte von Manfred Frenkel, 10.10.1947 (3.1.1.1, 67082054, ITS Digitales Archiv).

19
Siehe den Eintrag „Central Location Index" im ITS-Glossar des United States Holocaust Memorial Museum, http://itsrequest. ushmm.org/its/Glossary.pdf; Meldung der Jewish Telegraphic Agency vom 12.5.1949, http://www.jta.org/1949/05/12/archive/general-location-index-suspends-operations-located-50000-relatives-during-existence (letzter Zugriff: 14.6.2013).

jüdischen Komitees beschreibt: „Eine der Hauptaufgaben dieser Komitees war es, Suchlisten anzufertigen. Praktisch war jeder unterwegs auf der Suche nach Angehörigen. Es gab in jedem Komitee Listen auf Durchschlagpapier, und es wurden von diesen Listen mit den Juden, die sich gerade in einer Stadt befanden, viele Durchschläge angefertigt. Wenn jemand auf Reise ging, in eine andere Stadt, hat er diese Listen mitgenommen und ausgelegt."[15]

Im ITS werden zahlreiche Listen verwahrt, die nach diesem Verfahren entstanden waren oder verbreitet wurden und auf weitere jüdische Hilfsorganisationen verweisen. Manfred Frenkel, der spätere Ehemann von Sara Bass, der das Ghetto Łódź und die Konzentrationslager Auschwitz und Neuengamme überlebt hatte und nach der Befreiung in seine Heimatstadt Braunschweig zurückgekehrt war, ist allein auf acht verschiedenen Listen verzeichnet. In diesen aufgrund von Registrierungen zu unterschiedlichen Zeitpunkten entstandenen Listen findet sich zum Beispiel die Kopie einer nach Adressen in einzelnen Straßen Braunschweigs gegliederte Aufstellung vom 3. August 1945.[16] Verschiedene handschriftliche Vermerke und Stempel belegen die vielfache Verwendung des Dokuments.

Der Vermerk „Paris List 1272" weist auf die Verwendung dieser Liste durch den „Location Service" des American Jewish Joint Distribution Committee (AJDC) in Paris hin. Als wichtige Hilfsorganisation, die unter anderem einen entscheidenden Anteil an der Versorgung der jüdischen Überlebenden innerhalb und außerhalb der DP-Camps hatte, unterhielt der AJDC oder auch JOINT genannt, einen eigenen Lokalisierungs- und Suchdienst. Das 1944 in Paris eingerichtete Büro übernahm in den Nachkriegsjahren die Koordination dieser Aufgaben für die Zweigstellen in ganz Europa.[17] Weil die Lokalisierung und Versorgung nicht allein auf die in den Camps lebenden DPs beschränkt waren, finden sich diese Listen oder Registrierungskarten wie zum Beispiel die der im DP-Camp Belsen eingerichteten Zweigstelle des Location Service auch für den in Braunschweig lebenden Manfred Frenkel.[18]

Der Stempel „C.L.I." weist dagegen darauf hin, dass diese Listen zu den jeweiligen Daten auch im Zusammenhang mit dem sogenannten Central Location Index (CLI) eingesetzt wurden. Dieser war 1944 mit Hauptsitz in New York in Zusammenarbeit von jüdischen und nichtjüdischen Organisationen wie dem JOINT oder der Hebrew Immigrant Aid Society (HIAS) gegründet worden und galt bald als zentrale Stelle, um die Namen all derer zu bündeln, die mit Blick auf Nordamerika und Europa Angehörige suchten oder von diesen gesucht wurden. Im Jahr 1949 stellte der CLI seine Arbeit ein und konnte für die Jahre seines Bestehens die Lokalisierung von 50 000 Menschen vermelden, worunter sich rund 40 000 Überlebende befanden.[19] Die Beteiligung der beiden letztgenannten Einrichtungen zeigt, wie Listen dieser Art kursierten und verdeutlicht das globale Ausmaß der in der Nachkriegszeit organisierten Hilfsanstrengungen über die UNRRA hinaus.

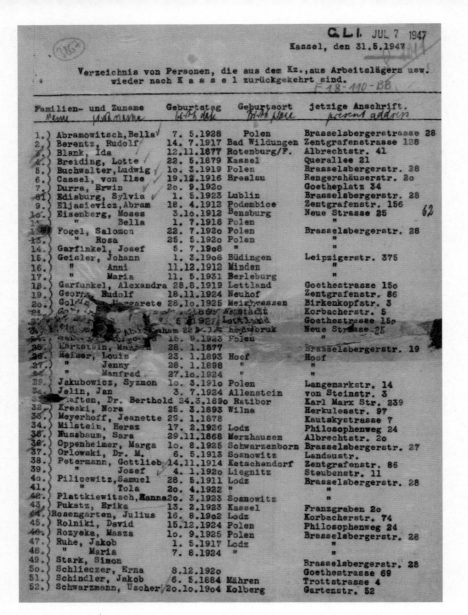

Department of Jewish Affairs, Kassel: Verzeichnis von Personen, die aus dem KZ, aus Arbeitslägern usw. wieder nach Kassel zurückgekehrt sind, 31.5.1947 (3.1.1.3, Dokument ID 78792699, ITS Digitales Archiv)

Ein mit „List of Jewish women found alive in work concentration camp in Salzwedel" überschriebenes Dokument vom 23. Mai 1945, das ebenfalls den Vermerk „Paris List" trägt, verzeichnet unter den ungarischen Jüdinnen auch die dort befreite Julia Weiss und kann als Beispiel dafür gelten, dass Registrierungsverzeichnisse rasch als Suchliste verwendet wurden.[20] Neben dem Namen sind der Geburtsort und das jeweilige Alter verzeichnet. Außerdem findet sich eine weitere, für Suchlisten typische Spalte, in der unter „Contact" die Namen und Adressen von Menschen angegeben wurden, die aus Sicht der Verzeichneten als mögliche Kontaktperson in Frage kamen. Das Dokument spiegelt die Hoffnung der Überlebenden wider, Familienangehörige

20
List of Jewish Women Found Alive in Work Concentration Camp in Salzwedel vom 23.5.1945 (3.1.1.3, 78794357, ITS Digitales Archiv).

21
Abraham J. Peck: „Unsere Augen haben die Ewigkeit gesehen." Erinnerungen und Identität der She'erith Hapletah, in: Fritz Bauer Institut (Hg.): Überlebt und unterwegs. Jüdische Displaced Persons im Nachkriegsdeutschland, Frankfurt am Main; New York 1997, S. 27-49, hier S. 33.

22
Central Committee of Liberated Jews in Bavaria (Hg.): Shârit Ha-Plâtah. Vol. 1, München 1946 (3.1.1.3, 78772457, ITS Digitales Archiv).

und Verwandte wiederzusehen. Die Liste der jüdischen überlebenden Frauen aus Ungarn vermerkte aber keinen einzigen Hinweis auf Familienangehörige aus Ungarn, sondern führte stattdessen Verwandte beispielsweise aus New York, den West Indies oder Tel Aviv auf.

Es gab auch Listen, auf denen Überlebende stehen wollten, weil sie die eigene Existenz und die anderer gleichsam bezeugten. Diese Bedeutung stand bei Juden im Vordergrund, wenn sie sich selbst als „She'erit Hapletah" (Rest der Geretteten) bezeichneten.[21] Damit verband sich nicht nur ein Identität stiftendes Angebot, das dem Überleben Sinn verlieh, indem das eigene Überleben als Vermächtnis gegenüber den Toten und als Aufgabe angesehen wurde. Darüber hinaus sollte die Wiedergeburt des nahezu ausgelöschten Judentums in einem eigenen jüdischen Staat gipfeln. Als im Jahr 1946 die Namen der She'erit Hapletah in einem vom „Central Committee of Liberated Jews in Bavaria" herausgegebenen Band erschienen, lautete der Untertitel: „An extensive list of survivors of Nazi tyranny so that the lost may be found and the dead brought back to life".[22]

6. Befreiung – Transit – Emigration

Um den langen Weg der DPs auf der Suche nach einer neuen Heimat und Identität nachzuvollziehen, müssen neben den beschriebenen DP-2-Karten und Listen noch weitere Dokumente herangezogen werden. Insbesondere die ebenfalls im ITS verwahrten CM/1-Akten eignen sich dafür als wertvolle Quelle, dokumentieren sie doch nicht nur die Stationen nach der Befreiung und die Suche nach einer neuen Heimat, welche die Mehrheit der DPs in der Regel aus Europa herausführen sollte. Darüber hinaus können diese Akten als eine Art Übergangsgeschichte und die Existenz der DPs im Nachkriegsdeutschland als Leben im Transit gelesen werden.

Bei den CM/1-Akten handelt es sich um Massenschriftgut, das im Wesentlichen unter der „International Refugee Organization" (IRO) in den Jahren ihres Bestehens von 1947 bis 1951 entstand. Die IRO übernahm 1947 die Betreuung derjenigen DPs, die bis dahin nicht in ihre Heimatländer zurückgekehrt waren und sich dementsprechend immer noch als DPs in den westlichen Besatzungszonen aufhielten. Die Übernahme der Betreuung dieser Menschen von der UNRRA vollzog sich seit Ende 1946 allerdings schrittweise. Bevor die IRO ihre Arbeit im Sommer 1947 im vollen Umfang aufnahm, war der Übergang von der „Preparatory Commission for the International Refugee Organization", einer Art Interrimsorganisation, vorbereitet worden, weswegen einige CM/1-Akten bereits aus der Zeit vor dem 1. Juli 1947 stammen. Die Bezeichnung CM/1 leitet sich ab aus der Abkürzung des IRO-Programms „Care and Maintenance" (Fürsorge und Unterhalt). Die 1 steht dabei für die erste Version des verwendeten Formulars.

IRO—N—100

APPENDIX 1 to
Provisional Order No. 7.5

INTERNATIONAL REFUGEE ORGANIZATION
HEADQUARTERS GENEVA

Form No. CM/1 (Revised)

APPLICATION FOR IRO ASSISTANCE

(Bitte um IRO-Unterstützung)

648935

1.
(Family Name in block capitals)
(Familienname in großen Druckbuchstaben)

5.
(CM/1   Number)
(CM/1   Nummer)

2.
(Other spellings or aliases by which family is known)
(Andere Schreibweisen oder Namen unter welchen die Familie bekannt ist)

6. (a)
(Country of Citizenship)
Check one with an "x"
(Staatsangehörigkeit)
Durch ein „x" ankreuzen

3. Religion: (Check one with an "x")

Roman Catholic	Protetant
(Römisch katholisch)	(evangelisch)
Greek Orthodox	Jewish
(Griechisch orthodox)	(jüdisch)
Other (specify)	
Andere (genauere Angaben)	
None	Not reported
(Keine)	(Nicht angegeben)

Claimed	Established
(beansprucht)	(festgestellt)
Former	Presumed
(frühere)	(vermutliche)

6. (b)
(Country of last habitual residence prior to displacement)
(Letzter ständiger Wohnsitz vor Verschleppung)

6. (c)
(Ethnic or National group such as Ukrainian, Jewish, Volksdeutsch, etc.)
(Volks- oder nationale Gruppe, wie Ukrainer, Jude, Volksdeutscher, etc.)

4.
Date of Completion of Form CM/1
(Tag der Fertigstellung von Form CM/1)

7. Marital Status (Check one with an "x")

Familienstand (Kreuze durch ein „x" an)

Married	Divorced
Verheiratet	Geschieden
Single	Widowed
Ledig	Verwitwet
Separated	Unaccompanied child
Getrennt	Unbegleitetes Kind

6. (d) Nansen Status: (Check one) Yes __ No __
Nansen Paß (kreuze an) Ja — Nein

8. Names of all members of family living together / Namen aller Familienmitglieder, soweit sie zusammenleben	Male or Female / männl. oder weibl.	Relationship to head / Verwandtschaftsverhältnis zum Familienvorstand	Date of birth Day, Month Year / Geburtsdat. Tag, Monat und Jahr	Country of Citizenship / Staatsangehörigkeit	Check one CEF. LR (see ab.) / Ankreuzen ob BAF LW siehe oben				Town, province, and country of birth / Stadt, Landkreis und Stadt der Geburt
I	II	III	IV	V	6	7	8	9	10
(a) Man (Mann)									
(b) Woman (first name and maiden name) Frau (Vorname und Mädchenname)									
(c) Children: first name (and last name if different from family name) Kinder: (Vorname und Familienname, falls verschieden vom andern)									
(d)									
(e)									
(f)									
(g)									

*) Abbreviations: C - claimed; E - established; F - former; LR - last habitual residence.
B - beansprucht; A - aktuelle; F - frühere; LW - letzter ständiger Wohnsitz.

International Refugee Organization Headquarters Geneva: Application for IRO Assistance,
S. 1, nach 1947 [CM/1-Bogen] (3.1.1.0, Dokument ID 82384335, ITS Digitales Archiv)

Das Kernstück einer CM/1-Akte bildet in der Regel ein mehrseitiges Antragsformular, das DPs bei der IRO einreichen konnten.[23]

Das Ziel bestand in der Überprüfung, ob der Antragsteller berechtigt war, Unterstützung bei der Repatriierung oder Auswanderung zu erhalten. Neben dem Antragsformular enthalten die Akten oftmals weitere Dokumente und Unterlagen, die im Rahmen des Antrages relevant und während des Prüfungsprozesses entstanden waren.

[23]
Im Archiv des ITS werden rund 350 000 dieser Akten verwahrt, von denen die Mehrheit aufgrund von Anträgen aus Deutschland entstanden ist. Weiterhin finden sich Akten aus Österreich, Italien, der Schweiz und England sowie Dokumente zu Einspruchsverfahren beim IRO-Büro in Genf.

24
Der ITS verwahrt darüber hinaus einen umfangreichen Bestand an Krankenunterlagen von DPs aus verschiedenen Hospitälern und Krankenhäusern, vorrangig aus der amerikanischen und zum Teil auch aus der britischen Zone. Dieser Bestand wird seit 2012 digitalisiert.

25
Lynne Taylor: „Please Report only True Nationalities." The Classification of Displaced Persons in Post-Second World War Germany and its Implications, in: Suzanne Bardgett/David Cesarani/ Jessica Reinisch/Johannes-Dieter Steinert (Hg.): Survivors of Nazi Persecution in Europe After the Second World War, London 2010, S. 35-53, hier S. 49.

26
Sebastian Schönemann: Changing Citizenship. Eastern European DPs on Their Way to Emigration as Reflected in the Archives of the International Tracing Service, in: Aleksandr Dyukov/Olesya Orlenko (Hg.): Divided Eastern Europe. Borders and Population Transfer 1938 - 1947, Newcastle 2012, S. 174-181.

27
Taylor, Please Report, S. 49.

Darunter finden sich Fotos der Antragsteller, Schriftwechsel zwischen verschiedenen Behörden oder auch Krankenunterlagen.[24] Inhalt und Umfang einer CM/1-Akte variieren zum Teil erheblich.

Die beim ITS vorliegenden 350 000 CM/1-Akten wurden vom Suchdienst in Umschläge umgebettet. Dies ermöglichte eine erste Übersicht, da sie außen die Namen und Geburtsdaten des Antragstellers und der jeweiligen Begleitpersonen wie Ehepartner, Familienmitglieder, Kinder, aber auch Eltern oder sonstige Angehörige aufführen. Schon auf den ersten Blick war zu erkennen, ob und welche Familienmitglieder ebenfalls überlebt hatten und wiedergefunden wurden oder ob nach der Befreiung Familien durch Heirat und Geburt von Kindern gegründet wurden. Wenn die drei auf dem Umschlag vorgegebenen Zeilen zur Angabe aller Begleitpersonen nicht ausreichten, wurden weitere Namen auf der Rückseite vermerkt. Nicht selten finden sich Umschläge, auf denen mehr als zehn Personen vermerkt sind.

7. Unterstützung im Übergang – „Application for Assistance"

Ein standardisierter mehrseitiger Antrag „Application for Assistance" bildet in der Regel das Kernstück der CM/1-Akte. Allerdings lassen sich verschiedene Varianten des Antrages finden, die nicht nur einer gewissen Entwicklung des Formulars geschuldet waren, sondern vor allem auch dem Umstand, dass je nach Besatzungszone in Form und Umfang variierende Versionen verwendet wurden. Hinzu kam, dass die Anträge in verschiedenen Sprachen ausgefertigt und ausgefüllt werden konnten: in der Regel Englisch und Deutsch. Es finden sich aber auch Formulare in Französisch, Polnisch oder Russisch. Innerhalb einer CM/1-Akte können mehrere, zeitlich nacheinander gestellte Anträge oder Abschriften und Kopien von Anträgen enthalten sein.

Ausgefüllt wurden die Anträge in der Regel von IRO-Officers, manchmal aber auch vom Antragsteller selbst, was vor allem mit Blick auf die Interpretation der Angaben von Bedeutung ist. Eröffnet wurde der Antrag mit allgemeinen Angaben zum Antragsteller wie Namen, Geburtsdaten, Familienstatus sowie Angaben etwa zur Religionszugehörigkeit und Nationalität bzw. Staatsangehörigkeit. Gerade bei den beiden letztgenannten Fragefeldern finden sich auffällig oft Durchstreichungen, Ergänzungen oder Korrekturen, die auf das Problem hinweisen, vor dem die Alliierten angesichts des Auseinanderfallens von Nationalität und Staatsangehörigkeit in dieser Zeit standen.[25] Darin spiegelten sich nicht nur die Verwerfungen, die die nationalsozialistische Rassen- und Eroberungspolitik in Europa hinterlassen hatten. Erschwerend kamen Grenzverschiebungen in der Nachkriegszeit vor allem in Osteuropa hinzu.[26] Unsicherheit herrschte auch angesichts verschiedener Definitionen von Nationalität, die hier – einerseits als Staatsangehörigkeit, andererseits als ethnische Zugehörigkeit verstanden[27] – unvermittelt nebeneinander stehen konnten. Das zeigt sich in den

CM/1

Addendum to Form CM/1
Administrative Order No. 29

20a. Future Plans / Zukunftspläne

(a) Do you wish to return to your country of former residence?
Wollen Sie in Ihre Heimat bzw. an Ihren früheren Aufenthaltsort zurückkehren?

If not, why?
Falls nein, warum?

(b) Do you wish to remain in Germany?
Wollen Sie in Deutschland bleiben?

Have you any relatives, friends or resources in Germany?
Haben Sie Verwandte, Bekannte oder sonstige Einnahmemöglichkeiten in Deutschland?

(c) Do you wish to emigrate to some other country? If so, complete the following:
Wollen Sie nach anderen Ländern auswandern, falls ja, wohin?

Country of first preference
Nennen Sie von Ihnen bevorzugte Länder

Do any factors exist which might facilitate your emigration to this country?
Gibt es irgendwelche Gründe, die Ihre Auswanderung nach dem betreffenden Lande erleichtern?

What close relatives have you in this country? Give address, state relationship and whether any such relatives are prepared to help you financially or otherwise.
Welche näheren Verwandten haben Sie in dem betreffenden Land; geben Sie Adresse und Verwandtschaftsgrad an; sind Ihre Verwandten bereit, Sie materiell bzw. anders zu unterstützen?

Other preferences as to resettlement and reasons.
Ziehen Sie andere Länder zur Auswanderung vor, welche und warum?

21.
Signature / Unterschrift

22.
Signature of Interviewer
Unterschrift des Verhörenden

23.
Interviewer's name typed
Name des Verhörenden in Schreibmaschinenschrift

Date / Datum

24. (a) WITHIN THE MANDATE
(b) NOT WITHIN THE MANDATE

25. Signature
Control Center Officer
or
Area Welfare Officer

Signature typed

Date

International Refugee Organization Headquarters Geneva: Application for IRO Assistance, S. 7, nach 1947 [CM/1-Bogen] (3.1.1.0, Dokument ID 82384338, ITS Digitales Archiv)

CM/1-Akten in unzähligen Beispielen gleich mehrfach, wenn die eigene, vom Antragsteller beanspruchte nationale Identität nicht seiner früheren Staatsangehörigkeit entsprach.

Auch deswegen finden sich verschiedene Versionen der Anträge, mit denen die zuständigen Stellen durch Abänderungen der entsprechenden Felder auf das Problem reagierten. Ab Oktober 1948 sollte beispielsweise nicht mehr die Nationalität, sondern

28
Revision of the CM/1 Form vom 20.10.1948 (3.1.1.0, 82384359, ITS Digitales Archiv).

29
Demande d'Assistance, Alexej Stepski vom 30.10.1947 (3.2.1.1, 79813963, ITS Digitales Archiv).

30
In einem anderen Fall wurden das letzte Aufenthaltsland, die Ethnie und der Besitz eines so genannten Nansen-Passes , also eines nach 1922 vom Hochkommissar des Völkerbundes ausgestellten Passes für Staatenlose und Flüchtlinge abgefragt, Application for IRO Assistance, Salomon Rutkowski vom 25.10.1949 (3.2.1.0, 79674163, ITS Digitales Archiv).

31
CM/1-Akte, Isaak Perel vom 21.4.1949 (3.2.1.1, 79582135, ITS Digitales Archiv).

nur noch das jeweilige Land der Staatsangehörigkeit (country of citizenship) erfragt werden und diese Angabe nach beanspruchter, festgestellter (established) und der durch den letzten Wohnort bestimmten Staatsangehörigkeit unterschieden und entsprechend kenntlich gemacht werden.[28] In einem Antrag, der in der französischen Besatzungszone gestellt wurde, existieren nicht weniger als sechs vorgedruckte Unterscheidungen hinsichtlich der Nationalität und Staatsangehörigkeit.[29] In einem anderen Antragsformular wurde gleich ganz auf die Frage nach der Nationalität verzichtet. Hier war die Angabe lediglich durch Ankreuzen einer der vorgegebenen Kategorien als beanspruchte, festgestellte, frühere oder vermutliche [sic!] Staatsangehörigkeit näher zu bestimmen.[30] Im Registrierungsprozess prallten unterschiedliche Selbstdefinitionen, Identitäten und Zuschreibungen aufeinander, was die teils erheblichen Veränderungen erahnen lässt, unter denen Selbst- und Fremdbilder der DPs in der Nachkriegszeit standen.

Im Anschluss an die Angaben der Personalien des Antragstellers und der möglichen Begleitpersonen folgen Felder, in denen die Aufenthaltsorte und Beschäftigungen der letzten zwölf Jahre anzugeben waren. Hier finden sich in der Regel, angefangen von Orten vor dem Displacement, die Stationen des Verfolgungsweges ebenso wie die Stationen seit der Befreiung bis zum Zeitpunkt der Antragstellung. Bei vielen ausgefüllten Anträgen fällt allerdings auf, dass die vorgegebenen, immerhin fünf bzw. sogar sieben Zeilen gar nicht ausreichten, um bei Überlebenden der Shoah all die unterschiedlichen Stationen in Ghettos, Konzentrations- und anderen Lagern der letzten zwölf Jahre detailliert anzugeben, die die Antragsteller durchlaufen hatten. Das Problem trat erst recht dann auf, wenn hier auch noch die entsprechenden Angaben zu den Familienmitgliedern und Begleitpersonen untergebracht werden sollten. Deshalb existieren viele Akten, in denen in dem Formular über die vorgegebene Anzahl von Zeilen hinausgeschrieben wurde oder die Schrift extrem klein und eng ausfiel.

Das tatsächliche Ausmaß der Verfolgung und erzwungenen Migration, die im Regelfall eine Verschleppung durch verschiedene Länder und an immer neue Orte und Lager bedeuteten, wird hierdurch deutlich. Der Beginn der Entwurzelung musste dabei nicht unbedingt mit dem Zeitpunkt der Verschleppung nach Deutschland zusammenfallen. Zudem setzte sich die Entwurzelung auch nach Kriegsende oft genug in zahlreichen weiteren Stationen in den verschiedenen DP-Camps als Leben im Transit fort. Daher enthalten zahlreiche CM/1-Akten für diese Angaben ergänzende Bögen des „Supplementary Sheets to CM/1 Form", die im Vergleich zu den Antragsvordrucken eher improvisiert und behelfsmäßig wirken.[31] In anderen CM/1-Akten liegen wiederum Versionen des Antrags in leicht veränderter Form vor, in denen für diese Felder mehr Platz vorgesehen war.

In vielen Fällen lässt sich unter den angegebenen Aufenthaltsorten nach der Befreiung – in der Regel DP-Camps oder Orte in westlichen Besatzungszonen – auch der frühere Wohn- oder Heimatort ausmachen. Nicht wenige Überlebende waren nach Befreiung und Repatriierung auf eigene Faust in ihre früheren Heimatorte zurückgekehrt. Die meisten jüdischen DPs aus Osteuropa tauchten aber nach einiger Zeit wieder in den DP-Camps der westlichen Besatzungszonen auf, da sie angesichts der vorgefundenen Verhältnisse in der früheren Heimat keine Zukunft mehr für sich sahen.

8. Zukunftspläne

Die Überschrift „Future Plans" leitete den nächsten Teil des Antrags mit der Frage „Do you wish to return to your country of former residence?" ein. Obwohl für die unmittelbar darauf folgende Frage „If not, why?" mit fünf Zeilen vergleichsweise viel Raum für eine Antwort vorgegeben war, stehen hier selten Antworten, die über einzelne Worte oder einen kurzen Satz hinausgehen. Insbesondere in den Anträgen von nichtjüdischen osteuropäischen DPs, die nicht in ihr jeweiliges Heimatland zurückkehren wollten oder konnten, lassen sich zahlreiche Varianten der Angaben „communistic regime" oder „want to live under a free democracy" und damit in der Regel politische Begründungen finden.[32] Der mehr oder weniger explizit formulierte Antikommunismus dürfte allerdings nur selten einer gefestigten Ideologie entsprochen haben.

Im Gegensatz dazu antworteten insbesondere jüdische DPs, für die der in Minsk geborene und Ghetto sowie Konzentrationslager überlebende Salomon Rutkowski hier stellvertretend steht, auf die Frage nach der Rückkehr in die frühere Heimat: „Ich habe dort alles verloren."[33] Neben einer solchen Antwort, die auch und vor allem auf den Verlust der Familie abzielte, finden sich bei anderen Eintragungen wie „rassische Verfolgung" oder „Antisemitismus". Den Verlust der Familie führten ebenso Anträge von Sinti oder Roma an, gelegentlich sogar in Kombination mit politischen Begründungen. Im Antrag des Sinto Bruno Dambrowski fasst der IRO-Officer dessen Angaben zusammen: „His parents and brothers with sisters were killed in KZ camps Auschwitz. Subject wished to live in free democratic regime country, but not to be under communistic dictature."[34]

Wer sich für eine Emigration entschied, hatte die Fragen „Do you wish to emigrate to some other country?" und „Country of first preference" zu beantworten. Bei jüdischen DPs finden sich neben der Angabe Palästina vor allem die USA, Kanada oder Australien - Länder, in denen es einerseits gut organisierte jüdische Gemeinschaften und andererseits Aufstiegschancen gab. Zudem bedeuteten diese Ziele, sich weit weg vom europäischen Kontinent und der Geschichte der Shoah zu begeben. Viele antworteten, dass sie nach Palästina wollten, und gaben als Begründung an, Jude zu sein. In der Zusammenschau der beiden Antworten lassen sich Rückschlüsse auf die Selbstdefinition und Identität des Antragstellers ziehen. Als Shoah-Überlebende und jüdische

[32] Anna Holian hat eindrucksvoll analysiert, wie sich derartige Begründungen für die Repatriierungsverweigerung auch vor dem Hintergrund des aufziehenden Kalten Krieges geradezu paradigmatisch als „political explanation" entwickelt haben, Anna Holian: Between National Socialism and Soviet Communism. Displaced Persons in Postwar Germany, Ann Arbor 2011, insbesondere S. 81ff..

[33] CM/1-Akte, Salomon Rutkowski vom 19.2.1948 (3.2.1.1, 79674166, ITS Digitales Archiv).

[34] CM/1-Akte, Bruno Dambrowski vom 26.9.1949 (3.2.1.1, 79018210, ITS Digitales Archiv).

35
Registration Record, Petro Jarmolenko vom 2.6.1949 (3.1.1.0, 82384388, ITS Digitales Archiv).

DPs war es für viele nur zu konsequent, nach Palästina bzw. in den neu gegründeten Staat Israel zu gehen. Dies erschien zumeist auch dem jeweiligen IRO-Officer nicht weiter erklärungs- oder begründungsbedürftig, sodass es hier genügte, „as Jew" einzutragen.

9. Menschen ohne Dokumente

Die Angaben zu den Aufenthaltsorten seit Beginn der Verfolgung beruhten ausschließlich auf dem Vermögen der Antragsteller, sich an entsprechende Details wie genaue Orts- und Zeitangaben korrekt zu erinnern. Im Antrag fanden sich zwar auch Felder, in denen nach Dokumenten gefragt wurde. Diese blieben jedoch zumeist leer, oder es lagen lediglich Dokumente aus der Nachkriegszeit vor. Aus der Zeit vor der Verfolgung bzw. vor dem Displacement existierten in der Regel keine Papiere mehr wie Geburts- und Heiratsurkunden oder Ausweispapiere. Stattdessen sind häufig Angaben wie „lost during the war" oder schlicht „none" zu lesen.[35] Gleiches galt auch für mögliche Dokumente aus der Zeit der Verfolgung, Verschleppung und Zwangsarbeit oder Inhaftierung in Konzentrationslagern.

Wie aber konnten die Antragsteller ohne Dokumente überhaupt belegen, woher sie stammten und welches Verfolgungsschicksal sie durchlitten hatten? Welche Gründe, nicht in das jeweilige Heimatland zurückkehren zu können oder zu wollen, wurden anerkannt? Genügten allein die Angaben des Antragstellers? Wer wurde überprüft? Um eine Entscheidung zur Gewährung von Unterstützung seitens der IRO zu treffen, galt es vor allem zu klären, ob der Antragsteller den Status als DP legitim beanspruchte und ob die gegen die Repatriierung gemachten Einwände als gültig angesehen wurden. Dazu prüften die „Documents Control Sections" oder „Control Center" der IRO die Angaben im Verlauf des Antragsverfahrens nach. Die Angaben zum Verfolgungsweg wurden dann mit den beim ITS gesammelten Dokumenten zu Konzentrationslagern und anderen Haftstätten verglichen.

Zudem zog die IRO etwa bei Balten wegen eines Kollaborationsverdachts auch Unterlagen verschiedener Behörden und Dienststellen wie zum Beispiel von Meldeämtern, dem Berlin Document Center oder der Wehrmachtauskunftsstelle (WAST) heran. Bei besonders zweifelhaften Fällen leitete die IRO gründliche Screening-Verfahren ein, in deren Rahmen die Antragsteller in die Control Center vorgeladen wurden und dort persönlich alle ihre Dokumente vorlegen mussten. Trotz der zum Teil gründlichen Prüfungen hatte das System durchaus Lücken, durch die frühere Täter und Kollaborateure schlüpfen konnten. Angesichts der großen Zahl der DPs war das System nicht engmaschig genug, um derartige Fälle zu verhindern. Deshalb gelang es einzelnen, die noch wenige Jahre zuvor ihren Dienst in den Konzentrations- und Vernichtungslagern getan hatten, erfolgreich im Millionenheer der DPs unterzutauchen, wie die beiden Beispiele John Demianjuk und Hans Lipschis zeigen.[36]

Neben der Anerkennung des DP-Status kam es auch darauf an, ob die vorgebrachten Einwände gegen die Repatriierung als gültig betrachtet wurden. Ob es im Zusammenhang mit der Antragstellung überhaupt Anlass für eingehende Überprüfungen gab, konnte letztlich vom jeweiligen IRO-Officer, dessen individueller Erfahrung, Zeit, Engagement und vor allem von genutzten Handlungsspielräumen abhängen. Ein Beschluss der UN-Vollversammlung vom Februar 1946 legte „valid objections for repatriation" fest.[37] Wenn sowohl der DP-Status als auch die vorgebrachten „valid objections" anerkannt wurden und der DP damit unter das Mandat der IRO fiel, dann war der Antragsteller berechtigt (eligible), Unterstützung durch die IRO zu erhalten. Im Fall einer Unterstützung zur Auswanderung beinhaltete diese auch die Aufnahme in ein umfangreiches Programm, das die DPs bis zu deren Einschiffung und Abreise ins jeweilige Zielland begleitete.[38]

10. Zusammenfassung und Ausblick

Die vorgestellten Dokumente lassen sich als Quellen für eine Übergangsgeschichte lesen, in der die DPs sich wieder als handlungs- und entscheidungsfähige Subjekte wahrnahmen. Nimmt man die verschiedenen Quellen wie DP-2-Karten, Listen, die CM/1-Akten und die ebenfalls im ITS verwahrten Korrespondenzakten, der T/D-Fälle, zusammen, dann lassen sich die Wege von Überlebenden rekonstruieren. Darüber hinaus werden Verfolgung, Entwurzelung und Neuanfänge deutlich, aber auch deren jeweilige Aus- und Rückwirkungen auf die Selbstwahrnehmung und Identität. Entsprechende Wandlungen – Brüche wie Kontinuitäten – lassen sich unter Hinzuziehung der Korrespondenzakten, nicht zuletzt durch die darin enthaltenen Anfragen der Verfolgten selbst oder deren Nachfahren über den Zeitpunkt der Ankunft im neuen Leben hinaus untersuchen.

36
Vgl. dazu unter anderen Antragsformulare auf Überprüfung an Meldeämter (3.1.1.0, 82384553, ITS Digitales Archiv); IRO Control Center an WAST (3.1.1.0, 82384562, ITS Digitales Archiv); IRO Control Center an Berlin Document Center (3.1.1.0, 82384556, ITS Digitales Archiv); Vorladung Control Center München (3.1.1.0, 82384566, ITS Digitales Archiv).

37
Constitution of the International Refugee Organization and Agreement in Interim Measures to be Taken in Respect of Refugees and Displaced Persons vom 14.11.1947, S. 22f. (6.1.1, 82503188, ITS Digitales Archiv).

38
Ein Überblick bei International Refugee Organization (Hg.): The Facts About Refugees, Geneva 1948; zum Programm siehe das Kapitel „Vorbereitung der Auswanderer in Emigrationsländern", in: Internationale Flüchtlingsorganisation (Hg.): Emigration aus Europa. Ein Bericht der Erfahrungen, Genf 1951, S. 42ff..

INTERNATIONAL REFUGEE ORGANIZATION

AREA 5
APO 178

Care & Maintenance Division

AUGSBURG
Haunstetter Straße 12

Telephone **7812**
Augsburg

Date **29.4.49**

TO: 7771 Document Center, APO 742-A
U.S. Army, Berlin, Germany.

Request NSDAP Records be checked for

1) NAME: **KOZUCHOWICZ, Kiwa**
   Place of Birth **Pacanow/Poland**
   Date of Birth **1.10.1922**
   Occupation **labourer**

094745

Present address **(13b) Memmingen, Zeppelinstr.7**
Country of residence before coming to Germany **Poland**

Other information **Jew/Poland**
Until 1941 lived at Pacanow/Poland. 1941-1943 at labour camp Skarzysko/Poland. 1943-1945 at KZ.Buchenwald.

CM/I Number **857652**

B. Baumann
Control Center Officer
Control Center Officer
Area Welfare Officer

J.

2) ITEM:	Neg.	Pos.	Checked by:
a) NSDAP Master File	✓		
b) Partei Kanzlei Correspondence	✓		
c) RuSHA and other SS Records	✓		
d) SS Officers	✓		
e) SA	✓		
f) OFG			
g) NS-Lehrerbund			
h) Rückwandererzentrale			
i) EWZ			
j)			

7771 DOC. CENTER
NEGATIVE

3) Remarks:
)
)
)
)
)
)
)
)
)
)
)

13 MAY 1949

Date Request Received

Date Answer Transmitted

1. 49 30000 13651 N.1107

International Refugee Organisation, Area 5 Augsburg an Berlin Document Center,
betr. Record Check, 29.4.1949 (3.2.1.1, Dokument ID 79337902, ITS Digitales Archiv)

Moshe Shen

Julie Nicholson

Sara Frenkel

Sally Perel

Susanne Urban

Handlungsoptionen und Entscheidungen während und nach der Shoah

1
Lawrence L. Langer: Versions of Survival. The Holocaust and the Human Spirit, Albany, N.Y. 1982, S. 72.

2
Ebd..

3
Lawrence L. Langer: Holocaust Testimonies. The Ruins of Memory, New Haven; London 1991, S. 26.

Sara Frenkel, Sally Perel, Moshe Shen und Julie Nicholson sahen sich während der Shoah stetig neuen, unwägbaren Situationen ausgesetzt. Sie alle entschieden sich immer wieder, inmitten einer geradezu aussichtslosen Lage als Individuen zu handeln. Sie agierten bewusst oder intuitiv, um eine Matrix des Überlebens für sich und andere aufzustellen. Nach der Befreiung wollten und mussten sie ebenfalls Entscheidungen treffen, um sich ihr weiteres Leben gestaltend aufzubauen. In dem Beitrag werden zunächst die historischen Rahmenbedingungen der Handlungsräume skizziert, um anschließend die in den Egotexten und den Dokumenten gespiegelten Entscheidungen und Handlungen der vier Personen darzustellen.

1. Handlungsoptionen während der Shoah

Standen den während der Zeit des Nationalsozialismus und in der Shoah verfolgten Juden tatsächlich Handlungsoptionen offen? Gab es Möglichkeiten, sich inmitten einer Welt, die nach Lawrence L. Langer eine der „choiceless choices" war,[1] als Individuum zu behaupten? Trafen die Verfolgten reelle Entscheidungen oder waren diese angesichts der sie umgebenden Täter, Mitläufer, Denunzianten und Profiteure doch vor allem Ausdruck der „choiceless choices"? Langer betont, dass die Ausweglosigkeit ein bestimmendes Element war: „[They] reflect options between life and death, but between one form of ‚abnormal' response and another, both imposed by a situation that was in no way of the victim's own choosing."[2] Eine von Langer interviewte Überlebende fasste das Paradigma der „choiceless choices" einmal folgendermaßen zusammen: „So this wasn't good and that wasn't good: but what choice did we have?"[3]

Die Situation, innerhalb derer Juden gleichwohl eine Wahl trafen, war begrenzt von äußeren Umständen, den Akteuren auf der Gegenseite und einer Vielzahl unwägbarer Faktoren. Wer eine Entscheidung traf, wusste in der Regel nicht, wie lange der Krieg noch dauern und ob Deutschland besiegt würde. Sie konnten weder auf die Umgebungsgesellschaft vertrauen noch einschätzen, ob ein Nichtjude, der sich zunächst als Helfer zeigte, diese Haltung auch in größter materieller Not oder bei persönlicher Gefährdung weiterführen würde. Allein aus der Überlegung, ein Kind aus einem Ghetto herauszuschmuggeln, um es bei Nichtjuden oder in einem Kloster unterzubringen, ergaben sich etliche Fragen: Würde es eine falsche Identität bewahren können oder sich selbst irgendwann verraten? War es sicher vor Denunziation? Würde es, sofern die Eltern überlebten, diese später wiedererkennen und zu ihnen zurückkehren wollen? Sofern sich erwachsene Juden dem Untergrund anschlossen, zogen diese Entscheidungen ebenfalls vielfältige Folgen nach sich. War es richtig, diese Wahl zu treffen und damit das eigene und das Leben anderer zu gefährden, beispielsweise durch „Strafaktionen" der Deutschen? Die Dilemmata und die unabsehbaren Folgen der Entscheidungen waren für die Juden unter deutscher Herrschaft zahlreich, und es blieb unabsehbar, ob ihnen diese Entscheidungen nur einen Aufschub brachten oder das Überleben garantierten.

Äußere Faktoren waren prinzipiell bestimmend, weshalb die Handlungen der Kategorie der „choiceless choices" zugeordnet werden können. Angesichts der strukturellen Aussichtslosigkeit erstaunt die Vielzahl der Entscheidungen, um in einer spezifischen Situation zumindest den Versuch der Eigenaktion zu unternehmen. Dies konnte sowohl in einem sozialen oder einem professionellen Gefüge geschehen, sei es als Jugendlicher, der Lebensmittel ins Ghetto schmuggelte, als Künstler in Theresienstadt, als Arzt in einem Ghetto, als Journalist oder als zionistischer Jugendleiter.

Eine Strategie der nationalsozialistischen Verfolgung lag auch darin, jüdische Individuen nicht nur physisch, sondern auch psychisch auszulöschen. Der dem Massenmord vorangehende Prozess umfasste Demütigung, Ausgrenzung, Isolation, Enteignung, Vertreibung und eine eskalierende Dehumanisierung. Ein Ausdruck der totalen Dehumanisierung war die lediglich numerische Erfassung der Bewohner der Ghettos in Osteuropa oder der in Erschießungsgruben im Baltikum ermordeten Menschen.[4] Durch die Entscheidungen, die Juden inmitten dieses eskalierenden Prozesses fällten, widersetzten sie sich der Dehumanisierung und dem Versuch der Auslöschung. Wer handelte, bewahrte sich Menschlichkeit und Individualismus, auch wenn immer Zweifel blieben, ob eine Entscheidung richtig war. Sich zu entscheiden und die daraus resultierenden Konsequenzen zu tragen, stand im Gegensatz zu den deutschen Akteuren, die hier durchaus generalisierend als Täter bezeichnet werden.[5]

Der israelische Historiker David Bankier antwortete 1997 in einem Interview auf die Frage nach der Bewertung des Verhaltes der Juden während der Shoah: „What is fascinating about this entire topic is the behavior of the perpetrator. Here you can ask the real questions on how it was humanly possible for a person to carry out these heinous deeds. In the case of the victim, however, I don't see any point in analyzing his behavior, because there were no choices, no alternatives. They were placed in this horrendous situation, with children, old parents and families, and it was like throwing someone in the sea and telling him, ‚OK, now start swimming.' There's no island in the offing, but you swim and try to stay alive. I think this was the situation of the Jews during the Second World War. [...] What did one expect of a victim, of an innocent

4 Wolfram Wette: Karl Jäger. Mörder der litauischen Juden, Frankfurt am Main 2011; siehe auch SS-Standartenführer Karl Jäger betr. Gesamtaufstellung des im Bereich der EK 3 bis zum 1. Dez. 1941 durchgeführten Exekutionen, http://www.holocaust-history.org/works/jaeger-report/gif/img006.gif?size=1 (zuletzt aufgerufen am 22.6.2013).

5 Vgl. zur Täterforschung die verschiedenen widerstreitenden Ansätze Daniel Jonah Goldhagen: Hitlers willige Vollstrecker. Ganz gewöhnliche Deutsche und der Holocaust, Berlin 1996; Stefan Hördler: Aspekte der Täterforschung. Eine kritische Bilanz, in: Petra Frank/Stefan Hördler (Hg.): Der Nationalsozialismus im Spiegel des öffentlichen Gedächtnisses. Formen der Aufarbeitung und des Gedenkens, Berlin 2005, S. 23-46; Peter Longerich: Tendenzen und Perspektiven der Täterforschung, in: Aus Politik und Zeitgeschichte 57 (2007), Nr. 14/15, S. 3-7; Klaus-Michael Mallmann/Gerhard Paul (Hg.): Karrieren der Gewalt. Nationalsozialistische Täterbiographien, Darmstadt 2004; Gerhard Paul (Hg.): Die Täter der Shoah. Fanatische Nationalsozialisten oder ganz normale Deutsche?, Göttingen 2002; Harald Welzer: Täter. Wie aus ganz normalen Menschen Massenmörder werden, Frankfurt am Main 2005; Michael Wildt: Generation des Unbedingten. Das Führungskorps des Reichssicherheitshauptamtes, Hamburg 2003.

Namentlich unbekannter Häftling nach der Befreiung des KZ Mittelbau-Dora, 12.4.1945

6
Interview mit Professor David Bankier am 17.12.1997, S. 16f.
http://www1.yadvashem.org/odot_pdf/Microsoft%20Word%20
-%203645.pdf (letzter Zugriff: 5.2.2013).

7
Dan Michman: Die Historiographie der Shoah aus jüdischer
Sicht. Konzeptualisierungen, Terminologie, Anschauungen,
Grundfragen, Hamburg 2002, S. 104ff..

individual, given the circumstances created by the Nazis? The question pertains to those who had choices, who had alternatives: the perpetrator and the bystander you could ask questions; but victims didn't have choices."[6] Bankier unterstrich mit dieser Aussage das Paradigma der „choiceless choices" und nahm zugleich vorweg, dass die Fragen, weshalb keine größere Anzahl Juden aus Deutschland und Österreich ausgewandert war oder ob Judenräte[7] in den Ghettos nicht generell Kollaborateure gewesen seien, in spezifisch definierten Kontexten gesehen und analysiert werden sollten. Es besteht, auch dies impliziert Bankier, ein klarer Gegensatz zu jenen Tätern, die apologetisch die Taten, an denen sie beteiligt waren, auf die Zeitläufe, die Umstände, die Gesetze und Befehle schoben.

2. Nach 1945: Verzweiflung und Aufbruch

Der Historiker Yaakov Lazowick fasste die mit der Befreiung verbundenen ambivalenten Wahrnehmungen wie folgt zusammen: „Die Geschichte der kurzen Wochen oder Monate zwischen der Befreiung und der Rückkehr in die Ruinen ist beileibe nicht schön. In diese Zeit fällt nicht nur der Beginn des neuen Lebens nach der Shoah, sondern diese Zeitspanne stellt auch das letzte Kapitel der Shoah dar. Es ist zwar richtig, dass sich der Kreis in dieser Zeit schließt, aber er schließt sich auf tragische Weise. Nach Jahren körperlichen Leidens und Schreckens mussten die Überlebenden sich schließlich eingestehen, dass die Welt, die sie gekannt hatten, verloren war. [...]

Nun mussten sie sich von ihren Eltern, Ehegatten, Kindern, ihren Häusern, ihrer Heimatstadt, von ihrer Welt und ihrer Identität verabschieden. [...] Die Geschichte der Befreiung ist nicht das Happy End, das auf tragische Ereignisse folgt, sondern eine ganz eigene, bittere Lektion."[8] Zeitgenössische Berichte von Mitarbeitern alliierter Hilfsorganisationen wie der United Nations Relief and Rehabilitation Administration (UNRRA), von jüdischen Repräsentanten aus den USA oder von jüdischen Emissären aus dem damaligen Palästina verdeutlichen, dass eine Mehrzahl der Überlebenden keine Euphorie nach der Befreiung empfand, sondern dass in vielen Fällen Verzweiflung und Verbitterung vorherrschten.[9]

Der Überlebende des Warschauer Ghettoaufstands und Psychiater, Dawid Wdowinski, erinnerte sich später: „Ich bin traurig. Alles macht mich traurig. Die Lage der Juden im Allgemeinen, das Gebaren unserer amerikanischen ‚Befreier', die Tragödie meines Volkes, mein eigenes Schicksal – es ist das Schicksal eines entwurzelten Mannes, eines Schattens seiner selbst, eines Mannes, der jedoch selbst keinen Schatten mehr wirft. [...] Es gibt keine Vergangenheit, keine Gegenwart, keine Zukunft, keine Wurzeln, keinen Schatten. [...] Wie enttäuscht sind wir! Es gibt keinen Gott, keine Gerechtigkeit, keine Ehrlichkeit! Alles ist nichts, alles ist falsch, alles."[10] Es brauchte Tage, Wochen oder manchmal auch Monate, um aus dieser Leere hinauszufinden und ein Gefühl für jene Situation zu entwickeln, die sich Freiheit nannte, und es waren oft Momentaufnahmen, Skizzen wie aus dem Leben davor, die in Überlebenden dieses Gefühl von einem doch möglichen Neuanfang entfachten.

Den Übergang vom befreiten Häftling zum selbsttätigen Menschen beschrieb der Wiener Psychiater Viktor E. Frankl in seinem zuerst 1946 veröffentlichten Buch „... trotzdem Ja zum Leben sagen": „Dann gehst du eines Tages, ein paar Tage nach der Befreiung, übers freie Feld, kilometerweit, durch blühende Fluren einem Marktflecken in der Umgebung des Lagers zu; Lerchen steigen auf, schweben zur Höhe, und du hörst ihren Hymnus und ihren Jubel, der da droben im Freien erschallt. [...] Du weißt in diesem Augenblick nicht viel von dir und nicht viel von der Welt, du hörst in dir nur einen Satz, und immer wieder denselben Satz: ‚Aus der Enge rief ich den Herrn, und er antwortete mir im freien Raum.' [...] Aber an diesem Tage, zu jener Stunde begann dein neues Leben – das weißt du. Und Schritt für Schritt, nicht anders, trittst du ein in dieses neue Leben, wirst du wieder Mensch."[11] UNRRA-Mitarbeiter, aber insbesondere Abgesandte des American Jewish Joint Distribution Committee (AJDC), der Jewish Agency (JA), der Organisation for Rehabilitation Through Training (ORT) sowie Angehörige der Jüdischen Brigade und zionistischer Organisationen bemühten sich, jüdische Überlebende beim Aufbau ihrer Zukunft zu unterstützen.

8
Yaacov Lozowick: Introduction, in: Yehudit Kleiman/Nina Springer-Aharoni (Hg.): The Anguish of Liberation. Testimonies from 1945, Jerusalem 1995, S. 3-11, die deutsche Übersetzung in: Bundeszentrale für Politische Bildung/Yad Vashem (Hg.): Zurück ins Leben. Jüdische Lebenswelten nach dem Holocaust, Bonn 2007 (CD-ROM).

9
Vgl. u.a. David Boder: Die Toten habe ich nicht befragt, Heidelberg 2011; Samuel Gringauz: Das Jahr der großen Enttäuschungen. 5706 in der Geschichte des jüdischen Volkes, in: Babylon. Beiträge zur jüdischen Gegenwart 4 (1989), Heft 5, S. 73-81.

10
David Wdowinski: Wir wurden nicht gerettet, in: Bundeszentrale für Politische Bildung/Yad Vashem, Leben.

11
Viktor E. Frankl: Gesammelte Werke, Bd. 1: ... trotzdem Ja zum Leben sagen. Und ausgewählte Briefe (1945 - 1949), Wien; Köln; Weimar 2005, S. 114f..

12
Yehuda Bauer: Flight and Rescue: Brichah, New York 1970, S. 202.

13
Thomas Albrich (Hg.): Flucht nach Eretz Israel. Die Bricha und der jüdische Exodus durch Österreich nach 1945, Innsbruck 1998; Asher Ben-Natan/Susanne Urban: Die Bricha. Aus dem Terror nach Eretz Israel. Ein Fluchthelfer erinnert sich, Düsseldorf 2005.

14
Landsberger Lager Cajtung vom 8.10.1945, in: Bundeszentrale für Politische Bildung/Yad Vashem, Leben.

3. Sehnsucht nach „Eretz Israel"

Dass sich diese Zukunft stark auf das damalige britische Mandatsgebiet Palästina fokussierte, war durchaus gewollt und entsprach gleichzeitig zunehmend der Haltung der jüdischen Displaced Persons (DP). Verschiedene, im Herbst und Winter 1945 durchgeführte Umfragen unter jüdischen DPs zeigten, dass von 19 311 Befragten 96,8 Prozent nach Palästina wollten. Nur 13 Überlebende wollten in Deutschland bleiben, 95 in westeuropäische Länder und 393 in die USA emigrieren.[12] Parallel dazu brachte die jüdische Fluchthilfeorganisation „Bricha" zehntausende Juden zunächst aus Osteuropa und Südosteuropa in DP-Camps in Deutschland und Österreich. Von dort ging es über die Alpen in Richtung Italien und Frankreich, um von Häfen am Mittelmeer mit Schiffen nach Palästina zu gelangen. Die britische Politik reagierte mit zunehmender Härte auf diese „illegale" Aliyah, die Immigration nach Israel, fing viele der Schiffe ab und internierte die Mehrzahl der Passagiere in Lagern im Norden Palästinas und auf Zypern. Bis zu 150 000 Juden wurden von der Bricha aus Europa herausgebracht. Der Wunsch nach einem selbstbestimmten Leben innerhalb der eigenen Gruppe war kennzeichnend für viele jüdische Überlebende. Für diese Sehnsucht nahmen die Menschen körperliche Strapazen und auch die Internierung durch die Briten in Kauf.[13] Ein eher pragmatischer als ideologisch manifester Zionismus half vielen Juden aus der scheinbaren Ausweglosigkeit heraus, in der sie sich nach der Befreiung wiederfanden.

4. Lebensmut und Lebenswillen

Repräsentanten jüdischer Überlebender versuchten immer wieder zu verdeutlichen, dass ein aktiv gestaltetes Leben auch Ausdruck des Sieges über Nazi-Deutschland sei. Samuel Gringauz, Vorsitzender des Zentralkomitees der befreiten Juden in Bayern und zugleich Chef des Lagerkomites des DP-Camps in Landsberg, hielt am 16. September 1945 vor jüdischen Jugendlichen eine Ansprache zu Yom Kippur: „Weder könnt noch sollt ihr jungen Leute ständig in Trauer und ,Yizkor' leben. Ihr müsst leben, etwas Neues aufbauen, arbeiten und euch am Leben freuen. [...]und ihr, unsere junge Generation, ihr seid verantwortlich für unsere Rache – sie ist ein Streben, das darauf drängt, erfüllt zu werden. Ihr müsst unseren Feinden und der ganzen Welt zeigen, dass wir noch am Leben sind. Eure Rache sind die Arbeit und die Bemühungen um unser Land. Ihr müsst Neues schaffen, Neues aufbauen, tanzen und singen, euch am Leben freuen, leben – leben und arbeiten."[14]

Die psychologische Situation der Überlebenden war jedoch ambivalent, wie der Emissär Chaim Yahil skizzierte: „Die Überlebenden zeichneten sich einerseits durch große Zuversicht aus, andererseits jedoch war ein großer Teil von ihnen negativ eingestellt. [...] Erfahrungen, die sie während des Holocaust hatten machen müssen, hatte

```
                    INTERNATIONAL REFUGEE ORGANIZATION
                            Area Team 1005
                       Fliegrhorst-Kaserne, Goeppingen


            To      : Documents and tracing,
                      2 Werastreet, Stuttgart
            From    : Dorothy H. Harison, Welfare Officer
                      Area Control Office
            Subject : New - born babies

                      Enclosed please find fxxxxwingx32DP 2 Duplicate s
                  and Birth certificatesfor the following new born babies
                  registered in our Area during October .


        N a m e              Born        Id.C.N.     Registered at:
    ----------------------------------------------------------------
     1. Ambach, Chawa        19.10.47.   194 814     A.C. 603 , Wasseralfingen
     2. Breitbart, Abraham   13.10.47.   195 073     A.C. 679, Ulm/Do
     3. Cymmer, Chaja        18.10.47.   194 838     A.C. 603, Wasseralfingen
     4. Dubill, Ihor         7.10.47.    195 056     A.C. 709, Ellwangen
     5. Erlichma, Leizor     19.10.47.   194 837     A.C. 603 Wasseralfingen
     6. Fajermann, Schloma   7.10.47.    195 079     A.C. 716, Ulm/Do
     7. Frajman, Sara        16.10.47.   195 064     A.C. 632, Heidenheim
     8. Galek, Mechel        13.10.47.   195 055     A.C. 603, Wasseralfingen
     9. Gelbwachs, Michael   21.10.47.   194 752     A.C. 678, Ulm/Do
    10. Jekutyte, Virginija  14.10.47.   194 816     A.C. 617, Schw. Gmuend
    11. Karaievicius, Joses  11.10.47.   195 052     A.C. 617, Schw. Gmuend
    12. Koppermann, Tiiu     16.10.47.   195 085     A.C. 615, Geislingen
    13. Krupnik, Lewi        13.10.47.   194 817     A.C. 632, Heidenheim
    14. Kurz, Ester, Chaja   23.10.47.   194 830     A.C. 677, Ulm/Do
    15. Kütt, Peeter         17.10.47.   194 849     A.C. 615, Geislingen
    16. Milchstein, Jankel   18.10.47.   195 081     A.C. 632, Heidenheim
    17. Perchulyn, Irene     19.10.47.   194 839     A.C. 709, Ellwangen
    18. Pintschansky Rosa    10.10.47.   195 057     A.C. 678, Ulm/Do
    19. Platek, Abrham       16.10.47.   195 066     A.C. 677, Ulm/Do
    20. Prozes, Peter        16.10.47.   195 098     A.C. 615, Geislingen
    21. Rubin, Fela          24.10.47.   194 835     A.C. 678, Ulm/Do
    22. Schwartz, Chaim      17.10.47.   194 811     A.C. 716, Ulm/Do
    23. Schwartz, Robert     24. 9.47.   194 753     A.C. 627, Heidenheim
    24. Skotarek, Edmund     24.10.47.   194 757     A.C. 615, Schw. Gmuend
    25. Stecyk, Maria        13.10.47.   195 097     A.C. 709, Ellwangen
    26. Storch. Bronia       19.10.47.   195 083     A.C. 679, Ulm/Do
    27. Stozka, Anna         19.10.47.   194 841     A.C. 709, Eliangen
    28. Szarko, Roman        8.10.47.    195 059     A.C. 709, Ellwangen
    29. Szkwarko, Michael    19.10.47.   194 840     A.C. 709, Ellwangen
    30. Syczewska, Maria     17.10.47.   194 843     A.C. 709, Ellwangen
    31. Tomkevicius, Kestutis 15.10.47.  195 096     A.C. 617, Schw. Gmuend
    32. Uscinas, Stanislawas 19.10.47.   194 827     A.C. 708, Dornstadt


                                        F.R. Thompson
                                        Area Director
                                        by Dorothy H. Harrison
                                           Welfare Officer
                                           Area Control Office
```

International Refugee Organization, Area Team 1005, Fliegerhorst-Kaserne, Göppingen: Liste der im Oktober 1947 Neugeborenen, 24.12.1947 (3.1.1.2, Dokument ID 81987140, ITS Digitales Archiv)

diese Generation zutiefst geprägt. Diese Wunden heilten nicht, obgleich der Wille zu leben in den Menschen brannte. [...] Die DPs hatten keine wirklichen Möglichkeiten, ihren Lebensunterhalt selbst zu bestreiten, sie waren nicht unabhängig und auf die Hilfsorganisationen angewiesen. All dies beschnitt ihre Fähigkeit, zwischen dem Wesentlichen und dem Nebensächlichen, zwischen dem Wirklichen und dem Eingebildeten zu unterscheiden und führte zu einer starken Zunahme an Institutionen, die auf tönernen Füßen standen. [...] Im Leben der Flüchtlinge waren Zuversicht und Pessimismus bereits vom ersten Tag an, den sie auf deutschem Boden verbrachten, untrennbar miteinander verbunden. In den ersten Jahren verstärkten sich die positiven Elemente [...] Vor allem aus den DP-Lagern rekrutierte sich der Nachwuchs an Blockadebrechern, Soldaten und Neueinwanderern."[15]

15
Chaim Yahil: Die Aktivitäten der Mission in Palästina bezüglich des Shearit Hapleita 1945–1949 (Teil II), in: ebd..

16
Lynne Taylor: „Please Report Only True Nationalities! " The Clas-
sification of DPs in Post-Second World War Germany, in: David
Cesarani/Suzanne Bardgett/Jessica Reinisch/Dieter W. Steinert
(Hg.): Survivors of Nazi Persecution in Europe After the Second
World War, London 2010, S. 35-53.

17
Rebekah L. Taft/J. H. Whiting, Zone Director, US Zone, UNRRA
an Alex Squadrilli, Wiesbaden District Office vom 9.1.1946, zit.
nach ebd., S. 41.

18
Resolutions Adopted on the Reports of the Third Committee/ 8
(I) Matters on Refugees: http://www.un.org/ga/search/view_
doc.asp?symbol=a/res/8%28I%29 (letzter Zugriff: 9.2.2013).

19
Constitution of the International Refugee Organization and
Agreement on Interim Measures to Be Taken in Respect of
Refugees and Displaced Persons vom 15.12.1946 (6.1.1, Dokument
ID 82503189, ITS Digitales Archiv).

20
Internationalen Flüchtlingsorganisation, Emigration.

Was geschah mit jenen jüdischen DPs, die nicht nach Palästina wollten oder nach der Staatsgründung im Mai 1948 schlichtweg keine Kraft hatten, sich in ein Land im Kriegszustand zu begeben, sich aber als Juden definierten?

5. Desired Destination – Claimed Nationality

Verschiedene Diskussionen und Memoranden seitens der UNRRA und der Militärs wie dem amerikanischen General Lucius D. Clay resultierten in einer Anerkennung von zu diesem Zeitpunkt auf Grund der politischen Konstellationen nicht berücksichtigten Nationalitäten, darunter der jüdischen.[16] UNRRA-Dienststellen kamen am 9. Januar 1946 überein, dass Juden erstmalig in einem offiziellen Dokument ihre eigene privilegierte Kategorie zugestanden wurde, indem ihnen im Gegensatz zu anderen Gruppen der Displaced Persons das Recht zugebilligt wurde, selbst entweder ihre Vorkriegsstaatsangehörigkeit oder die jüdische Nationalität zu wählen. Juden zu sein, wurde nun als eigene Nationalität anerkannt.[17] Jüdische DPs befanden sich trotz der Möglichkeit, sich während der Registrierung als Angehörige der jüdischen Nation zu definieren und nicht mehr in ihr Herkunftsland zurückkehren zu müssen, weiterhin in einer schwierigen Situation. Die Einwanderung nach Palästina war nur einer Minderheit auf legalem Wege möglich. Zudem erließen andere Aufnahmestaaten, etwa die USA oder Australien, Einwanderungsbeschränkungen. Jenen Displaced Persons, die nicht in ihr Herkunftsland zurückkehren wollten, war durch die UN-Vollversammlung im Februar 1946 trotz der noch bestehenden, restriktiven Immigrationsbestimmungen in den USA, Australien oder Südamerika ein Tor in die Welt geöffnet worden. Die von der UN angenommene Resolution schloss eine Zwangsrepatriierung aus und ermöglichte auch den DPs in Europa, argumentativ gegen eine Rückführung Einspruch zu erheben.[18]

Die Nachfolgeorganisation der UNRRA, die International Refugee Organisation (IRO), würde sich künftig um die nicht repatriierbaren DPs kümmern: „[P]ersons will become the concern of the Organization [...] if they have definitely, in complete freedom and after receiving full knowledge of the facts, including adequate information from the Governments of their countries of nationality or former habitual residence, expressed valid objections to returning to those countries. [...] (1) Persecution, or fear, based on reasonable grounds of persecution because of race, religion, nationality or political opinions [...]; (2) Objections of a political nature judged by the Organization (UN) to be ‚valid' [...]; (3) [...] family reasons arising out of previous persecution [...]."[19] Über ihre Erfahrungen mit dem als „Resettlement" bezeichneten Programm für DPs veröffentlichte die IRO 1951 eine Informationsschrift.[20]

Form NO. 1

UNITED NATIONS RELIEF AND REHABILITATION ASSOCIATION

Displaced Persons' Operation, Germany, U. S. Zone.

Team No. 1o66   Team Location   Funk Caserne MUNICH

Nominal Roll of Authorized Movement of Displaced Persons

from UNRRA Funk Caserne MUNICH -Paris SA   on 29th January 1947   194

Cite Authority for Movement

Signature and titles of UNRRA officers initiating movement.
Henry A. Wolf
Operations Officer

	Name		Nation-ality	Sex	Age	D.P. Identification Card No.	Remarks
1	Berkovits-Schindlover	Ludvika	Jews	F	1928		Paraguay
2	Berkovits-Schindlover	Caim	"	M	192o		"
3	Bronstein	Binem	"	M	1914		"
4	Goldschmidt	Genia	"	F	1922		
5	Brudner	Cecilia	"	F	1912		Cuba
6	Brudner Dr. Ulrich	Isr.	"	M	19o7		"
7	Deligdicz	Janina-Nusia	"	F	1914		Australia
8	Deligdicz Dr.	Wolf	"	M	1893		"
9	Dym	Adela	"	F	1912		"
1o	Dym	Lonina	"	F	1941		"
11	Dym	Onjasz	"	M	19o7		"
12	Friedmann	Josek	"	M	1932		Brasil
13	Friedmann	Eisik	"	M	19o8		Paraguay
14	Friedmann	Lusia	"	F	1939		"
15	Friedmann	Mundek	"	M	1938		"
16	Friedmann	Sara	"	F	19o7		
17	Gutner	Rebeka	"	F	1911		France
18	Kritzler	Irene	"	F	1929		Australia
19	Kusniec	Lea	"	F	1927		Brasil
2o	Kusniec	Sara	"	F	1898		"
21	Kusniec	Chana	"	M	1926		"
22	Kusniec	Misza	"	M	1922		"
23	Kusniec	Sloma	"	M	1915		"
24	Kusniec	Srul	"	M	1891		"
25	Kusniec	Symcha	"	F	193o		

CARDED

United Nations Relief and Rehabilitation Association, Team Nr. 1066, Funk-Kaserne München: Transportliste nach Paris, 29.1.1947 (3.1.1.2, Dokument ID 82016649, ITS Digitales Archiv)

Die DP-Camps durchliefen schließlich einen Bedeutungswandel: Vom Auffanglager vor der Repatriierung wurden sie zu Durchgangs-Camps auf dem Weg zum „Resettlement" und damit zu Transiträumen der Überlebenden und Entwurzelten in eine Zukunft, die mehrheitlich außerhalb Europas liegen sollte. Die USA lockerte trotz dieses Rechts auf Selbstbestimmung und der moralischen Anerkennung von Auswanderungswünschen ihre Einwanderungsbestimmungen erst nach Gründung des Staates Israel mit dem DP-Act vom 25. Juni 1948. Ende 1946 war zwar durch Präsident Truman verfügt worden, dass die Immigrationsquoten zugunsten von DPs ausgelegt werden sollten, jedoch führte auch dies lediglich zur Immigration von 17 000 jüdischen DPs. In Australien galten sogar „Juden"-Quoten für die Schiffe, die aus Europa kamen.[21]

21
Suzanne Rutland: Subtle Exclusions: Postwar Jewish Emigration to Australia and the Impact of the IRO Scheme, in: Holocaust Studies. A Journal of Culture and History 10 (2001), Nr. 1, S. 50-66.

22
Moshe Shen: Überleben war für uns KZ-Häftlinge eine Frage der Zeit, in: Manfred Grieger/Ulrike Gutzmann (Hg.): Überleben in Angst. Vier Juden berichten über ihre Zeit im Volkswagenwerk in den Jahren 1943 bis 1945, Wolfsburg 2012, S. 23-33, hier S. 23.

23
Jugend für Dora e.V. (Hg.): Die Zukunft der Zeitzeugen, Nordhausen 2010, S. 56, http://www.jfd-ev.org/files/Die_Zukunft_der_Zeitzeugen.pdf (letzter Aufruf: 23.6.2013).

Juden, die nicht nach Palästina wollten, emigrierten entweder dorthin, wo Verwandte lebten, oder sie hatten auf Grund eines spezifischen, in einem Land nachgefragten Berufs eine Chance auf rasche Emigration aus Europa. Manchmal waren es auch rein emotionale oder private Gründe, die dazu führten, dass der Sehnsuchtsort Palästina nicht zum Zielort wurde. Überlebende Juden ließen sich in vielen Staaten der Erde nieder, auch in Argentinien, Uruguay, Südafrika, Chile, Australien, den USA, Kanada oder Schweden.

Die Überlebenden entschieden nunmehr selbst, wie sie sich definierten und wohin sie wollten. Deshalb führte mancher Weg woandershin, als auf der Registrierungskarte angegeben war. Die Überlebenden trafen permanent Entscheidungen: Sie ließen sich repatriieren, manche gingen danach aber wieder in den Westen. Sie schlossen sich der „illegalen" Aliyah an oder warteten im Transitraum auf ein Zertifikat oder die ersehnte Staatsgründung Israels. Andere nahmen Kontakt mit entfernten Verwandten in New York oder Sydney auf, um dort einen Neuanfang zu wagen. Der kleinere Teil ging auf gut Glück beispielsweise nach Montevideo, während andere ein Land einfach deshalb wählten, weil es weit weg von Europa lag. Sie nutzten die möglichen Handlungsoptionen und konstituierten sich als handelnde Subjekte.

5.1 Lebensskizze: Moshe Shen

Moshe Shen, als Moses Schön 1930 im rumänischen Sighet geboren, erinnerte sich an seinen Vater Deszö stets als strengen Mann. Diese Strenge beinhaltete Prinzipientreue und ein hohes Maß an Verantwortung und Fürsorge seinen Nächsten gegenüber. All dies erwähnte und reflektierte Moshe Shen in Gesprächen über seine Kindheit und Jugend sowie das Leben während der Shoah. Er sprach voller Liebe und Dankbarkeit von seinem Vater, der ihm während der Shoah in den Lagern zur Seite gestanden und versucht hatte, seinen Sohn durch gefährliche Situationen zu geleiten und sein Leben zu bewahren.

Nach dem Umzug der Familie Schön im Jahre 1937 ins transsilvanische Oradea Mare, das 1940 Ungarn zugeschlagen und in Nagyvárad umbenannt wurde, griffen nach und nach die ungarischen antijüdischen Gesetze und Regelungen auch in das Leben der Familie Schön ein. Der Vater von Moshe Shen fühlte sich in dieser Zeit in seiner zionistischen Ausrichtung weiter bestärkt: „Mein Vater [...] war also überzeugter Zionist, und das war nicht üblich für ungarische Juden in dieser Zeit."[22] Im März 1944 okkupierte Deutschland Ungarn. Das Angebot eines dem Vater bekannten Offiziers, allein nach Rumänien zu fliehen, schlug dieser aus. Moshe Shen erinnerte sich, dass sein Vater „seine Familie zusammenhalten und bei seiner Frau bleiben wollte".[23] Eine gemeinsame Möglichkeit zur Flucht scheiterte: „1944 hatten wir noch Zertifikate zur Einwanderung nach Israel bekommen. Das war zwar noch vor dem Einmarsch der

Deutschen gewesen, aber es war trotzdem zu spät und wir konnten nicht mehr entkommen. Wir gelangten noch nicht mal mehr nach Budapest, von wo aus es vielleicht noch weitergegangen wäre nach Israel. [...] So hatten wir Auswanderungszertifikate, kamen aber trotzdem alle zusammen ins Ghetto in Nagyvárad."[24]

Ende Mai 1944 begannen von dort die Deportationen der Juden nach Auschwitz, und auch die Familie Schön musste zusammen mit den anderen Juden aus dem Ghetto diesen Weg antreten. Moshe Shen war zu diesem Zeitpunkt 14 Jahre alt. Bei der Selektion an der Rampe in Auschwitz-Birkenau machte sich der Jugendliche auf Anraten seines Vaters älter als er war und gab sein Alter mit 20 Jahren an. Moses Schön wurde bei seiner Ankunft im KZ Auschwitz von der SS als ungarischer Jude registriert. Bei der Überstellung in weitere Konzentrationslager wurden die Angaben übernommen. Während die Mutter Moshe Shens in Auschwitz ermordet wurde, konnte der Jugendliche gemeinsam mit seinem Vater bis zur Befreiung überleben. Nach etwa zwei Wochen in Auschwitz-Birkenau wurden Vater und Sohn in einer Gruppe von 300 ungarischen Juden in das Volkswagen Werk gebracht.[25] Die weiteren Stationen waren das Lager Thil in Lothringen, später Dernau bei Koblenz und schließlich am 27. September 1944 das Außenkommando Dora des Konzentrationslagers Buchenwald, das ab Oktober 1944 als eigenständiges Konzentrationslager Mittelbau geführt wurde.[26] Bei seiner Registrierung im KZ Buchenwald erfolgte seine Kategorisierung als „Polit. [ischer] Ungar Jude".[27]

Zunehmende Schwäche und brutale Schläge verringerten die Überlebenschancen des jugendlichen Moshe Shen, doch sein Vater kümmerte sich aufopferungsvoll um ihn. Mit einem Räumungstransport aus dem KZ Mittelbau-Dora gelangte der 15-Jährige Anfang April 1945 mit seinem Vater nach Bergen-Belsen, wo sie von den Briten am 15. April 1945 befreit wurden. Moshe Shen war so schwer erkrankt und erschöpft, dass er fast ein Jahr in einem britischen Hospital bei Celle versorgt werden musste, um zu genesen. Bei seiner Registrierung im DP-Camp Belsen im Februar 1946 registrierte sich Shen aber nicht als Ungar. Unter „claimed nationality" steht auf der DP-2-Karte „Rumanian".[28] Diese Angaben können aber nicht nur als Ausdruck einer wieder erlangten Selbstbestimmtheit gelesen werden, sondern dokumentieren auch neues Vertrauen. Moses Schön, der sich auf Drängen des Vaters um exakt sechs Jahre älter gemacht hatte, gab aber noch sein unzutreffendes Geburtsdatum an. Erst bei einer weiteren Registrierung am 24. Februar 1947 korrigierte er die Angabe auf das richtige Geburtsdatum.[29] Auch wenn eine Übernahme aus anderen Dokumenten nicht gänzlich ausgeschlossen werden kann, so liegt eine mögliche Erklärung auch in Moses Schöns Absicht, zunächst ohne seinen Vater in die USA zu emigrieren. Mit der Angabe eines höheren Alters glaubte Moshe Shen vielleicht, seine Chancen zu erhöhen. Allerdings bezeichnete er sich wieder als Schüler, der er vor seiner Verschleppung gewesen war, und nicht mehr als „Monteur".[30]

24
Shen, Überleben, S. 24.

25
Hans Mommsen/Manfred Grieger: Das Volkswagenwerk und seine Arbeiter im Dritten Reich, Düsseldorf 1996, S. 863ff..

26
Jens-Christian Wagner: Produktion des Todes. Das KZ Mittelbau-Dora, Göttingen 2001, S. 259ff..

27
Konzentrationslager Buchenwald, Häftlingskartekarte Moses Schön, 3.10.1944 (1.1.5.3, Dokument 7053552, ITS Digitales Archiv).

28
DP-2-Card, Moses Schön vom 6.2.1946 (3.1.1.1, 69222475, ITS Digitales Archiv).

29
Zu Moses Schön verwahrt der ITS mehrere DP-2-Karten, hier DP-2-Card, Moses Schön vom 24.2.1947 (3.1.1.1, 69222477, ITS Digitales Archiv).

30
Konzentrationslager Buchenwald, Häftlings-Karteikarte Moses Schön vom 3.10.1944 (1.1.5.3, 7053552, ITS Digitales Archiv); DP-2-Card, Moses Schön vom 6.2.1946 (3.1.1.1, 69222475, ITS Digitales Archiv).

31
Ebd..

32
Shen, Überleben, S. 32.

33
Zur besonderen Situation jüdischer Zwangsarbeiter und deren Überlebensbedingungen Margalit Bejarano/Amija Boasson: Sklavenarbeit und Shoah. Ein Blick aus Israel, in: Alexander von Plato/Almut Leh/Christoph Thonfeld (Hg.): Hitlers Sklaven. Lebensgeschichtliche Analysen zur Zwangsarbeit, Köln; Weimar; Wien 2008, S. 311-323, hier S. 311.

Auf der DP-2-Card, mit welcher der zu diesem Zeitpunkt erst 15-jährige Moses Schön im Februar 1946 registriert wurde, fällt außerdem auf, dass bei der Frage „Do you claim to be a prisoner of war?" die Abkürzung „Kz" eingetragen wurde.[31] Vorgegeben waren an dieser Stelle lediglich die Felder „Yes" oder „No", und in der Regel blieben diese Felder auf den allermeisten Karten leer, insbesondere bei DPs, die während ihrer Verfolgung in die Konzentrationslager oder zur Zwangsarbeit verschleppt worden waren. Für Ergänzungen und Kommentare dieser Art war das untere Feld „Remarks" auf der Vorderseite vorgesehen.

Der Eintrag auf der Karte von Moses Schön, der zudem noch im Feld „No" untergebracht wurde, wirkt daher eher wie ein Statement. Vermutlich wollte er, der zum Zeitpunkt seiner Befreiung aus einer Odyssee durch verschiedene Konzentrationslager körperlich so geschwächt war, dass er noch mehr als ein Jahr in Krankenhäusern verbringen musste, damit auf einen für ihn wichtigen Unterschied zwischen dem Verfolgungsschicksal jüdischer „Sklavenarbeiter", die unter Bewachung von SS-Männern standen, und anderen Zwangsarbeitern wie Polen hinweisen.[32]

Moshe Shen brachte zur Sprache, was nach seinem Verständnis den Unterschied zwischen nichtjüdischen Verfolgten und befreiten jüdischen DPs ausmachte. Als Überlebender der Konzentrationslager konnte für ihn Befreiung und Kriegsende nicht gleichbedeutend sein mit einer Entlassung ins vorherige Leben.[33] Die von ihm getroffenen Unterscheidungen erlauben in Verbindung mit dem Eintrag auf der DP-2-Karte nicht nur Rückschlüsse auf das Selbstbild in der Zeit bis zur Auswanderung nach Palästina. Darin spiegeln sich auch Aspekte, die für seine Identität selbst Jahrzehnte später noch prägend waren, wozu die Frage nach Anerkennung des erlittenen Verfolgungsschicksals als jüdischer Häftling eines Konzentrationslagers und dessen besondere Situation nach dem Überleben als jüdischer DP gehörte.

Anfang 1947 reiste Moses Schön mit einem offiziellen britischen Zertifikat für jugendliche Überlebende nach Palästina ein und hebräisierte seinen Namen in Moshe Shen. Sein Vater erreichte das Land wenige Wochen nach ihm. Dass der junge Mann nach Palästina ging, war nicht nur, aber auch der engen Verbindung zwischen Vater und Sohn geschuldet. Die USA waren sein ursprüngliches Traumziel gewesen, doch schlug er nunmehr erneut, ohne noch unter dem Verfolgungsdruck der Shoah zu stehen, dieselbe Richtung ein, in die es seinen Vater zog. Moshe Shen wurde wie viele jugendliche Überlebende von der jüdischen Untergrundarmee Hagana rekrutiert und kämpfte während des Unabhängigkeitskrieges um die Existenzsicherung des Staates Israel. Bis 1954 blieb er bei der israelischen Armee und erreichte den Rang eines Offiziers.

1953 heiratete der 23-Jährige. Aus der Ehe gingen vier Kinder, acht Enkel sowie erste Urenkel hervor. Moshe Shen studierte an der Hebrew University in Jerusalem und an der Tel Aviv University Ökonomie und Rechnungswesen. Von 1979 an war er an der

34
Shen, Überleben, S. 24f..

Alexander Muss High School in Hod HaSharon tätig, wurde schließlich Direktor und ging 2000 in Pension, um ein Jahr später als Finanzdirektor in Teilzeit wieder einzusteigen. Erst wenige Jahre vor seinem Tod im Januar 2012 hörte er ganz auf zu arbeiten. Für Moshe Shen hatte die Familie einen hohen Stellenwert, denn diese Menschen waren für ihn sichtbare Zeichen des Überlebens und des Weiterlebens als Individuum, Jude und Israeli. Er war ebenso prinzipientreu wie sein Vater, aber kein strenger Mann, sondern äußerst humorvoll.

Die Geschehnisse und die Verluste während der Shoah haben ihn zeitlebens verfolgt, und es fiel ihm schwer, davon zu berichten. Besonders deutlich wurde dies, als er in der Schule in Hod HaSharon einen Raum einrichtete, in dem der 300 Juden erinnert wird, die von Auschwitz ins Volkswagen Werk gelangt waren. Er gestaltete zwar einen Erinnerungsraum, der ihm täglich vor Augen stand, jedoch verweigerte er sich zugleich, als Zeitzeuge eine festgelegte Rolle zu spielen. Er lebte mit der Erinnerung, aber es fiel ihm schwer, diese öffentlich zu teilen.

Entscheidungen

„Ich bin 20 Jahre!" Die Eigenwahrnehmung Moshe Shens als Überlebender war stark geprägt von den Rettungsversuchen des Vaters. Dies war zugleich die einzige Erzählstruktur, in der es gelang, die quälende Erinnerung an die in Auschwitz ermordete Mutter zu überlagern: „Wir wussten einiges über Auschwitz, denn polnische Juden waren aus dem Lager geflohen, und es gab Kuriere des Widerstands, mit denen wir Kontakt gehabt hatten. Mein Vater hatte ihnen geholfen, nach Rumänien zu fliehen – und so wussten wir etwas über Auschwitz. Aber dass es so schlimm sein würde, haben wir nicht gedacht. Das Problem war, dass man das ganze Ausmaß nicht glauben konnte – es überstieg das Vorstellungsvermögen. Mein Vater flüsterte mir in dem Moment, in dem wir den Waggon verließen und von Mutter getrennt wurden, zu, ich solle angeben, ich sei 20, wenn ich nach dem Alter gefragt würde. Ich wusste nicht, woher mein Vater ahnte, was auf uns zukam, aber er sagte das Richtige. [...] Ich wartete gar nicht ab, bis man mich nach meinem Alter fragte, sondern sagte: ‚Ich bin 20 Jahre!' Sie schickten mich nach rechts."[34]

In vielen Erzählungen jugendlicher Überlebender ist der Rat, sich älter zu machen, die erste Erinnerung an die Ankunft in Auschwitz. Zumeist gaben jedoch nicht die begleitenden Angehörigen, sondern Häftlinge den jungen Juden den Rat, ihr Alter anzuheben. Der Vater Moshe Shens konnte sich selbst nicht sicher sein, ob er ebenfalls auf die zunächst lebensrettende Seite geraten würde. Er gab aber seinem Sohn zu verstehen, diese Chance zu nutzen. Der Jugendliche reagierte, indem er genau das machte, was sein Vater ihm sagte. Zum einen war er daran gewöhnt, seinem durchaus autoritären Vater zu gehorchen. Zum anderen befand er sich in einer nie gekannten, unberechenbaren Situation, in der ihm eine Anweisung Orientierung bot. Der Rat des Vaters war der einzige Halt in dieser Lage.

35
Ebd., S. 26.

36
KZ Buchenwald, Häftlings-Karteikarte David Schön (1.1.5.3, Dokument ID 7053332, ITS Digitales Archiv); KZ Buchenwald, Häftlings-Karteikarte für Moses Schön (1.1.5.3, Dokument ID 7053551, ITS Digitales Archiv).

37
KZ Mittelbau-Dora, Häftlingskrankenbau, Krankenregistrierung Moses Schön (1.1.27.1, Dokument ID 2715114 Vorder- und Rückseite, ITS Digitales Archiv).

38
KZ Mittelbau-Dora, Häftlingskrankenbau, Krankenregistrierung von Moses Schön (1.1.5.1, Dokument ID 5339982, ITS Digitales Archiv).

Das nächste Geschehnis, das den existenziellen Zusammenhalt von Vater und Sohn unterstreicht, war die Auswahl für ein Arbeitskommando, an das sich Moshe Shen folgendermaßen erinnerte: „Rechts von dem Tisch in Auschwitz befand sich ein Tisch mit einem Kaliber und einer Schraube. Der Mann sagte: ‚Miss die Schraube!' Ich nahm das Werkzeug und die Schraube und schaffte es auf Anhieb. Zwischen meinem Vater und mir befanden sich einige Männer, und er wusste nicht, was er mit dem Werkzeug tun sollte. Sie schickten ihn nach links. Ich ahnte sofort, dass wir ein Problem hatten, und ich wusste, wir müssen zusammenbleiben. Mein Vater ging immer wieder in die Reihe zurück, versagte und wurde nach links geschickt. Wie er es schaffte, immer wieder in die Reihe zu kommen? Ich weiß es nicht, aber er wollte unbedingt mit mir zusammenbleiben. Als er wieder einmal an der Reihe war, erkannte ihn der Mann am Tisch und fragte, warum er schon wieder in der Reihe sei. [...] Mein Vater antwortete in perfektem Deutsch: ‚Ja, ich war schon mal hier, weil ich Feinmechaniker bin.' [...] Mein Vater erklärte ihm, er sei verantwortlich gewesen, Originalteile auszuwechseln, da brauche man kein Kaliber. ‚Was haben Sie repariert?', wurde er gefragt. Mein Vater antwortete: ‚Schreibmaschinen.'"[35] Die während eines Ferienjobs erlernten Fähigkeiten zur Fahrradreparatur verhalfen dem Sohn zur lebensrettenden Einordnung als Facharbeiter in das Arbeitskommando. Zugleich wird in dieser Szene deutlich, dass für Vater und Sohn dem Zusammenbleiben existenzielle Bedeutung zukam. Eine Trennung hätte beider Lebenswillen und Überlebenschancen deutlich vermindert.

In den im ITS bewahrten personenbezogenen Registraturen aus Buchenwald und Dora-Mittelbau findet sich bei Vater und Sohn Schön als Beruf „Monteur",[36] obgleich der eine Journalist und der andere Schüler war. In den zeitgenössischen Dokumenten spiegelte sich der Zusammenhalt insoweit wider, dass Deszö und Moses Schön auf den während der Lagerodyssee von den administrativen Stellen angefertigten Dokumenten, wie Zugangs- und Überstellungslisten, stets gemeinsam erschienen. Im Lichte der Erinnerung von Moshe Shen stehen die Listen aber auch für ihre aktiven Handlungen zur Aufrechterhaltung des Zusammenhalts. Die Erinnerungen Moshe Shens an den Versuch, die hohen jüdischen Feiertage mit auf Papiersäcken gekritzelten Gebeten zu begehen oder die Fabrikation der V 1 zumindest zu verlangsamen, unterstreichen die Bemühungen, trotz der Gefahr der Entdeckung und dann wahrscheinlichen Bestrafung als Individuen die eigene Kultur zu bewahren. Im KZ Mittelbau-Dora erkrankte Moshe Shen und kam am 22. November 1944 in den Häftlingskrankenbau. Aus den Dokumenten wird ersichtlich, dass er an einer schweren Nierenentzündung und an einer Bronchitis litt.[37] Am 29. November 1944 wurde er wieder zum Arbeitskommando entlassen und musste seine Arbeit im Stollen wieder aufnehmen.[38]

„Wir konnten nicht zurück nach Ungarn, es gab dort nichts mehr." Nach der Befreiung in Bergen-Belsen und der medizinischen Rehabilitation standen erneut Entscheidungen an. Denn wohin sollten die beiden Überlebenden als Restfamilie gehen? Von der

An den
T- 288159
Internationalen Suchdienst
Arolsen/Waldeck

F R A G E B O G E N   eingereicht in Ha nover

(mit Blockschrift oder Schreibmaschine ausfüllen !)

Name:... SCHOEN .... Mädchenname:.............................

sämtl.   DAVID
Vornamen:............................ männlich / ~~weiblich~~ x)
          (Rufname unterstreichen)

Evtl.z.Tarnung an-
gegebene Personalien):...
- oder - und - Berufe) ....
Geburtsdatum: 18.9.1906
Geburtsort :   BIDOLMASZ   RUMAENIEN
                              (Kreis)   (Land)

Familienstand ....   Beruf
z.Zt.d.Inhaftierung: z.Zt. d.Inhaftierung:

Staatsangehörigkeit: ~~rumaenisch~~/staatenlos.....israelisch............
                         (früher)   (heute)

Ehegatte - Name (Mädchenname) Vorname u. Adresse:

....

Ort und Datum der Eheschliessung:....................................

Letzter Wohnort vor Einlieferung i.d.Konzentrationslager /Ghetto usw.
....GROSS-WARDEIN.......................... RUMAEN....
     (Ort)   (Strasse)   (Kreis)   (Land)

Name d.   Vor-u.Geburtsname
Vaters: MOSCHE SCHOEN   der Mutter: .SARA geb. KAIN

Genaue Angaben über verschiedene Aufenthalte in Konzentrationslagern,
Ghettos, Gefängnissen und anderen Lagern:
Verhaftet am:..1.5.1944.... in .GROSS-WARDEIN..... durch:Gestapo....
Eingeliefert in das: .....GHETTO GROSS-WARDEIN.....
am:.....1.5.1944....

Weitere Zwangsaufenthalte:
1) Ort: AUSCHWITZ   vom Durchgangsl.   Häftl.Nr
2) Ort: FALLERSLEBEN   vom Ende Mai 44 Juli 1944 Häftl.Nr
3) Ort: VILLERDUP-TULLE vom Juli 44 bis. Sept.44 Häftl.Nr
4) Ort: DOERNAU- DORA   vom Sept.44 bis Anf.Apr.45 Häftl.Nr
5) Ort: BERGEN-BELSEN   vom Anf.Apr.45 15.4.1945 Häftl.Nr
6) Ort: ~~~~~~~~   vom bis   Häftl.Nr ....

Befreit, ~~~~~~~~~ oder~~~~~~~~~~ am: ...15.4.1945.in.Bergen-.Belsen..
..........Tel-Aviv.........., den .29.11.1956
          (Ort)   (Datum)

Dr. Greve
Rechtsanwalt und Notar
Dr. Haackert
Rechtsanwalt   (eigenhändige Unterschrift
Hannover, Rathenauplatz 3   des Antragstellers)
Telefon Nr. 2 08 43 und 2 08 44

x) Nichtzutreffendes streichen !

Form 23

International Tracing Service: Korrespondenzakte David Schön, (T/D-File) 288159, angelegt 1952, Fragebogen zur Auskunft des ITS, Rechtsanwaltsbüro Grene/Haackert, Hannover, 29.11.1952 (6.3.3.2, Dokument ID 93089531, ITS Digitales Archiv)

Familie Schön hatten nur wenige überlebt: „Meine Mutter kehrte nicht zurück. Von meiner Familie überlebten nur mein Vater und ich, außerdem eine Tante und ein Bruder väterlicherseits [...]. Mein Vater hatte neun Geschwister gehabt. Eine Schwester meiner Mutter kehrte ebenfalls zurück, weil sie zu dem Zeitpunkt der Deportationen nicht in Sighet lebte."[39] Die medizinische Rekonvaleszenz standen Vater und Sohn anfangs gemeinsam durch; sie waren im Mai 1945 beide im „Hilfskrankenhaus Berufsschule" in Celle registriert. Eine Kategorie im Formular lautete: „Heimatanschrift". Bei beiden wurde dazu „fehlt" notiert.[40]

39
Shen, Überleben, S. 32.

40
Stadt Celle, Liste der Patienten des Hilfskrankenhauses Celle seit dem 1.9.1939 (2.1.2.1 Dokument ID 70592927, ITS Digitales Archiv).

41
DP-2-Karte von Moses Schön vom 6.2.1946 (3.1.1.1, Dokument ID 69222475, ITS Digitales Archiv).

42
DP-2-Karte von Moses Schön vom 24.2.1947 (3.1.1.1, Dokument ID 69222477, ITS Digitales Archiv).

43
Hebrew Immigrant Aiding Society, Palestine Transport, Passagierliste der S/S Provindence via Marseille vom 5.4.1947 (3.1.1.3, Dokument ID 7877968, ITS Digitales Archiv).

44
Liste der DPs gemäß Technische Instruktion (2.1.2.1, Dokument ID 70593976, ITS Digitales Archiv).

45
Korrespondenzakte (T/D-Akte) 288159 zu David Schön (T/D-Akte) (6.3.3.2, Dokument ID 93089526- 93089537, ITS Digitales Archiv); Korrespondenzakte (T/D-Akte) 413404 zu Moses Schön (6.3.3.2, Dokument ID 99292415- 99292421, ITS Digitales Archiv).

Moshe Shen, der im DP Camp Hohne-Belsen registriert wurde, gab auf der am 6. Februar 1946 unterzeichneten Registratur unter „Desired destination/Country" zwar „USA" an, doch steht unmittelbar davor in derselben Zeile „Palestine".[41] Es gab einen Sehnsuchtsort und zusätzlich den Ort, auf den sich der Vater fokussierte. Auf der DP-2-Registrierung vom 24. Februar 1947 stand unter „Desired Destination" nichts, aber es wurde ein Schriftzug „To Bocholt for Palestine" eingetragen.[42]

Der als Moses Schön registrierte DP gelangte über verschiedene Resettlement Center nach Marseille. Von dort legte am 4. Mai 1947 die „S/S Providence" Richtung Israel ab.[43] Eine Abmeldung aus Celle war nicht erfolgt, in einer durch die Alliierten angeordneten Erfassung heißt es zu Moses Schön lapidar: „Nicht erschienen".[44] Moshe Shen hatte sich entschieden, mit seinem Vater zusammen zu bleiben. Wie sehr er als Jugendlicher durch Verlust und Trennungsangst traumatisiert wurde, spiegelte sich in seiner Hingabe an Familie und Freunde wider. Zugleich konnte er tief enttäuscht reagieren, wenn sich Bindungen an Menschen als brüchig erwiesen. Dass er Israel als neue Heimat gewählt hatte, bereute er nicht. Vater und Sohn schrieben in den 1950er Jahren zeitversetzt an den ITS, um Inhaftierungsbescheinigungen zu erhalten. In der Folge stellten sie Anträge auf Entschädigung.[45] Das administrative Formblatt berichtet nichts über die besondere Vater-Sohn-Beziehung und ihr aufeinander bezogenes Überleben.

5.2 Lebensskizze: Julie Nicholson

Julie Nicholson, 1922 als Julia Weisz im rumänischen Cluj in Transsylvanien geboren, erlebte wie Moshe Shen einen Staatsbürgerschaftswechsel, als das Gebiet 1940 Ungarn zugeschlagen wurde. Cluj wurde zu Koloszvár, um nach dem Ende des Zweiten Weltkrieges wieder dem rumänischen Territorium angeschlossen zu werden. Die Familie gehörte der Mittelklasse an, und im Vergleich mit Familie Schön waren weder der Zionismus noch die jüdische Religion relevant. Die Familie Weisz war überaus assimiliert, gleichwohl blieben manche jüdischen Traditionen präsent, und Antisemitismus wurde als Bedrohung wahrgenommen. Der Vater Alexander war Anwalt, die Mutter Piroska Hausfrau. Julies älterer Bruder, Janos, folgte dem Berufsweg des Vaters. Julie hatte sich bereits früh emanzipiert, wobei der Vater stets die Rolle als familiärer Anker und Ratgeber übernahm. Er war es, der sie ermutigte, einen eigenen Weg zu gehen. Verlässlichkeit, Vertrauen und Mitmenschlichkeit waren ihr wichtig, und es gelang ihr, sich diese Eigenschaften während der Shoah zu bewahren. Zugleich vermochte sie, die grausamen Ereignisse in den Lagern soweit auszublenden, dass sie nicht psychisch verzweifelte.

Nach dem deutschen Einmarsch in Ungarn im März 1944 wurde Julie, die in Budapest an einer Kunsthochschule studierte, vor dem Bahnhof verhaftet, in ein Sammellager in einer still gelegten Ziegelei in Kistarca gebracht und von dort nach Auschwitz deportiert. Inmitten der Verfolgungserfahrung hatte sie das große Glück, von der Verhaftung bis zur Befreiung mit Julia Kertesz, einer Freundin aus Cluj, zusammen sein zu können.[46] Die SS deportierte Julie Nicholson von Auschwitz nach Bergen-Belsen, wohin zuvor auch ihre Eltern und ihr Bruder gelangt waren. Ihre Familie gehörte zu der Gruppe von 1 684 Juden, die für den „Kasztner-Transport" in die Schweiz vorgesehen waren. Reszö Kasztner, faktischer Leiter des „Budapester Komitees für Hilfe und Rettung", hatte mit deutschen Stellen und insbesondere Adolf Eichmann einen Handel vereinbart, um Juden zu retten. Die Gestapo sicherte zu, eine Million Juden in die Freiheit zu entlassen, sofern eine bestimmte Anzahl Lastkraftwagen und anderes kriegswichtiges Material geliefert würden. Die rund 1 700 zwecks Rettung ausgewählten Juden kamen nach Bergen-Belsen ins dortige „Ungarnlager", einem Teil des „Austauschlagers".[47]

Julie Nicholson wäre, wenn sie nicht zuvor verhaftet worden wäre, mit den anderen Familienangehörigen auch Teil dieses Transports gewesen. Die Wege der Familie kreuzten sich aber in Bergen-Belsen. Nachdem Tochter und Eltern bewusst geworden war, dass sie sich in verschiedenen Bereichen desselben Lagers befanden, bat der Vater einen Wachmann darum, seine Tochter sehen zu dürfen. Als Reaktion erfolgte der Ausschluss von Alexander, Piroska und Sandor Weisz aus dem Kasztner-Transport. Ebenso wenig durften die Eltern von Julia Kertesz ausreisen.

Die beiden jungen Frauen wurden in das Volkswagenwerk abtransportiert. Als die Alliierten näher rückten, kamen die noch in Bergen-Belsen befindlichen Familien in einen Räumungstransport. Zuvor waren nur etwa 2 560 der rund 14 600 jüdischen Häftlinge des Austauschlagers in die Schweiz gelangt. Die Lebensbedingungen der „Austauschhäftlinge" glichen sich in den letzten Kriegsmonaten der Situation der anderen Häftlinge in Bergen-Belsen an. Zwischen dem 6. und 10. April 1945 gingen dann aber noch drei Transporte mit etwa 6 800 Personen des „Aufenthaltslagers Bergen-Belsen" mit Ziel Theresienstadt ab, von denen nur einer tatsächlich dorthin gelangte. Nach tagelanger Irrfahrt befreiten amerikanische Truppen am 13. April 1945 die Insassen des einen Zuges bei Farsleben in der Nähe von Magdeburg. Der andere Transport strandete am 23. April 1945 beim brandenburgischen Tröbitz, das von der Roten Armee eingenommen wurde.[48] Alexander Weisz erlag am 27. Mai 1945 nach der Befreiung in Tröbitz entweder einer Meningitis, wie es Julie Nicholson übermittelt wurde, oder aber er starb an Typhus, wie es in amtlichen Listen steht. Sein Grab fand er auf dem örtlichen Friedhof in der zweiten Reihe im Grab 31.[49] Die erst Ende 2007 erfolgte Öffnung des ITS führte dazu, dass Julie Nicholson bis zu ihrem Lebensende weder die genaueren Umstände des Todes ihres Vaters noch die Grablage erfuhr. Die Eltern von Julia Kertesz kamen während bzw. nach dem Ende der Odyssee dieses als „verlorenen Transports" bekannt gewordenen Zuges um.

46
Julia Kertesz: Von Auschwitz ins Volkswagenwerk. Erinnerungen an KZ-Haft und Zwangsarbeit. In: Dachauer Hefte 8 (1992), S. 69-87.

47
Ladislaus Löb: Geschäfte mit dem Teufel. Die Tragödie des Judenretters Rezsö Kasztner. Bericht eines Überlebenden, Köln 2010; Anna Porter: Kasztner's Train. The True Story of Rezsö Kastner an Unknown Hero of the Holocaust. Vancouver 2007; Rezsö Kasztner: Der Bericht des jüdischen Rettungskomitees in Budapest, 1942 - 1945, Budapest 1945 (Abschrift) (1.2.7.15, Dokument ID 82194896- 82195106, ITS Digitales Archiv).

48
Thomas Rahe: Das Konzentrationslager Bergen-Belsen. Ein Rückblick 65 Jahre nach der Befreiung, in: Tribüne. Zeitschrift zum Verständnis des Judentums 49 (2010), S. 121-128, hier S. 123 und 125.

49
Das Grab war 2012 nicht mehr aufzufinden. Viele Tote waren in den Jahrzehnten zuvor in ihre Herkunftsländer überführt worden. Was mit dem Grab von Alexander Weisz geschehen ist, konnte ebenfalls nicht ermittelt werden; Karteikarte des Amtes für die Erfassung der Kriegsopfer in Berlin zu Alexander Weisz (0.1, Dokument ID 92070006, ITS Digitales Archiv); Namensliste über die Beisetzung von Bürgern der Vereinten Nationen, Nachkriegsaufstellung, Altenburg-Zwickau, Todesdaten: 18.2.1939 - 22.8.1948, hier: Landkreis Luckau, o.D. (2.1.4.2, Dokument ID 70992602 und 70992599, ITS Digitales Archiv); Friedhofsplan (5.3.1, Dokument ID 84601784, ITS Digitales Archiv).

50
Hans Ellger: Salzwedel, in: Wolfgang Benz/Barbara Distel (Hg.):
Der Ort des Terrors. Bd. 5: Hinzert, Auschwitz, Neuengamme,
München 2007, S. 514-516.

51
CM/1-Akte, Julia Feldmann vom 4.2.1948 (3.2.1.1, 79078863, ITS
Digitales Archiv).

52
Julie Nicholson: Die Geschichte zu bewahren und daraus zu
lernen, das ist ein wichtiger Auftrag, in: Grieger/Gutzmann,
Überleben, S. 37-53, hier S. 36.

53
Roberta R. Greene/Sandra A. Graham: Role of Resilience Among
Nazi Holocaust Survivors. A Strength-Based Paradigm for
Understanding Survivorship, in: Family & Community Health 32
(2009), Nr. 1, S. 75-82; Ayalon Liat: Challenges Associated with the
Study of Resilience to Trauma in Holocaust Survivors, in: Journal
of Loss and Trauma 10 (2005), Nr. 4, S. 347-358.

Julia Weisz und Julia Kertesz erreichten vom Volkswagen Werk aus als letzte Station
ihrer Verfolgung Salzwedel, ein Außenlager des KZ Neuengamme.[50] Die Befreiung
erfolgte durch die US Army Mitte April 1945. Julie Weisz und ihre Freundin verbrachten noch einige Zeit in Deutschland, weil es kaum Möglichkeiten gab, einen sicheren
Heimweg nach Cluj anzutreten. Die erste Unterkunft war in einem DP-Camp, das in
einer ehemaligen Fliegerschule eingerichtet wurde. Sie wechselten als „Free Living
DP" in ein requiriertes Privathaus in Tangermünde. 1946 gelang es Julia Weisz nach
Cluj zurückzukehren, wo sie ihre Mutter und ihren Bruder wiederfand. Dass ihr Vater
nicht überlebt hatte, wusste sie zu dem Zeitpunkt bereits. Die mittlerweile 24-Jährige
zog nach Bukarest und lernte dort Jakob Feldmann kennen, dem sie nach München
folgte. . In ihrem IRO-Hilfsantrag, den die inzwischen verheiratete Julia Feldmann,
geborene Weisz gemeinsam mit ihrem Ehemann Oskar stellte, steht bei beiden im
Feld zu den Aufenthaltsorten und Beschäftigungszeiten unter „reasons for change"
jeweils der gleiche Eintrag: „Politisch, Rassisch Verfolgte".[51] Sie lebten im DP-Camp
Windsheim und später in München.

Nach der Heirat entschieden sie sich, über Paris den Weg in die Emigration anzutreten. Von Frankreich ging es per Schiff im Juni 1949 nach Genua und von dort weiter
Richtung Australien. Das Paar bekam zwei Söhne. Nachdem die Ehe auseinander
gegangen war, heiratete sie ein zweites Mal und wurde zu Julie Nicholson. Sie arbeitete als Innendekorateurin, unterrichtete Kunstgeschichte und bildete Kunsterzieher
aus. Nach ihrer Pensionierung blieb sie als Art Consultant aktiv. Die im August 2007
verstorbene Julie Nicholson war eine starke und humorvolle Frau. Ein wilder Garten,
Bilder, Bücher und vor allem ein Hund gehörten untrennbar zu ihrem Leben. Religion hatte ihr bereits in der Jugend nichts bedeutet. Sie glaubte an Mitmenschlichkeit,
Respekt und war von einem humanistischen Spiritualismus beflügelt. Sie bezeichnete
die zum Tod ihres Vaters führenden Umstände als „größte Tragödie meines Lebens".[52]

Entscheidungen

„Ich wollte überleben, das war mein Ziel." Kindheit und Jugend legten den Grund-
stein dafür, dass Julie Nicholson eine starke, selbstbestimmte Persönlichkeit werden
konnte, die wusste, dass sie geliebt und als Individuum angenommen wurde. Sie
zeigte in den Krisensituationen der Verfolgung in hohem Maße Resilienz.[53] Resilienz
beschreibt dabei eine psychische Widerstandsfähigkeit, die insbesondere in Krisen
dazu führt, diesen zu begegnen und ein psychisches Überleben zu ermöglichen. Resiliente Ressourcen, die durch persönliche und/oder soziale Kontexte entstehen, bilden
eine Grundlage für die innere Stärke eines Menschen. Traumatische Erfahrungen,
insbesondere Verlust durch Tod oder Trennung, und auch Fehlschläge im persönlichen und beruflichen Leben werden auf diese Weise in das Leben integriert und
führen nicht zu anhaltenden Störungen der Persönlichkeit. Alles spricht dafür, dass
Julie Nicholson über resiliente Ressourcen verfügte, erinnerte sie doch: „Ich denke,
weil ich solch eine glückliche und wundervolle Kindheit hatte, konnte ich später auch

besser aushalten, was die Welt über mich brachte. [...] Meine Eltern waren sehr modern, sie drängten mich nicht, etwas zu tun, was ich nicht mochte, sondern förderten meine Talente. Ich durfte tun, was ich wollte. [...] Mein Vater stellte mich dann auf eine Probe: ‚Wenn es dir gelingt zu arrangieren, nach Budapest auf die Kunsthochschule zu kommen, dann lasse ich dich gehen.' Das war seine einzige Bedingung: Ich sollte zeigen, dass ich selbstständig und erwachsen genug war. [...] Als mich mein Vater einmal besuchte – das war immer sehr schön, wir gingen dann zusammen aus –, sagte er mir zwei Sätze, die ich nie mehr vergessen habe und die mir in der schweren Zeit der Verfolgung halfen. Einer lautete: ‚Am Ende des Tages bist du allein.' [...] ich glaube, er hatte damals den Wunsch, mir zu sagen, dass ich selbstständig sein soll und stark genug, alleine zu leben. Der andere Satz war: ‚Selbst der weiseste Mensch macht jeden Tag acht Fehler' – Selbstkritik ist seitdem wichtig für mich, denn jede Selbstkritik führt dazu, dass man ein besserer Mensch wird."[54]

Resilienz war wohl die Barriere, mit Hilfe derer die junge Frau die Bedrohung und die Gräuel um sich herum ausblendete, um bestehen und überleben zu können: „Es war der erste Tag, und ich registrierte keine deutschen Truppen und Soldaten. Ich habe sie vielleicht nicht sehen wollen. [...] Seltsamerweise habe ich bis zur Befreiung keine Erinnerung an Leichen und tote oder getötete Menschen, nicht einmal für die Monate in Auschwitz. Ich nehme an, dass auch hier wieder ein unbewusster Selbstschutz aktiviert war. Ich sah keine Toten."[55]

Julia wurde 1944 von der Hand ihres Freundes weg verhaftet, der sie zum Zug bringen wollte, damit sie Budapest verließ. Sie, die zwar einerseits ein selbstbestimmtes Leben führte, andererseits stets von Menschen in ihren Handlungen begleitet und unterstützt wurde, befand sich unmittelbar in einer Situation, in der sie ganz allein war. Die sich zufällig ergebende Möglichkeit der Bindung an Julia Kertesz, die sich in derselben Situation wiederfand, war neben der ihr eigenen Resilienz ein wichtiger Überlebensfaktor: „In den Fällen, in denen die Frau [...] Zwangsarbeiterin der Nazis wurde, kam sie in die Welt der Lager [....] Auf diesen ‚Planeten', auf denen Gesetze herrschten, die für den menschlichen Verstand unbegreiflich sind, versuchten die Frauen zu überleben, indem sie menschlichen Kontakt mit anderen Frauen aufbauten, der als ‚Ersatzfamilie' bezeichnet wird. Die Sehnsucht nach dem Leben verband sie miteinander."[56]

Die erste Entscheidung der beiden jungen Frauen war, sich an die Zeit vor der Deportation und der Trennung von den Familien zu erinnern. Auch nahm sich Julie Nicholson vor, sich bei Kräften zu halten: „Dass ich mit Uli zusammen war, half sehr. Wir sprachen über unser Zuhause, unsere Familien, erinnerten uns an fröhliche, unbeschwerte Zeiten. [...] Überleben war mein wichtigster Gedanke, und es half, dass Uli und ich uns über unser Zuhause unterhalten konnten, wir hielten uns an diesen Erinnerungen fest. [...] ich wollte überleben, das war mein Ziel. Also wusste ich, ich

54
Nicholson, Geschichte, S. 39f..

55
Ebd., S. 40ff..

56
Yehudit Inbar: Lichtflecke. Frau sein im Holocaust, Jerusalem 2007, S. 7; siehe auch dies.: Introduction for the Exhibition Spots of Light, http://www.yadvashem.org/yv/en/exhibitions/spots_of_light/intro.asp (letzter Zugriff: 1.3.2013).

57
Nicholson, Geschichte, S. 45.

58
Ebd., S. 43.

59
Ebd., S. 45.

60
Aufstellung der im Stadtkrankenhaus behandelten Ausländer, Nachkriegsverzeichnis (2.1.2.1, Dokument ID 70632366, ITS Digitales Archiv).

61
Zur Geschichte von Sara Frenkel siehe Grieger/Gutzmann, Überleben, S. 56ff..

62
Nicholson, Geschichte, S. 48.

musste alles essen, egal was es war, um bei Kräften zu bleiben. Und so zwang ich mich, das zu essen: Einen Schluck für meinen Vater, einen Schluck für meine Mutter, einen Schluck für meine Liebe usw., bis zu einem Schluck für meinen Hund."[57] Diese Handlungen waren wesentlich, damit Julia Weisz überlebte.

Sie blieb nur kurze Zeit in Auschwitz, doch die für Auschwitz so charakteristische Nummer erhielt sie als selbstverständlichen Teil des Registrierungsprozesses in den Unterarm tätowiert. Sie meldete sich zum Schreibdienst und musste nun ihrerseits Menschen registrieren, wobei sie sich entschied, den Ankommenden gegenüber vor allem menschlich zu handeln: „Eines Tages kam ein Transport aus Theresienstadt an, das waren lauter alte Menschen, vor allem alte Frauen. Ich weiß nicht, warum man sie noch registrierte, denn sie wurden wohl kurz danach getötet. Das war schrecklich, lauter alte Damen, klein, abgemagert, verschüchtert. Sie wussten oftmals noch nicht einmal mehr ihre Namen und so schrieb ich halt irgendeinen erfundenen Namen auf die Karte. [...] Hauptsache war doch für die Deutschen, dass die Anzahl der Registrierten stimmte. Ich konnte doch diese alten armen Frauen nicht so lange bearbeiten, bis sie ihren Namen wieder wussten, also erfand ich welche und ließ sie in Frieden."[58]

Als sie in Bergen-Belsen erfuhr, dass ihre Familie sich ebenfalls dort befand, kam es zur beschriebenen Kontaktaufnahme. Die Konsequenz aus dieser Handlung war aber die Weigerung der NS-Bürokratie, die Familien Weisz und Kertesz mit dem Kasztner-Transport in die Schweiz ausreisen zu lassen. „Ich bin entsetzlich traurig, dass mein Vater gestorben ist. Irgendwie ist das mein einziges Gefühl von Schuld, das ich habe. Hätte ich ihm nicht den Zettel zukommen lassen, dann hätte er sich nicht an den Kommandanten gewandt. Aber was sollte ich tun? Ich wollte, dass er weiß, dass ich am Leben bin."[59]

Im Volkswagen Werk, der nächsten Station der Deportation, erkrankte Julie Nicholson und wurde im Stadtkrankenhaus am Blinddarm operiert. Sie befand sich vom 15. Januar bis 8. Februar 1945 in stationärer Behandlung.[60] Dort war sie allein, aber eine mit falschen Papieren im Werk arbeitende polnische Jüdin nahm sich ihrer an und rettete ihr womöglich das Leben. Julia war abhängig von den menschlichen Handlungen eines anderen Menschen. Wie sie viele Jahre später mit Enttäuschung über die Haltung der Mehrheit der Deutschen feststellte, war es keine Deutsche, die ihr im Krankenhaus half, sondern ebenso eine Jüdin wie sie selbst.[61]

Nach der Befreiung in Salzwedel konnte sie die existenzielle Abschottung gegen die sie umgebenden Zustände aufgeben. Julie Nicholson nahm die Umgebung nun wieder in allen Facetten wahr: „Als ich aus dem Tor ging, sah ich einen toten Deutschen am Wegrand liegen. In meiner Erinnerung war dies der erste Tote, den ich seit meiner Deportation sah."[62] Ihrer eigenen Empfindung nach hatte sie während der Monate in den Lagern keine eigenen Handlungsoptionen wahrgenommen: „Wir konnten keine ei-

AJDC ROME
GENERAL DEPARTURE LIST
JUNE 1949

F 18-3067

Orig.JDC	No.	Name	Birthplace date	Destination	trans.
		June 2nd, S/S Cyrenia ex Genoa :			
Paris	1	ALTHAUS	Samuel	Australia	
	2		Menucha		
	3		Simon		
	4		Benjamin		
	5		Emanuel		
	6	ARONESCU	Darius		
	7	ARVAI	Tibor		
	8+	AUSLAENDER	Adam		
	9	BALOG	Tibor		
	10	BART	Bernard		
	1		Bertha		
	2	BENEDIKT	Maxim.		
	3	BERGER	Armin		
	4	BERGER	Sidonia		
	5	BIRNBAUM	Leon		
	6		Eugenia		
	7	Jean	Jean		
	8	BRIEMAN	Lazar		
	9	CHASKIEL	Szaja		
	20	CZALSZYNSKI	Isak		
	1	DUNKEL	David		
	2		Sarlota		
	3	FARKAS	Salomon		
	4		Alice		
	5		Eva		
	6	FELDMANN	Frieyes		
	7	FELDMANN	Oscar		
	8		Julie		
	9	FOLDES	Imre		
	30		Magda		
	1		Susanna - B.		
	2	GAL	Marian		
	3		Edith		
	4		Michael		
	5	GINSBURG	Sophia		
	6	GLEITMAN	Schaja		
	7		Regina		
	8		Ilona		
	9	GLUBOK	Elisabeth		
	40	GOLDFINGER	Leopold		

All names unde current n° from 1-1? (incl) are not to be counted for they are repeated on the other list. see list n° 9406 and. F. 6-2448. 6.sept. 49 -

American Joint Distribution Committee, Rome: General Departure List, June 1949
(3.1.1.3, Dokument ID 78796097, ITS Digitales Archiv)
Oskar und Julie Feldmann sind für den 2. Juni 1949 unter den Nummern 27 und 28
für die in Genua auslaufende S/S Cyrenia aufgeführt.

genen Entscheidungen fällen, und wenn man uns sagte, wir mussten wieder in einen Zug, dann gingen wir eben."[63] Aus diesem Grund erachtete sie die Befreiung als tiefen, positiven Wendepunkt, denn „es war die erste Entscheidung seit vielen Monaten, die ich fällen konnte: Dass ich gehen konnte, wohin ich wollte. Wir Mädchen – Uli, Eva und ich – schauten uns an und sagten: ‚Los, lasst uns rausgehen!' Dann gingen wir, und mit uns viele Hunderte anderer, in das Städtchen."[64] Bewegungsfreiheit und die Abwesenheit von Angst und Todesfurcht markierten für die junge Überlebende den Beginn der Freiheit. Ihre Registrierung als Überlebende am 25. Mai 1945 war gekoppelt mit dem Verweis auf die Kontaktadresse der nächsten Verwandten.[65] Im Verzeichnis der Überlebenden stand, wie bei Julia Kertesz, „Montreux, Suisse". Andere Listen führten die beiden Familien als Teil des Transports in die Schweiz auf.[66] Die beiden jungen Frauen dachten, ihre Familien seien dort, in Sicherheit und gerettet. Die

63
Ebd..

64
Ebd..

65
List of Jewish Women Found Alive in Work Concentration Camp in Salzwedel/ Hungarian vom 26.5.1945 (3.1.1.3, Dokument ID 78794357, ITS Digitales Archiv).

66
Hungarian Refugee Camp Caux Suisse (3.1.1.3, Dokument ID 78776612, ITS Digitales Archiv).

67
Nicholson, Geschichte, S. 52.

68
Karteikarte des AJDC aus Paris (3.1.3.1, Dokument ID 80192736, ITS Digitales Archiv); AJDC General Departure List Rome, SS Cyrenia ex Genoa (3.1.3.1, Dokument ID 78796097, ITS Digitales Archiv).

69
CM/1-Akte der IRO (3.2.1.1, Dokument ID 79078862-79078864, ITS Digitales Archiv).

70
Nicholson, Geschichte, S. 52.

71
Henriette von Holleuffer: Zwischen Fremde und Fremde. Displaced Persons in Australien, den USA und Kanada 1946 - 1952, Göttingen 2005.

72
Karte des AJDC Emigration Service Paris, Julia Feldmann vom 24.9.1948 (3.1.3.1, 80192736, ITS Digitales Archiv).

73
Die Abkürzung steht für die ins Englische übertragene Bezeichnung „Organisation for Rehabilitation Through Training" der ursprünglich von russischen Juden im ausgehenden 19. Jahrhundert gegründeten und später unter anderem auch in den USA etablierten Hilfsorganisation, siehe History of ORT: Roots, History & Growth, http://www.ortamerica.org/site/PageServer?pagename=about_hist_ORT (letzter Zugriff: 12.6.2013).

74
CM/1-Akte, Julia Feldmann vom 4.2.1948 (3.2.1.1, 79078863, ITS Digitales Archiv).

Freundschaft und Solidarität der beiden jungen Julias schien aber nach der Befreiung langsam zu Ende zu gehen. Sie versuchten, unabhängig voneinander, sich ein neues Leben aufzubauen, aber vielleicht führte gerade die gemeinsame Überlebenserfahrung dazu, dass ihre Wege nun auseinandergingen.

Ortlosigkeit

Die Rückkehr nach Cluj und das Wiedersehen mit der Mutter und dem Bruder führten auch zu einer Konfrontation mit einer größtenteils dem Schicksal der Überlebenden der Shoah gegenüber indifferenten Umwelt. Ihr späterer Ehemann Oskar Feldmann und sie entschieden sich angesichts der zunehmend repressiven politischen Bedingungen, des sich auch in Pogromen entladenden Antisemitismus und einer kaum gesicherten wirtschaftlichen Zukunft, Rumänien zu verlassen. Getrennt voneinander gelangten sie als „Infiltrees", wie die aus Osteuropa immigrierenden Juden von der alliierten Administration bezeichnet wurden, nach Bayern in die amerikanische Zone. Das junge Paar entschied sich 1947, als Julia schwanger wurde, das Baby nicht zur Welt zu bringen, „weil unsere eigene Zukunft noch so unsicher war".[67] Mit Blick auf den Babyboom in jüdischen DP-Camps war das durchaus ungewöhnlich, entsprach aber dem eigenen Weg dieser autonomen Frau.

In den beiden im Februar 1948 gestellten Anträgen von Julia und Oskar Feldmann finden sich Hinweise auf weitere Entscheidungen. Bei Julia Feldmann steht als Nationalität: „JEW". Der IRO-Officer, der den Antrag unterzeichnete, ergänzte dies um die Bezeichnung „Roumanian". Zudem hob er in der Spalte für die Religion die vorgedruckte Kategorie „Jew" durch eine doppelte Markierung hervor. Auf dem Formular von Julia Feldmann wurde außerdem noch „Was in the Concentration Camp Auschwitz, Nr. 80 517" sowie „Persecutee" notiert. Beide Anträge befand der IRO-Officer noch am jeweiligen Tag der Antragstellung für „eligible".

1949 gelangte das Ehepaar Feldmann mit Unterstützung des American Jewish Joint Distribution Committee (AJDC) über Frankreich nach Genua und von dort per Schiff nach Australien.[68] Die Unterlagen der IRO zeigen die Bemühungen um Klärung ihres DP-Status und ihr Ersuchen um Unterstützung bei der Emigration. Über das erwünschte Ziel fehlt dort jedoch eine Angabe.[69] In ihrem Erinnerungsbericht gab sie Auskunft: „In die USA wollte ich nicht, Kanada erschien mir zu kalt, und so entschieden wir uns für Australien. Wir wussten nichts über das Land, nur dass es dort seltsame Tiere gab, Kängurus und Schnabeltiere. Und dass es weit weg war von Europa."[70] Nach Australien zu gelangen, war zu dieser Zeit nicht leicht, zumal es eine Quote für jüdische Immigranten gab.[71] Seine Chancen hatte das Ehepaar Feldmann sicherlich durch die uneingeschränkte Zustimmung der IRO und die Ausbildung Julia Feldmanns zur Zahntechnikerin erhöht.[72] Diese hatte sie 1947/48 an einer Schule der jüdischen Hilfsorganisation ORT[73] im DP-Camp Windsheim absolviert.[74] Sie übte diesen Beruf später nie aus. Jahre später wanderten auch Julies Mutter und Bruder nach Australien aus. Während die Mutter 1957 eintraf, gelang es dem Bruder erst 1961, auf dem fünften Kontinent neu anzufangen.

1955 stellte Julie Feldman über das United Restitution Office einen Antrag auf Entschädigung. In dem Schreiben heißt es: „Die Antragstellerin ist bedürftig und dringendst auf die Zahlung eines Entschädigungsbetrags angewiesen."[75] Ergänzend zu staatlichen Entschädigungsleistungen, aber fast fünf Jahrzehnte nach der Zwangsarbeit, erhielt Julie Nicholson im August 1999 aus dem 1998 eingerichteten Humanitären Fonds der Volkswagen AG eine einmalige Geldzahlung von 10 000 DM. Julie Nicholson scherzte 2005, als sie für die Volkwagen AG ein Interview gab: „Ob die wohl mein altes Auto gegen einen neuen Golf eintauschen?" – ihr Auto war mehr als zehn Jahre alt, ihr Haus war klein, die Möbel alt. Sie lebte bescheiden, aber sie empfand eine tiefe Freude am Leben. Julie Nicholson verwendete nie den Begriff Heimat: Wichtig waren ihr Menschen, nicht Orte.

5.3 Lebensskizze: Sara Frenkel

Geboren 1922 als Sara Bass im polnischen Lublin, wuchs sie in einfachen Verhältnissen auf: Der Vater Moshe war Schneider, die Mutter Hensche Hausfrau. Es gab den älteren Bruder Chaim und die jüngere Schwester Lea. Die immense Verantwortung, die auf der jungen Frau lastete, als sie versuchte, ihre jüngere Schwester und sich selbst aus der Shoah zu retten, empfand sie nicht als Zumutung, sondern als Antrieb. Die potenzielle Ohnmacht inmitten der Shoah, als Zeugin des Mordes an den Juden in Polen, versuchte sie durch immer neue Hilfsleistungen und Zugewandtheit gegenüber den Mitmenschen auszugleichen. Sie war bestrebt, die jüdische Tradition von „Tikkun Olam", der „Reparatur der Welt", aufrecht zu erhalten, indem sie den Leidenden zu Hilfe kam.[76] Sie agierte empathisch gegenüber Zwangsarbeitern im Krankenhaus des Volkswagenwerks, wollte den von Schmutz, Hunger und Tod bedrohten Neugeborenen und Kleinkindern von Zwangsarbeiterinnen in Rühen zur Seite stehen und half einer jungen Frau, die im Krankenhaus nach einer Blinddarmoperation schäbig behandelt worden war, der Jüdin Julia Weisz aus Cluj. Sara Frenkel trägt seit dieser Zeit eine offene Wunde in sich: die Erinnerung an die im Holocaust ermordeten und im System der Zwangsarbeit gestorbenen Kinder.

Die in Lublin wohnende Familie Bass erlitt nach dem Überfall des Deutschen Reiches auf Polen Ghettoisierung, Zwangsarbeit und Deportation sowie Vernichtung. Sara und Lea Bass entkamen durch Flucht im Herbst 1942 aus dem Lubliner Ghetto, während die Eltern und der Bruder im KZ Majdanek ermordet wurden. Die Schwestern verbargen sich in Lublin und Umgebung vor den Deutschen und ihren Helfern, erhielten durch den später als „Gerechten unter den Völkern"[77] geehrten polnischen Priester Jan Poddebniak Papiere, die sie als katholische Polinnen auswiesen, und wurden zum

75
Korrespondenzakte (T/D-Akte) 366638 zu Julie Feldman, 6.3.3.2, Dokument ID 98428681-9842869, ITS Digitales Archiv). Weiteres ist über ihre Entschädigung zurzeit nicht bekannt.

76
Jill Jacobs: The History of „Tikkun Olam", http://www.zeek.net/706tohu/index.php?page=1 (letzter Zugriff: 6.6.2013); siehe auch David Shatz (Hg.): Tikkun Olam. Social Responsibility in Jewish Thought and Law, Northvale, N.J. 1997.

77
Zum Programm der israelischen Forschungs- und Erinnerungsstätte Yad Vashem zur Ehrung nichtjüdischer Helfer und Retter: http://www.yadvashem.org/yv/en/righteous/about.aspgl (letzter Zugriff: 4.3.2013); siehe auch Israel Gutman (Hg.): Lexikon der Gerechten unter den Völkern: Deutsche und Österreicher, Göttingen 2005.

78
Auszug aus den Listen von aus Deutschland ausgewiesenen Juden polnischer Staatsangehörigkeit (1.2.2.1, Dokument ID 11417998f., ITS Digitales Archiv); siehe auch Bonnie M. Harris: The Polenaktion of October 28, 1938. Prelude to Kristallnacht and Pattern for Deportation, in: Nancy Rupprecht/Wendy Koenig (Hg.): Holocaust Persecution. Responses and Consequences, Newcastle upon Tyne 2010, S. 56-76.

79
Manfred Grieger: Das zentrale Zwangsarbeiterdenkmal der Stadt Wolfsburg auf dem Sara-Frenkel-Platz, in: Beiträge zur Geschichte der nationalsozialistischen Verfolgung in Norddeutschland, Bd. 11: Wehrmacht und Konzentrationslager, Bremen 2012, S. 194-197.

80
Sara Frenkel, in: Die Angst war immer da, in: Grieger/Gutzmann, Überleben, S. 57-71, hier S. 57.

Arbeitseinsatz als Krankenschwestern ins Volkswagenwerk geschickt. Sie mussten strikt darauf achten, dass ihre eigentliche Identität als Jüdinnen verborgen blieb. Wegen des Wissens um die ermordeten Angehörigen standen ihnen die Konsequenzen einer möglichen Enttarnung vor Augen.

Sara Bass lernte nach der Befreiung Manfred Frenkel kennen, der zwar in Braunschweig geboren, jedoch im Oktober 1938 wie Tausende andere staatenlose Juden nach Polen abgeschoben worden war.[78] Manfred Frenkel wurde nach einer Odyssee durch verschiedene Lager im KZ Wöbbelin befreit. Ende November 1945 waren Manfred Frenkel und Sara Bass verlobt, und sie heirateten im Dezember. Anfang August 1946 kam ihr Sohn zur Welt, den sie Horst nannten, ihm aber zugleich in Erinnerung an den ermordeten Bruder Saras den jüdischen Namen Chaim gaben. 1949, nachdem in Braunschweig die Wiedereröffnung des Juweliergeschäfts der Familie Frenkel gescheitert war, emigrierte die Familie nach Israel. Von dort zog die Familie nach Belgien, wo Manfred Frenkel in Antwerpen zunächst als Juwelier arbeitete und dann eine technische Innovation im Bereich des Schleifens von Diamanten entwickelte. Sara und Manfred Frenkel gründeten 1988 eine Stiftung, um den jüdischen Friedhof in Lublin vor dem endgültigen Zerfall zu bewahren und ein Denkmal sowie ein Museum zur Erinnerung an die ermordeten Juden Lublins zu errichten. Im Juni 2010 enthüllte die Stadt Wolfsburg ein Denkmal für die ehemaligen Zwangsarbeiter auf einem zentralen Platz, der den Namen „Sara-Frenkel-Platz" erhielt.[79]

Sara Frenkel hatte seit Beginn der Shoah dergestalt gehandelt, dass die Unversehrtheit von Menschen das Zentrum ihres Tuns bildete. Obgleich sie extreme Verantwortung trug und schwere Traumata erlitt, stellte sie ihr Wohlergehen stets hintan. Schmerzender Verlust und die Befürchtung, nicht genug für andere getan zu haben sowie Mit-Leiden mit den Menschen prägen das Dasein dieser zierlichen Dame noch viele Dekaden nach der Befreiung. Nach dem Tod ihres Mannes empfand sie zunehmend Einsamkeit, denn es fehlte jemand, mit dem sie sich über die Erlebnisse während der Shoah austauschen könnte: „Solche Erinnerungen kann man nur mit denjenigen Menschen besprechen, die das Gleiche mitgemacht haben. Das versteht sonst kaum jemand."[80]

Entscheidungen

„Wir hatten wieder überlebt, meine Schwester und ich." Dass Sara Frenkel bereits als junge Frau ein dermaßen ausgeprägtes Verantwortungsbewusstsein für ihre Mitmenschen entwickelte, ist wohl vor allem den Erlebnissen geschuldet, die sich nach der Okkupation Polens vor ihren Augen in aller Offenheit und Brutalität abspielten. Sie entwickelte ein hohes Maß an Resilienz, zudem begann sie, sich dem Geschehen und dem Gesehenen insofern zu widersetzen, dass sie aktiv wurde, handelte und versuchte, inmitten des Mordens um sie herum Leben zu bewahren. Hinzu kam, dass ihr Vater und ihr Bruder nach Beginn der Besatzung kurzfristig aufs Land zogen, um den eskalierenden Verfolgungen zu entkommen. Der jungen Frau wurde vorgelebt zu handeln, aber sie wurde zugleich im Sinne der „choiceless choices" Betroffene dieses ersten Handelns von Vater und Bruder: „Eines Tages kam ein Brief, mit dem mein Bruder aufgefordert wurde, sich zur Arbeit bei den deutschen Besatzungstruppen zu melden. Wir wussten, er würde nie wieder zurückkehren, alle starben da, alle [...]. Dann klopfte es eines Nachts an die Tür. Es war Gendarmerie. Die Hausmeisterin rief, wir sollten aufmachen. Ich machte auf und man fragte nach meinem Bruder. Wir sagten, wir wüssten nicht, wo er ist. Daraufhin musste ich an Stelle meines Bruders mitkommen."[81]

Sara wurde in das KZ Majdanek bei Lublin gebracht, das zu dieser Zeit noch nicht als Vernichtungslager diente. Zusammen mit Sara war eine junge Frau verhaftet worden, die sie kannte, und wie bei Julia Weisz war diese Begegnung relevant, um die Situation gemeinsam durchzustehen. Die beiden jungen Jüdinnen entwarfen eine Strategie, um aus dem KZ zu entkommen: „Wir nahmen all unseren Mut zusammen und sind Richtung Tor gegangen. Dann kam der kleine Kommandant auf uns zu – klein, in Uniform, ein Beamter, der war schlimm – und ich stotterte vor Angst und sagte, wir wollten den Korb meiner Großmutter zurückgeben. Er sprach zu uns: ‚Ihr Hunde, ihr Hunde, ihr kommt doch zurück, ihr Hunde.' Wir antworteten: ‚Aber sicher!' und gingen aufs Tor zu. Die Wachen hatten gesehen, wie wir mit dem Kommandanten sprechen und sie dachten, wir dürfen raus."[82]

Im Zuge der „Aktion Reinhardt" im Herbst 1942 begann die Liquidation des Ghettos Lublin. Der als Sammelplatz genutzte Marktplatz in Lublin wurde von SS bewacht, doch die Eltern schickten als Akt verzweifelten Aufbegehrens Sara und ihre beiden Geschwister weg. Sie sollten versuchen zu fliehen. Während Chaim Bass noch in Lublin von der SS angehalten wurde, gelang es den beiden Schwestern, der SS zu entkommen: „Wir mussten weg, sind immer von einer zur nächsten Scheune, haben da und dort Hilfe gefunden oder nicht. [...] Eine Nacht versteckten wir uns auf dem Friedhof in Lublin, da sahen wir, wie Menschen erschossen wurden. Wir mussten immer weiter. Immer hatten wir den Tod im Nacken, immer Angst."[83]

Der erste, der den Schwestern Bass half, war Władisław Janczarek. Er half ihnen eine polnische, nichtjüdische Identität zu erhalten. Sara Bass hieß nun Stanisława Gorczyca , ihre Schwester Lea Bass wurde zu Maria Taracha. Eine polnische Familie gab den Schwestern, bis die Angst zu groß wurde, eine Zeitlang Obdach und Arbeit. Ein Jude namens Mundek und die Oberin Maria vom katholischen Bonifrator-Krankenhaus halfen den Flüchtenden ebenfalls. Schwester Maria war es, die den Kontakt zu Jan Poddebniak, dem Priester der Kirche Wniebo Wzięty, herstellte. Sara Frenkel erinnert sich später, wie sie an sein Gewissen appellierte: „Ihm erzählte ich unsere Geschichte und sagte zu ihm: ‚Wenn du, Priester, es willst, werden wir beide leben bleiben.'"[84] Durch Vermittlung des Priesters und auch dank der Ermutigung von Mundek mel-

81
Ebd..

82
Ebd., S. 58.

83
Ebd., S. 59.

84
Ebd., S. 60.

85
Ebd..

86
Aufstellung der im Stadtkrankenhaus behandelten Ausländer
(2.1.2.1.7, Dokument ID 0632317, 70632327, 70632333, ITS Digitales
Archiv).

87
Frenkel, Angst, S. 65f..

deten sich die beiden Schwestern unter ihren neuen Namen Stanisława Gorczyca und Maria Taracha zur Zwangsarbeit nach Deutschland: „Priester Poddebniak hatte unsere Papiere in Ordnung gebracht und uns zur Arbeit gemeldet. Er bat, dass wir ihm schreiben sollen aus Deutschland. Mundek gab uns einen Koffer, in dem Seife, Brot, Speck, eine Kerze, Zündhölzer, Bleistift und Papier und eine Adresse einer Frau, an die wir schreiben sollten, waren. Dann schickte der Priester uns in ein Sammellager. [...] Der Arzt im Sammellager wusste Bescheid und bestätigte uns als tauglich zur Arbeit. Dann fuhren wir los, Richtung Deutschland. [...] Es war März 1943, mehr als sechs Monate Angst und Flucht und Verstecken lagen hinter uns.“[85] Verschiedene Helfer auf ihrem weiteren Weg in Polen bewiesen den Schwestern, dass es noch Mitmenschlichkeit gab. Diese gelebte, individuelle Empathie prägte Sara Frenkel dahingehend, dass sie später in der relativen Sicherheit des Volkswagen Werks anderen zur Seite stand.

Unterlagen im ITS belegen, dass sich beide Schwestern im Stadtkrankenhaus in Wolfsburg in Behandlung begeben mussten. Die jüngere Schwester im Februar 1945 mit Diphterie und Sara Frenkel zwischen April und Mai 1944 mit einer Blinddarmentzündung sowie nochmals Ende Dezember 1944 bis zum 1. Januar 1945 wegen eines Bruchs.[86]

Sara Frenkel half vielen Zwangsarbeitern, doch die Begegnung mit einem jüdischen Mädchen aus Ungarn erinnerte sie besonders intensiv: „Und die ungarischen Mädchen? Die wurden ganz schlecht versorgt. Als die ersten Mädchen aus Auschwitz mit Wunden von der Arbeit mit den Tellerminen kamen, haben wir alles getan, was wir konnten, um ihnen zu helfen. Es waren zwei oder drei Mädchen, von denen wir Andenken bekommen haben. Sie wollten uns irgendwie ‚Danke schön‘ sagen, dachten nicht, dass es noch Menschen gäbe, die sie wie Menschen behandeln. [...] Was wir an Lebensmitteln und Medikamenten hatten, haben wir ihnen gegeben. Die wussten aber nicht, dass meine Schwester und ich auch Juden waren. [...] Das ungarische Mädchen mit dem entzündeten Blinddarm wurde am späten Abend eingeliefert. Nach der Operation meinte eine deutsche Schwester, diese Frau müsse man nicht pflegen, sie würde sowieso sterben. Das Mädchen war noch unter Narkose. Wir wollten, dass sie überlebt. [...] Wenig später stellten wir, die Schwestern, aus Alkohol aus der Apotheke und ein paar ‚organisierten‘ Eiern Eierlikör her. Ich bat das ungarische Mädchen, das am Blinddarm operiert worden war, in unser Büro, und da trank sie ein wenig von unserem ‚Likör‘. Sie war ein hübsches Mädchen, und ich wollte ihr eine Freude machen. Dass wir beide Jüdinnen waren, konnte sie nicht wissen. Die deutschen Krankenschwestern wollten mit den KZ-Frauen nichts zu tun haben.“[87] Selbst am Leben zu bleiben und anderen in vergleichbarer Situation überleben zu helfen, war Sara Frenkels Auftrag.

Neben aller Fürsorge ließ Sara Frenkel vor allem das Schicksal der Zwangsarbeiterkinder verzweifeln. Die Baracke für die Kinder am Schachtweg im heutigen Wolfsburg

```
Copy of original document (list)
made by I.T.S.    - Original held by ITS, Child Search
                   Branch.   F8-135/124

Dr. KÖRBEL
Stadt-Krankenhaus K d.F stadt    RÜHEN, near Braunschweig

Lfd.Nr.        Name            Geburtsdatum        Aufnahmetag.

  1.    Ost.  KUSCHNIZ,    Nadja      3. 3. 43
  2.    Ost.  Stazenko,    Anatoli    2. 4. 43
  3.    Ost.  SAWRENKO,    Nina      31.3. 43        11.11.43.
  4.    Ost.  NITIFOROWA,  Tatjana   25.4. 43        5.8.43 Stadt-
                                                     Krankenh.
  5.    P.    CZURPINIAK,  Sofia      8.5. 43        28.12.43.
  6.    P.    GAJEWSKA,    Sofia      9. 5. 43
  7.    Ost.  BOYKO,       Nikolaij  30.5. 43
  8.    P.    WOILOWITZ,   Marian     5. 6. 43
  9.    P.    DYSPERAK,    Stanislaw  6. 6.43.
 1o.    P.    JAROSCHEK,   Hans       6.6. 43.
 11.    Ost.  RASSUWAJEWA, Eugen      6. 6. 43.
 12.    P.    WASIMIER,    Mieczyslaw 8.6. 43
 13.    P.    CICHOCZ,     Wladislawa 9.6. 43
 14.    Ost.  KEYN,        Maria     14.6. 43        12.12.43.
 15.    Ost.  FINAKAJEWA,  Viktor    17.6. 43
 16.    P.    KOSAK,       Kasimir   18.6. 43
 17.    Ost.  TERESCHENKO, Anatoli   25.6. 43
 18.    Ost.  SEDLETZKAJA, Juri      29.6. 43
 19.    P.    BISIDIA,     Clerista   3.7. 43
 2o.    P.    GLADICA,     Sofia     11.7. 43        24.11.44.ver-
                                                     storben
 21.    Ost.  STEPANOWA,   Stanislaw 25.7. 43
 22.    Ost.  PATSCHKOWA,  Franik    25.7. 43
 23.          WOILIKOWA,   Stanislaw 25.7. 43
 24.    Ost.  AFFANOSSIEWA,Valentina 29.7. 43
 25.    P.    SCHOLZ,      Barbara    3.8. 43
 26.    Ost.  BOSENKO,     Wladislawa 4.8. 43
 27.    P.    TARGOSZ,     Edward    1o.8. 43        3.1o.43.Stadtkrank-
                                                     kenhaus -13.1o
```

Erhebungsergebnis des Child Search Branch im ITS im Rahmen der Erfassung von nichtdeutschen Kindern, hier: erste Seite der Liste der im „Stadt-Krankenhaus KdF-Stadt" aufgenommenen Kinder von Zwangsarbeiterinnen (3.3.1.1., Dokument ID 82268914, ITS Digitales Archiv)
Die Säuglinge und Kleinkinder waren zuvor in der „Ausländerkinder-Pflegestätte" in Rühen untergebracht. Die von Sara Frenkel erwähnte Sofia Gladica (11.7 1943 - 24.11.1944) wird unter Nr. 20 aufgeführt.

war ebenso unzureichend wie die später eingerichtete „Ausländerkinder-Pflegestätte" in Rühen: „Die Patienten im Krankenhaus haben aber alle geholfen, den Kindern etwas zu essen zu geben. [...] Es gab Mangel an Windeln, an Medizin, an allem. Wir konnten nicht alle Kinder auf den Arm nehmen, ihnen Lieder vorsingen und sie umarmen. Sie waren ohne Liebe."[88] Die junge Frau aus Lublin lehnte eine weitere Arbeit in diesem Kinderheim ab: „Als die Baracke renoviert wurde, sollte ich bei den Kindern in Rühen arbeiten [...]. Da lagen die Kinderchen im Dreck und in den Zimmern stank es nach Urin und Kot, es waren überall Läuse und Wanzen."[89] Ein kleines Mädchen mit Namen Sophie blieb Sara Frenkel besonders in Erinnerung: „Dann hieß es: ‚Das Kind kommt nach Rühen!' Ich sagte: ‚Nein! Das Kind bleibt hier. Sie macht uns keine

88
Ebd., S. 66.

89
Ebd..

American Joint Distribution Committee, Paris: Liste der in Braunschweig lebenden Juden, 7.4.1948,
S. 1 und 2 (3.1.1.3, Dokument ID 78798756; 78798757, ITS Digitales Archiv)
Lea Bass und Manfred Frenkel sind unter den Nummern 8 und 48 aufgeführt.

90
Ebd., S. 67.

91
Dr. Korbel, Stadtkrankenhaus K.d.F. Stadt, Rühen, near
Braunschweig (3.3.1.1, Dokument ID 82268914-82268925, ITS
Digitales Archiv); Mommsen/Grieger, Volkswagenwerk, S. 763.

Arbeit. Ich nehme sie als mein Kind an.' Ich sagte Dr. Körbel, dass ich das Kind für
mich haben wollte. Er meinte nur, ich wäre nicht verheiratet und müsste arbeiten. So
kam Sophie in das Kinderlager nach Rühen."[90] Sophie starb. In den im ITS aufbe-
wahrten Unterlagen wird die Häufung der Sterbefälle unter den Zwangsarbeiterkin-
dern ab 1944 deutlich.[91] Nach Sophie wurde in Wolfsburg 2012 eine Straße benannt.

Sara Bass und ihre Schwester mussten sich permanent in dieser Welt der „choiceless
choices" entscheiden und behaupten, aber auch lernen, mit der Angst vor einer Ent-

deckung umzugehen. Als ihnen das Angebot unterbreitet wurde, sich in die deutsche Volksliste einzutragen und Volksdeutsche zu werden, mussten sie sich zur Wehr setzen, denn eine Überprüfung der Papiere hätte ihren Tod bedeuten können. „Ich wusste nicht, was ich sagen sollte, begann zu stammeln, redete von meinen Eltern, ohne die ich das nicht entscheiden könnte und dass wir doch Katholiken wären. Polnische Katholiken, so sagte ich, könnten keine echten Deutschen sein. [...] Und der Beamte dachte wohl nur, ich wäre blöd. So hat er meine Schwester und mich dann nur ‚Idioten‘ genannt. [...] Ich hatte solche Angst, dass man unsere Papiere überprüft.“[92]

Nach der Befreiung registrierten die Briten die Schwestern Bass als DPs. Zunächst befanden sie sich im DP Camp Belsen,[93] später zogen sie nach Braunschweig und wurden dort als in einer Privatunterkunft lebende DP verzeichnet.[94] In den meisten DP-Camps waren die Verhältnisse anfangs durch Überfüllung und schlechte Unterbringung geprägt, sodass jene, die dieser Enge zu entkommen suchten, eine andere Unterkunft finden mussten, wenn sie sich ein wenig mehr Privatheit wünschten. Über den weiteren Lebensweg der Schwestern finden sich im ITS kaum noch Dokumente, die von Entscheidungen zeugen. Es ist vielmehr eine Art permanenten Transits, eine Ortlosigkeit, die ihr Leben prägte. Erst der Umzug nach Antwerpen ermöglichte es Sara und Manfred Frenkel allmählich, ein Zuhause zu finden. Zugleich blieb Israel ein Bezugspunkt für das Ehepaar und die später verwitwete Sara Frenkel.

Beide Schwestern wandten sich 1954 an den ITS, um Bescheinigungen ihrer Verfolgungsgeschichte zu erbitten und von Deutschland eventuell Entschädigung zu erhalten.[95] Sara Frenkel hat sich entschieden, mit ihrer Geschichte offen umzugehen und zugleich wird deutlich, dass der Neuanfang nach 1945 nicht darüber hinwegtäuschen kann, dass Verlust und Traumata sich wie ein Schatten über ihr weiteres Leben legten: „Man hat keine Wurzeln. Man sucht das, was verloren gegangen ist. Doch es kommt nicht wieder. Es ist alles nicht mehr da. [...] Sophie ist nicht da, meine Freunde sind nicht mehr da, mein Mann ist nicht mehr da. Niemand ist mehr da. Ich bin wieder alleine.“[96] Sara Frenkel hat für sich das Vermächtnis der Ermordeten und die Ehrung der Überlebenden zum Auftrag erhoben, sei es durch das Engagement für eine Gedenkstätte in Lublin, die Anerkennung Jan Poddebniaks als „Gerechter“ oder ihre bohrenden Nachfragen bei der Volkswagen AG, um eine adäquate Erinnerung für die Kinder aus Rühen zu fordern. Sie wird angetrieben von den Bildern, die sich in ihr Gedächtnis eingebrannt haben, und sie versucht, trotz all der Schattengestalten aus der Vergangenheit einem Vergessen entgegenzuwirken. Sie trägt nach Kräften, etwa durch ihre alljährlich auf Einladung der Volkswagen AG erfolgenden Wolfsburg-Besuche am 8. Mai und 9. November, dazu bei, dass die Erinnerung wach gehalten wird.

92
Frenkel, Angst, S. 68.

93
Registrierungskarte aus dem DP Camp Belsen (3.1.1.3, Dokument ID 66520030, ITS Digitales Archiv).

94
Jews Living in the Area of Brunswick vom 31.1.1946 (3.1.1.3, Dokument ID 78798714, ITS Digitales Archiv); Jews from Brunswick (Living Private) (3.1.1.3, Dokument ID 78798663, ITS Digitales Archiv).

95
Korrespondenzakte (T/D-Akte) 344555 zu Sara Frenkel, geb. Bass (6.3.3.2, Dokument ID 97639626-97639634, ITS Digitales Archiv); Korrespondenzakte (T/D-Akte) 343163 zu Lea Bass (6.3.3.2, Dokument ID 93902597-93902604, ITS Digitales Archiv).

96
Frenkel, Angst, S. 70f..

97
Sally Perel: Die Angst vor der Entdeckung war mein ständiger Begleiter, in: Grieger/Gutzmann, Überleben, S. 75-93, hier S. 90.

98
Zur Ausbildung im „Vorwerk" siehe Ulrike Gutzmann/Markus Lupa: Vom „Vorwerk" zum FahrWerk. Eine Standortgeschichte des Volkswagen Werks Braunschweig, Wolfsburg 2008, S. 8ff..

5.4 Lebensskizze: Sally Perel

Der 1925 in Peine geborene, aus einer polnisch-jüdischen Familie stammende Sally Perel ist ein Mann der Prinzipien. Er ist kritisch und reflektiert, und seinen Traum von einer besseren Welt versucht er auch durch die vielen Begegnungen insbesondere mit jungen Menschen in Deutschland zu verwirklichen. Viele Kinder, die die Shoah überlebten, weil sie von ihren Eltern in eine zumeist vage Möglichkeit des Überlebens entlassen worden waren, indem sie aus dem Ghetto oder dem Wohnort weggeschickt wurden, erhielten den Auftrag, am Leben zu bleiben und ihre jüdische Identität zu bewahren. Beides ist eine wichtige Komponente in den Erzählungen Sally Perels: „Ich habe nie Reue oder Schuldgefühle wegen der Art meines Überlebens gehabt. Denn ich habe versucht zu handeln und habe deshalb überlebt – wie meine Eltern es wollten."[97]

Sally Perel hatte zwei Brüder und eine Schwester. 1933 war die Familie nach Polen umgezogen und lebte in Łódź. Nach dem Einmarsch deutscher Truppen in Polen schickten die Eltern ihre Söhne Sally und Isaak Richtung Osten, während die Tochter Berta bei den Eltern blieb. Der älteste Sohn, David, geriet als polnischer Soldat in deutsche Kriegsgefangenschaft. Sally Perel kam in einem sowjetischen Waisenhaus in Grodno unter, sein Bruder Isaak floh ins Baltikum. Die Entwurzelung der Familie hatte bereits 1935 begonnen, doch war zumindest bis 1939 die Familie zusammengeblieben. In der Situation des Jahres 1939 aber trennten sich Eltern, Kinder und Geschwister voneinander, um verschiedene Möglichkeiten des Überlebens zu suchen. Allein auf sich selbst gestellt, übertrat der 14-jährige Sally Perel die polnisch-sowjetische Grenze, kam in ein Kinderheim und wurde dort, um sich in der neuen Situation zu verankern, glühender Kommunist. Stalin war ihm der beschützende Übervater, und das Kollektiv fungierte als Ersatzfamilie. Nach dem Überfall auf die Sowjetunion flohen die Heranwachsenden mit ihren Betreuern in Richtung Osten. Sally Perel verlor aber den Kontakt zu den anderen und wurde zusammen mit anderen Flüchtenden von deutschen Einheiten umstellt. Juden wurden beiseite geführt und von der SS erschossen. In dieser Situation griff Sally Perel nach einem letzten Strohhalm und gab sich als Volksdeutscher aus. Wider Erwarten glaubte ihm der Soldat, woraufhin Sally Perel in die Haut seiner neuen Identität als Volksdeutscher mit dem Namen Josef (Jupp) Perjell schlüpfte, um zu überleben. Zunächst zog er als Dolmetscher mit einer Wehrmachtseinheit mit. 1943 vermittelte ihm der Kompaniechef, der ihn nach dem Krieg adoptieren wollte, eine Lehrstelle als Werkzeugmacher im Volkswagen „Vorwerk" in Braunschweig. Die Ausbildung umfasste auch eine internatsmäßige Unterbringung in „Kameradschaftsheimen" und die intensive Einbindung in den Hitlerjugend-Dienst.[98]

Nach der Befreiung fand Sally seine beiden Brüder wieder, seine Eltern und seine Schwester waren hingegen ermordet worden. Perel lebte nach der Befreiung zunächst in Braunschweig, zog mit seinem Bruder und der Schwägerin dann nach München und vertiefte ab 1947 in einem jüdischen Ausbildungszentrum seine Kenntnisse in

Feinmechanik.[99] Er meldete sich für den Dienst in der jüdischen Untergrundarmee Haganah und wollte dem werdenden Staat beistehen. Auf Grund der Situation nach Staatsgründung im Mai 1948 gelang es ihm erst im Juli 1948, nach Israel zu immigrieren.[100] Dort fand er sich im Kampf um Jerusalem wieder. 1950 wurde der 25-Jährige ins Zivilleben entlassen und gründete in den folgenden Jahren eine eigene Familie.

Wie er die Shoah überlebt hatte, darüber sprach er zunächst nicht. Erst nach einer schweren Operation begann er nach 1981 das Verdrängte und Verborgene seines Überlebens und die Zerrissenheit zwischen den Identitäten zu formulieren. Sally Perel schrieb sich bis 1988 seine Erinnerungen im wahrsten Sinne des Wortes vom Leib. Es folgten der 1990 gedrehte Film „Europa, Europa" und 1992 die deutsche Ausgabe seiner Lebensgeschichte unter dem Titel „Ich war Hitlerjunge Salomon".[101] Unterstützt durch die Volkswagen Aktiengesellschaft geht er seitdem auf Lesereisen. Sally Perel erhielt 1999 das Bundesverdienstkreuz. 2012 wurde vom Braunschweiger Volkswagen Werk der Sally-Perel-Preis für Respekt und Toleranz ausgelobt und mit ihm als Juror 2013 erstmalig vergeben.

Sally Perel ist ein kleiner, energischer und warmherziger Mann. Für Eiferer und Fanatiker jedweder Herkunft und Glaubensrichtung oder Ideologie hat er nichts übrig. Die Erinnerungen an sein Überleben und das Gefühl, trotz der immensen Identitätsbrüche richtig gehandelt zu haben, zieht er immer wieder aus den Worten, die sein Vater und seine Mutter ihm auf den Weg gaben: „Vergiss nie, wer du bist!" und „Du sollst leben!".

Entscheidungen

Die letzten Worte seiner Eltern vor der Trennung gaben Sally Perel Antrieb, nach dem deutschen Überfall auf die Sowjetunion anzugeben, er sei Volksdeutscher. Es war eine Handlung, die nur zwei Resultate nach sich ziehen konnte: Rettung oder Tod. Dabei konnte die Rettung auch nur ein Aufschub sein, denn Sally Perel war als Jude beschnitten worden und trug so ein sichtbares Zeichen seiner jüdischen Herkunft am Körper. Eine Schlüsselerinnerung ist daher der Moment, als der deutsche Soldat ihm glaubte, Volksdeutscher zu sein: „Als ich an die Reihe kam, wusste ich, wenn ich die Wahrheit sage, bin ich tot. Also sagte ich, ich bin kein Jude, sondern Volksdeutscher."[102] Der sich heute erinnernde Sally Perel fragt sich: „Mir hat er jedoch ungesehen geglaubt. Warum mir und nicht den anderen?"[103] Dieser zweite Satz – „Warum mir und nicht den anderen?" – ist auch Ausdruck einer Überlebensschuld, wie sie viele Betroffene, die der Shoah entkamen, mit sich tragen. Es ist eine Nachfrage an sich selbst und die kaum zu beeinflussenden Umstände des eigenen Überlebens, während die Familie, Freunde und so viele jüdische Kinder ermordet wurden. Die Angst vor Entdeckung ließ Sally Perel nach der Fahrt nach Braunschweig und zur Ausbildung bei Volkswagen zusehends genauso agieren wie seine Mitschüler: „Ich musste handeln wie alle."[104] Es ist interessant, dass er bemerkte, er habe handeln müssen

99
Mitgliederliste der Israelitischen Kultusgemeinde München vom März 1948 (3.1.1.3, Dokument ID 78794869, ITS Digitales Archiv).

100
Liste des Transports per Auto zum Abfahrtsort des Schiffes vom 7.7.1948 (3.1.1.3, Dokument ID 78811225 und 78811235, ITS Digitales Archiv).

101
Europa, Europa. Ein Film von Agnieska Holland, 1989; Sally Perel: Ich war Hitlerjunge Salomon, Berlin 1992.

102
Perel, Angst, S. 77.

103
Sally Perel in einem Gespräch mit der Autorin in Bad Arolsen zur Vorbereitung eines Schulbesuchs, Februar 2011.

104
Perel, Angst, S. 84.

105
Ebd., S. 78.

106
Andrea Löw: Juden im Ghetto Litzmannstadt. Lebensbedingungen, Selbstwahrnehmung, Verhalten, Göttingen 2005.

107
Perel, Angst, S. 87.

108
Aktennotiz vom 2.6.1944, abgedruckt in: Grieger/Gutzmann, Angst, S. 88.

109
Ebd., S. 90.

wie „alle", womit er die Mehrheit der Deutschen meinte. Das zeigt wiederum, dass er Widerstand als marginales Phänomen in Deutschland begriff. Die Masse, so seine Wahrnehmung, dachte und handelte gemäß der Diktatur und Ideologie. „Widerstand – davon habe ich nie etwas gesehen oder gehört."[105]

Der sich in einer falschen Haut verbergende Sally Perel fuhr zur Jahreswende 1943/44 nach Łódź. Im dortigen im Februar 1940 eingerichteten und im Mai 1940 abgeriegelten Ghetto mussten etwa 164 000 Juden und ab 1941 auch einige Tausend Sinti und Roma aus dem Burgenland leben.[106] Von Januar bis September 1942 wurden in mehreren Wellen mehr als 70 000 Menschen aus dem Ghetto ins Vernichtungslager Chełmno deportiert. Im August 1944 wurden nochmals rund 65 000 Menschen nach Auschwitz-Birkenau verschleppt. Als der 19-Jährige in Łódź eintraf, um im Ghetto seine Eltern zu finden, indem er tagtäglich mit der Straßenbahn hindurchfuhr, hätte ihn seine Reaktion auf das, was er dort sah, jederzeit verraten können. Es war eine Handlung, mit der er das Schicksal – die Deutschen – geradezu herausforderte: „Offiziell wollte ich ‚Angelegenheiten regeln', aber in Wirklichkeit wollte ich einfach nur ins Ghetto, um zu schauen, ob ich meine Eltern finden könnte. Ich bin 12 Tage mit der Straßenbahn durch das Ghetto gefahren. Gesehen habe ich sie nicht. Aber meine Eltern waren damals noch da. Meine Mutter wurde erst bei der Liquidierung des Ghettos umgebracht. In einem abgedichteten Lastwagen. Mein Vater ist vorher noch an einem normalen Tod gestorben, relativ normal. Am Hunger. Aber als ich das Ghetto durchfuhr, lebten beide noch. Das weiß ich von meinem zweiten Bruder, der auch überlebt hat."[107]

Zurück in Braunschweig musste Sally Perel sich als Josef Perjell wieder in seine zweite Identität begeben. Aus der Zeit nach der Rückkehr aus Łódź ist in den Dokumenten des Volkswagen Werks ein Tadel erhalten, weil „die Führung" von Josef Perjell „zu wünschen übrig" ließ.[108] Ob diese Disziplinlosigkeit auch Auswirkung seiner Reise nach Łódź gewesen ist, kann nicht mehr eindeutig geklärt werden. Insgesamt passte sich Sally Perel wieder der Haut des Hitlerjungen an und kämpfte noch im Volkssturm.

In der unmittelbaren Zeit nach der Befreiung war noch nicht klar, wie er nun handeln sollte: Als Jude, als ehemaliger Hitlerjunge, als Deutscher, als Pole? Die Begegnung mit einem anderen Juden – Manfred Frenkel, dem späteren Ehemann von Sara Bass – war das auslösende Moment, sich wieder zu seinem Judentum zu bekennen. Es brauchte jedoch diesen äußeren Anstoß, da der 20-jährige Sally aus sich heraus nicht in der Lage war, sich den befreiten Juden anzuschließen. Zu tief waren die Identitätsbrüche: „Ich fand meinen Bruder Isaak wieder. Er sagte mir, dass auch unser Bruder David überlebt habe. Isaak kam nach Oebisfelde, David war schon in Israel. Unsere Schwester war ermordet worden. Isaak, der das Schlimmste erlebt hat, erst im Ghetto Wilna und später in Dachau, hat immer gesagt: ‚Hauptsache, man hat überlebt.'"[109]

Zu Sally Perel sind im ITS ausschließlich Dokumente aus der Nachkriegszeit überliefert. Sie berichten davon, dass er nach der Befreiung den weiteren Weg gemeinsam mit seinem Bruder Isaak und seiner Schwägerin Mirjam antrat. Er spaltete sich auch mit der bewussten Hinwendung zu jüdischen Organisationen von der deutschen Umgebungsgesellschaft ab und wählte, der Aufforderung seines Vaters folgend, „Vergiss nie, wer du bist!", das Judentum. In München wurde er Mitglied der Israelitischen Kultusgemeinde und lebte gemeinsam mit Isaak und Mirjam Perel in einem Privathaus, nicht in einem DP-Camp. Sein Weg führte ihn nach Israel, wo er sich ein neues Leben aufbaute und vieles verdrängte. Erst viel später sprach er über sein Überleben, und noch viel später, 2004, war es ihm möglich, wieder nach Polen zu fahren. Dort, in Auschwitz, konnte er endlich den Hitlerjungen Jupp abstreifen. Er spaltete den Nazi von sich ab. Diese Handlung mündete in einer Versöhnung mit sich selbst. Er konnte sich dadurch endlich auch vergeben, dass er im Gegensatz zu seinen Eltern oder seiner Schwester überlebt hatte. Seine Spontaneität, sich 1941 als Volksdeutscher ausgegeben zu haben, rettete ihm das Leben, doch diese Handlung begleitet ihn sein Leben lang als traumatischer Eingriff in seine Persönlichkeit.

6. Handlungsoptionen

Die vier vorgestellten jüdischen Überlebenden – Moshe Shen, Julie Nicholson, Sara Frenkel und Sally Perel – haben sich mit Hilfe verschiedener Aktionsmöglichkeiten durch die Zeit der Shoah bewegt und dabei überlebt. Bewusste Handlungen, Hilfe von Fremden, Resilienz oder die Abschiedsworte von Angehörigen waren Orientierungen und Überlebenshilfen. Dass sie letztlich überlebten, war trotzdem einer Kette von Zufällen geschuldet. Sie waren in ein Meer geworfen worden, und es war keine Insel in Sicht. Im Rahmen ihrer jeweiligen Überlebensgeschichte bewahrten sie sich ihre individuelle Integrität, gerade weil sie inmitten der „choiceless choices" handelten. Doch diese Entscheidungen ließen sie nachträglich immer wieder zweifeln, ob es richtig gewesen war, so zu handeln, denn sie alle verloren auf ihrem Überlebensweg geliebte Menschen. Diese Dilemmata waren entsetzlich und prägten das Leben der Überlebenden.

Ablage der Korrespondenzakten im ITS, 2010

Dokumente zu Moshe Shen, Julie Nicholson, Sara Frenkel und Sally Perel in den Beständen des International Tracing Service (ITS)

Die Wurzeln des International Tracing Service (ITS) liegen im Jahr 1943, unter den Vorgängerorganisationen sind die UNRRA und die IRO hervorzuheben. Zunächst als Hilfsorganisation für Displaced Persons gedacht, nahmen die Schicksalsklärung oder auch Familienzusammenführung Überlebender immer mehr Raum ein. Nach Kriegsende etablierte sich eine Zentrale der Suchstellen in Frankfurt-Höchst. In den Besatzungszonen wurden Suchbüros unterhalten. Um die Arbeit zu koordinieren und zu zentralisieren, war ein Umzug von Frankfurt nach Berlin angestrebt, doch für die sich ständig mehrenden Unterlagen aus KZ und anderen Lagern, Gefängnissen und Gestapo-Stellen fanden sich keine geeigneten Gebäude. Anfang Januar 1946 kam es somit zu einem Umzug ins nordhessische Arolsen – in der Mitte Deutschlands und zugleich, als politisches Signal zu verstehen, in der amerikanischen Zone gelegen. In Arolsen existierte eine intakte Infrastruktur, die aus der militärischen Vergangenheit als Garnison und der ab 1933 in Arolsen stationierten SS sowie einer SS-Führerschule und unterbliebenen Luftangriffe resultierte. Zeitgleich mit dem Umzug im Januar 1946 wurde nunmehr ein Central Tracing Bureau eingerichtet, das Anfang 1948 die Bezeichnung International Tracing Service erhielt. Der ITS sollte der zentrale Ablageort für die Unterlagen über die nationalsozialistische Verfolgung und Zwangsarbeit sowie die Dokumente zu DPs werden. Der Zuwachs an Dokumenten blieb bis Mitte der 1950er Jahre ungebrochen; im Zuge der Entschädigung für ehemalige Zwangsarbeiter kam es ab den 1990er Jahren nochmals zu einem umfassenden Dokumentenzugang.

Zu den vier Überlebenden, die im vorliegenden Band gewürdigt werden, liegen im ITS verschiedene Dokumente vor. Während zu Moshe Shen und seinem Vater beispielsweise aus dem KZ Mittelbau-Dora Karteikarten und Überstellungslisten überliefert sind, konnten für Julie Nicholson nur wenige Spuren gefunden werden – weder aus Auschwitz noch aus Bergen-Belsen sind umfassende Bestände erhalten geblieben. Zu Sara Frenkel sind Dokumente aus der Zwangsarbeit überliefert. Für Sally Perel beginnt die Überlieferung im ITS erst mit der Befreiung. Mit Blick auf die Nachkriegszeit existieren zu allen vier Personen und ihren Angehörigen vor allem Registrierungen als DP, Emigrationslisten oder Korrespondenzakten, die von den Bemühungen berichten, Entschädigungszahlungen zu erhalten.

Aus dem großen Dokumentenkonvolut sind zu jeder Person aussagekräftige Dokumente ausgewählt worden. Der Dokumententeil orientierte sich daran, inwieweit diese mit den drei zentralen Essays korrespondieren. Auch waren wir bestrebt, die Vielfalt der Unterlagen abzubilden.

Die Dokumente im ITS bergen weitere Informationen zu den vier Überlebenden und ihren Familien.

Wissenschaftler und Pädagogen können diese Dokumente zu den einzelnen Personen bzw. deren Familien gerne im ITS anfordern. Dazu erbitten wir eine E-Mail mit der Beschreibung des Vorhabens: historical-research@its-arolsen.org. Postalisch: ITS/ Forschung und Bildung, Große Allee 5-9, 34454 Bad Arolsen. Vgl. zu den Rahmenbedingungen der Nutzung des Archivs: www.its-arolsen.org

Dokumente

Moshe Shen

15.7.44.		Aussenkommandos. Morgens 120	16.7.44.
Oberehnheim	162		162
Schömberg	395	+ 1 hin	396
Schörzingen	178	- 2 Flucht	176
Erzingen	3oo		3oo
Frommern	119	+ 5 hin	124
Iffezheim	95		95
Metz	1o8		1o8
Pelters	51	- 1 zurück	5o
Heppenheim	62		62
Kochem	1539	- 5 Tote, - 1 Flucht	1533
Markirch	1361	+ 2oo v.Wesserl.,-1o zur.	1551
Sennheim	251	- 1 zurück	25o
Neckarelz	18o6	+ 1 Wied.Ergr.- 1 Tot.,1Fl.	18o5
Wesserling	1129	- 2oo nach Markirch	929
Leonberg	1o32		1o32
Longwy	862	- 1 Toter	861
Insgesamt	945o	plus 2o6, minus 222	9434

KZ Natzweiler: Stärkemeldung der Außenkommandos 15./16.7.1944 morgens, 16.7.1944
(1.1.29.0, Dokument ID 82123584, ITS Digitales Archiv)
Moshe Shen und sein Vater befanden sich zu diesem Zeitpunkt im Außenlager Longwy
unter den 862 Häftlingen, von denen einer an diesem Tag starb.

Longwy ging am 1.9.44 nach Kochendorf bei Heilbronn **182**

Aussenkdo Thil/Longwy
Arb.Lager Erz.

2o8.44

Betr. Bericht für die
Zeit vom 13.8.44-19.8.44

An
die Kommandantur des
K.L. N a t z w e i l e r

Für die Zeit vom 13.8.44-19.8.44 erstattet das Aussenkdo. Thil/Longwy,
folgenden Bericht:

1.	Gesamtbestand am 13.8.44	858 Häftl
2.	Rücküberstellt nach Natzweiler	----- "
3.	Von Natzweiler	----- "
4.	Abgang durch Tod	---- "
5.	Gesamtbestand am 19.8.44	858 "
6.	Krank 24 Schonung 36	
7.	Postenstärke 43/69	

8. Arbeitseinsatz:

in den Minen der Fa. Minette wurden durchschnittlich
täglich 327 Häftl. beschäftigt als Facharbeiter;
bei Bauleitung Erz arbeiteten durchschn. tägl. 11o Häftl.
Sie verrichteten Erdarbeiten.
Von den 3oD isolierten Häftl. verrichteten 1oo Häftl.
tägl. Planierungsarbeiten.

9. Bes. Vorkommnisse:

a. Errichtung der am Lagereingang stehenden Wachbaracke,
die in einigen Tagen feriggestellt ist.
b. Inangriffnahme einer weiteren grossen Baracke,die ebenfalls
in den nächsten Tagen vollendet wird.
c. Das Krematorium wurde in dieser Woche vollendet.

Aussenkdo. Thil/Longwy
der Ado.-Führer

Büttner

SS Oberscharführer.

KZ-Außenkommando Thil / Longwy: Arbeitslager Erz an Natzweiler,
Kommandantur, betr. Bericht für die Zeit vom 13.8.1944 - 19.8.1944, 20.8.1944
(1.1.29.0, Dokument ID 82129529, ITS Digitales Archiv)

Politische Abteilung.   Weimar-Buchenwald, 3.Okt.44.

Neuzugänge vom 3.Oktober 1944.

300 Häftlinge von KL.Natzweiler nach Akdo " Dora ".
(eingetroffen am 27.9.1944)

Politische Ungarn (J u d e n).

1.89690	Aba	Rudolf
2.89691	Abraham	Antal
3.89692	Abraham	Endre
4.89693	Adler	Andras
5.89694	Adler	Izidor
6.89695	Adler	Jozsef
7.89696	Adler	Mano
8.89697	Adler	Sandor
9.89698	Aftel	Ernö
10.89699	Armin	Friedman
11.89700	Aron	Salamon
12.89701	Aron	Adolf
13.89702	Basch	Izsak
14.89703	Becher	Marton
15.89704	Bender	Viktor
16.89705	Benjamin	Tibor
17.89706	Bergfeld	Jozsef
18.89707	Bergida	Markusz
19.89708	Berger	Zoltan
20.89709	Berkovics	Bernat
21.89710	Berkovits	Albert
22.89711	Blau	Andor
23.89712	Blum	Miklos
24.89713	Braun	Arnold
25.89714	Braun	Tibor
26.89715	Bravermann	Henrich
27.89716	Breuer	Sandor
28.89717	Breuer	Tibor
29.89718	Bürger	Bertalan
30.89719	David	Jenö
31.89720	David	Simon
32.89721	Davidovics	David
33.89722	Davidovics	Dezsö
34.89723	Davidovits	Izsak
35.89724	Davidovits	Vilmos
36.89725	Decker	Eugen
37.89726	Danes	Janos
38.89727	Deutsch	Arthur
39.89728	Deutsch	Dezsö
40.89729	Deutsch	Imre
41.89730	Deutsch	Izidor
42.89731	Drümmer	Dezsö
43.89732	Duft	Tibor
44.89733	Einhorn	Lajos
45.89734	Eisner	Jozsef
46.89735	Eizikavits	Bela
47.89736	Elefant	Ignatz
48.89737	Engelmann	Ludwig
49.89738	Engelmor	Marton
50.89739	Farkas	Andor

- 5 -   3.Oktober 1944.

231.89920	Roth	Ferencz	2. 2.04	Nagyvarad	Elektriker
232.89921	Roth	Miklos	6.12.27	Nagykallo	Schloßer
233.89922	Rothstein	Miksa	4. 4.11	Szatmar	Masch.Techn.
234.89923	Rotschild	Marton	21. 9.25	Szaplanca	Mech.Lehrl.
235.89924	Rozenberg	Jenö	10. 5.22	Nyiradsereda	Klempner
236.89925	Solomon	Hermann	22. 4.17	Magyarnemegye	Mechanik.
237.89926	Salamon	Hermann	5. 2.26	Dyalu	Dreher
238.89927	Salamon	Jozsef	26. 7.01	Erdesado	Schloßer
239.89928	Salamon	Jozsef	5. 5.27	Moge	Spengler
240.89929	Salamon	Sandor	9. 7.24	Kiralyhaza	Mechaniker
241.89930	Samson	Gyorgy	21. 9.27	Kolozsvar	Mechaniker
242.89931	Senensieb	Peter	17.10.24	Klausenburg	Monteur
243.89932	Silbermann	Robert	22.10.24	Nagyvarad	Monteur
244.89933	Silbermann	Sandor	9. 3.05	Nagyvarad	Automechanik
245.89934	Spielmann	Gyula	12. 6.25	Klausenburg	Automechanik
246.89935	Szegal	Sandor	26. 8.85	Busly	Schloßer
247.89936	Szekely	Ladislaus	15.10.24	Nagyvarad	Drucker
248.89937	Szilagyi	Ernö	22.10.96	Nagyvarad	Drucker
249.89938	Szöcs	Andor	8. 6.26	Klausenburg	Schloßer
250.89939	Szöcs	Miksa	14. 2.94	Klausenburg	Schloßer
251.89940	Szöke	Geza	20. 8.26	Nagyvarad	Schloßer
252.89941	Szöke	Nikolaus	15. 2.93	Petegede	Schloßer
253.89942	Schächter	Adolf +18.10.44	1. 9.15	Büdsent Michael	Mechanik.
254.89943	Scheffer	Zoltan	25. 1.24	Tizsaujlak	Schloßer
255.89944	Schirmann	Abraham	26.12.21	Sental	Schloßer
256.89945	Schlesinger	Andor	10. 2.27	Mohor	Dreher
257.89946	Schlesinger	Dessö	25.12.26	Budapest	Spengler
258.89947	Schlezinger	Sandor	9. 7.00	Onoro	Schloßer
259.89948	Schön	David	22. 9.06	Hidalmas	Monteur
260.89949	Schön	Ernö	12.12.97	B.Diosek	Monteur
261.89950	Schön	Mozes	7. 8.24	Marmarossziget	Monteur
262.89951	Schönhaus	Izso	4. 5.25	Klausenburg	Schloßer
263.89952	Schönhaus	Oszkar	17.11.25	Kolozsvar	Schloßer
264.89953	Schreiber	Eugen	20. 6.97	Orod	Mechaniker
265.89954	Schwarcz	Heinrich	29. 9.27	M.Kaniaog	Schloßer
266.89955	Schwarcz	Kolomon	5. 9.00	Mezönyeck	El.Monteur
267.89956	Schwarcz	Sandor	12.10.94	Ujpesti	Kupferschmied
268.89957	Schwartz	Emil	23. 1.24	Osucsa	Schloßer
269.89958	Schwartz	Janos	1. 4.24	Salonta	El.Techn.
270.89959	Schwartz	Samuel	5. 9.04	Magyar Komjat	Uhrmacher
271.89960	Stein	Gyorgy	1. 2.28	Nagyvarad	Mechaniker
272.89961	Steinmatz	Marton	31. 5.09	Marmarossziget	Automechanik.
273.89962	Stern	Adelbert	3. 3.25	Szatmarnemety	Automechanik.
274.89963	Stern	Alois	28. 6.27	Szatmar	Schloßer
275.89964	Stern	Eduard	23.12.97	Veszpren	Schloßer
276.89965	Stern	Izsak	14.11.24	Zenta	Monteur
277.89966	Sternberger	Bela	8. 5.27	Nagyvarad	Schloßer
278.89967	Sternberger	Eugen	9. 4.02	Dragcseke	Monteur
279.89968	Teszler	Jakob	28.12.25	Ugocsa Komlos	Spengler
280.89969	Teszler	Jenö	20. 4.22	Ugocsa Komlos	Schloßer
281.89970	Teszler	Kalman	15. 3.25	Kolozsvar	Mechaniker
282.89971	Ujlacai	Sandor	30. 6.25	Klausenburg	Schloßer
283.89972	Vad	Ladiszlau	25. 5.27	Nagyvarad	Automonteur
			5. 6.08	Nagyvarad	Masch.Ing.
288.	Weinberger	Ferencz	22. 3.26	Levelek	Schloßer
289.89978	Weinberger	Paul	13.10.19	Silatce	Spengler
290.89979	Weisz	Andor	1. 1.16	Farkasaszo	Mechanik.
			16. 7.25	Widsenson	Dreher
			10. 5.26	Nagyszolonta	Mechanik.
			9. 4.04	Klausenburg	Tex.techn.

0021768

KZ Buchenwald, Politische Abteilung: Neuzugänge vom 3.10.1944, 300 Häftlinge vom KZ Natzweiler zum Außenkommando Dora, S. 1 und 5, 3.10.1944 (1.1.5.1, Dokument ID 5286762; 5286766, ITS Digitales Archiv) David und Moses Schön, die am 27. September 1944 aus dem Außenkommando „Rebstock" bei Dernau zusammen mit den Fertigungsmaschinen in das Außenkommando „Dora" bei Nordhausen transportiert wurden, werden unter den laufenden Nummern 259 und 261 aufgeführt.

89.921	U Jude	4.10.44	6.12.27	ROTH	MIKLOS		4.10.44	
2	U Jude	4.10.44	4.4.11	ROTHSTEIN	MIKSA		4.10.44	
3	U Jude	4.10.44	24.9.25	ROTSCHILD	MARTON		4.10.44	
4	U Jude	4.10.44	10.5.22	ROSENBERGER	JENÖ		4.10.44	
5	U Jude	4.10.44	22.4.17	SOLOMON	HERMANN		4.10.44	
6	U Jude	4.10.44	5.2.26	SALOMON	HERMANN		24.10.44	
7	U Jude	4.10.44	26.7.01	SALOMON	JOSZEF		4.10.44	
8	U Jude	4.10.44	5.5.27	SALOMON	JOZSEF		24.10.44	
9	U Jude	4.10.44	9.7.24	SALOMON	SANDOR		24.10.44	
89.930	U Jude	4.10.44	24.9.27	SAMSON	GYORGY		24.10.44	
1	U Jude	4.10.44	17.10.24	SENENNEB	PETER		24.10.44	
2	U Jude	4.10.44	23.10.24	SILBERMANN	ROBERT		4.10.44	
3	U Jude	4.10.44	9.3.05	SILBERMANN	SANDOR		24.10.44	
4	U Jude	4.10.44	12.6.25	SPIELMANN	GYULA		24.10.44	
5	U Jude	4.10.44	26.8.85	SZEGAL	SANDOR		24.10.44	
6	U Jude	4.10.44	45.10.24	SZEKELY	LADISLAUS		24.10.44	
7	U Jude	4.10.44	24.12.96	SZILAGYI	ERNÖ		24.10.44	
8	U Jude	4.10.44	8.6.26	SZÖCS	ANDOR		24.10.44	
9	U Jude	4.10.44	14.12.94	SZÖCS	MIKSA		24.10.44	
89.940	U Jude	4.10.44	20.8.26	SZOKE	GEZA		24.10.44	
1	U Jude	4.10.44	15.2.95	SZÖKO	NIKOLAUS		24.10.44	
2	Kroate	24.11.44	10.4.13	Mazalović	Idriz	34	24.11/23.10.44	
3	U Jude	4.10.44	25.1.24	SCHEFFER	VOLTAN		24.10.44	
4	U Jude	4.10.44	26.12.21	SCHIRMANN	ABRAHAM		4.10.44	
5	U Jude	4.10.44	10.2.27	SCHLESINGER	ANDOR		4.10.44	
6	U Jude	4.10.44	25.12.26	SCHLESINGER	DEZSÖ		4.10.44	
7	U Jude	4.10.44	9.7.00	SCHLEZINGER	SANDOR		4.10.44	
8	U Jude	4.10.44	22.9.06	SCHÖN	DAVID		4.10.44	
9	U Jude	4.10.44	12.12.94	SCHÖN	ERNÖ		4.10.44	
89.950	U Jude	4.10.44	7.8.24	SCHÖN	MOZES		4.10.44	

KZ Buchenwald: Häftlingsnummern-Zugangsbuch, Nummern 86 001 - 92 000
(1.1.5.1, Dokument ID 5270296, ITS Digitales Archiv)
Mozes Schön und sein Vater David sind unter den Nummern 89 950 und 89 948 registriert.

SS- Standortführung "Mittelbau"　　　　　　O.?.,den 20.10.44
Politische Abteilung

02101-02400

Zugeteilte Häftlingsnummer

des K.L.Buchenwald der Zugängen des K.L.Natzweiler

(Rebstock) vom 27.9.44

Nr.	02/Nr.	Bu/Nr.	Name		Nr.	02/Nr.	Bu/Nr.	Name
1.	02101	89690	Aba, Rudolf		51.	02151	89740	Farkas, Guyla
2.	02102	89491	Abraham, Antol		52.	02152	89741	Farkas, Lazar
3.	02103	89692	Abraham, Andre		53.	02153	89742	Farkas, Marton
4.	02104	89693	Adler, Andras		54.	02154	89743	Feher, Josef
5.	02105	89694	Adler, Isidor		55.	02155	89744	Fein, Josef
6.	02106	89695	Adler, …		56.	02156	89745	Fein, Marton
7.	02107	89696	Adler, …					
8.	02108	89697	Adler, …					
9.	02109	89698	Aftel, …					
10.	02110	89699	Armin, …					
11.	02111	89700	Aron, S…					
12.	02101	89701	Aron, A…					
13.	02113	89702	Basch, …					
14.	02114	89703	Becher, …					
15.	02115	89704	Bender, …					
16.	02116	89705	Benjamin, …					
17.	02117	89706	Berkfel…					
18.	02118	89707	Bergida…					
19.	02119	89708	Berger, …					
20.	02120	89709	Berkovi…					
21.	02121	89710	Berkovi…					
22.	02122	89711	Blau, An…					
23.	02123	89712	Blum, M…					
24.	02124	89713	Braun, A…					
25.	02125	89714	Braun, T…					
26.	02126	89715	Braverm…					
27.	02127	89716	Breuer, …					
28.	02128	89717	Breuer, …					
29.	02129	89718	Bürger, …					
30.	02130	89719	David, Je…					
31.	02131	89720	David, Si…					
32.	02132	89721	Davidovi…					
33.	02133	89722	Davidovi…					
34.	02134	89723	Davidovi…					
35.	02135	89724	Davidovi…					
36.	02136	89725	Decker, …					
37.	02137	89726	Denes, Ja…					
38.	02138	89727	Deutsch, …					
39.	02139	89728	Deutsch, …					
40.	02140	89729	Deutsch, …					
41.	02141	89730	Deutsch, …					
42.	02142	89731	Drümmer…					
43.	02143	89732	Duft, Tibe…					
44.	02144	89733	Einhorn, …					
45.	02145	89734	Eisner, J…					
46.	02146	89735	Eizikavit…					
47.	02147	89736	Elefant, …					
48.	02148	89737	Engelman…					
49.	02149	89738	Engelmer, …					
50.	02150	89739	Farkas, An…					

\- 3 -

Nr.	02/Nr.	Bu/Nr.	Name		Nr.	02/Nr.	Bu/Nr.	Name
221.	02321	89910	Rosenbaum, Pal		261.	02361	89950	Schön, Moses
222.	02322	89911	Rosenbaum, Sander		262.	02362	89951	Schönhaus, Izso
223.	02323	89912	Rosenberg, Emil		263.	02363	89952	Schönhaus, Oskar
224.	02324	89913	Rosenberg, Jenö		264.	02364	89953	Schreiber, Eli
225.	02325	89914	Rosenberg, Josef		265.	02365	89954	Schwarcz, Henrich
226.	02326	89915	Rosenfeld, Emanuel		266.	02366	89955	Schwarcz, Koloman
227.	02327	89916	Rosenfeld, Mendel		267.	02367	89956	Schwarcz, Sander
228.	02328	89917	Rosenthal, Eduard		268.	02368	89957	Schwartz, Emil
229.	02329	89918	Rostas, Georgij		269.	02369	89958	Schwartz, Janos
230.	02330	89919	Roth, Aron		270.	02370	89959	Schwartz, Samuel
231.	02331	89920	Roth, Ferenc		271.	02371	89960	Stein, Georgi
232.	02332	89921	Roth, Miklos		272.	02372	89961	Steinmetz, Marton
233.	02333	89922	Rothstein, Miksa		273.	02373	89962	Stern, Adalbert
234.	02334	89923	Rothschild, Marton		274.	02374	89963	Stern, Alois
235.	02335	89924	Rosenberger, Jenö		275.	02375	89964	Stern, Eduard
236.	02336	89925	Salomon, Hermann		276.	02376	89965	Stern, Isaak
237.	02337	89926	Salomon, Hermann		277.	02377	89966	Sternberger, Bela
238.	02338	89927	Salomon, Josef		278.	02378	89967	Sternberger, Eugen
239.	02339	89928	Salomon, Josef		279.	02379	89968	Teszler, Jakob
240.	02340	89929	Salomon, Sandor		280.	02380	89969	Teszler, Jenö
241.	02341	89930	Samson, Georgi		281.	02381	89970	Teszler, Kalman
242.	02342	89931	Senensieb, Peter		282.	02382	89971	Ujlaszi, Sander
243.	02343	89932	Silbermann, Robert		283.	02383	89972	Vad, Ladislau
244.	02344	89933	Silbermann, Sandor		284.	02384	89973	Vadasz, Nikolaus
245.	02345	89934	Spielmann, Gyula		285.	02385	89974	Winkler, Sandor
246.	02346	89935	Szegal, Sander		286.	02386	89975	Weil, Josef
247.	02347	89936	Szekely, Ladislaus		287.	02387	89976	Weil, Sandor
248.	02348	89937	Szilagyi, Ernö		288.	02388	89977	Weinberger, Ferenc
249.	02349	89938	Szöcs, Ander		289.	02389	89978	Weinberger, Paul
250.	02350	89939	Szöcs, Miksa		290.	02390	89979	Weisz, Ander
251.	02351	89940	Szöke, Geza		291.	02391	89980	Weisz, Bernat
252.	02352	89941	Szöke, Nikolas		292.	02392	89981	Weisz, Franz
253.	02353	89942	Schächter, Adolf		293.	02393	89982	Weisz, Jenö
254.	02354	89943	Schäffer, Zoltan		294.	02394	89983	Weisz, Josef
255.	02355	89944	Schirmann, Abraham		295.	02395	89984	Weisz, Nikolaus
256.	02356	89945	Schlesinger, Ander		296.	02396	89985	Weisz, Pal
257.	02357	89946	Schlesinger, Desö		297.	02397	89986	Weisz, Peter
258.	02358	89947	Schlesinger, Sandor		298.	02398	89987	Weiss, Wilhelm
259.	02359	89948	Schön, David		299.	02399	89988	Wiener, Ferenc
260.	02360	89949	Schön, Ernö		300.	02400	89989	Wülliger, Emil

H.-Schreibstube
H.-Revier

1.A.:

SS- Unterscharführer

SS-Standortführung „Mittelbau", Politische Abteilung: Zugeteilte Häftlingsnummern des KZ Buchenwald der Zugänge des KZ Natzweiler, 20.10.1944 (1.1.27.1, Dokument ID 2541066; 2541068, ITS Digitales Archiv) Moshe Shen wird in dieser kurz vor der organisatorischen Verselbstständigung des KZ Mittelbau am 28. Oktober 1944 entstandenen Liste wieder unter dem Namen Moses Schön geführt.

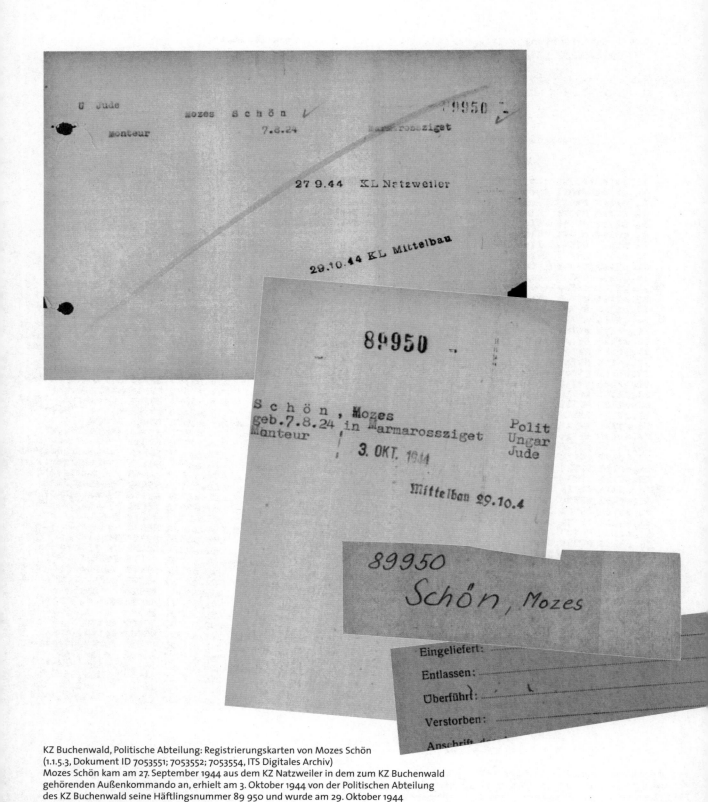

KZ Buchenwald, Politische Abteilung: Registrierungskarten von Mozes Schön
(1.1.5.3, Dokument ID 7053551; 7053552; 7053554, ITS Digitales Archiv)
Mozes Schön kam am 27. September 1944 aus dem KZ Natzweiler in dem zum KZ Buchenwald
gehörenden Außenkommando an, erhielt am 3. Oktober 1944 von der Politischen Abteilung
des KZ Buchenwald seine Häftlingsnummer 89 950 und wurde am 29. Oktober 1944
verwaltungstechnisch dem KZ Mittelbau übergeben.

22/11.	P	33401	Perchun	v	Nikolaj	11/4 25	Grippe 38,4	5.12. 3
	P	72992	Trzaskowski	v	Jan	20/5 02	Oedeme	6.12. 3
	F	41060	Stoeckel	—	Josef	23/10 65	Ulcus ventric.	22.12 3
	J	76419	Mezgec	v	Josef	30/10 04	Angina	30.11. 3
	F	49574	Zonca	—	Jean	25/7 08	Enterocolitis	4.12. K
	Jd	89956	Schwartz	v	Sandor	12/10 94	Oedeme	4.12. K
	R	83527	Wolkow	v	Feodor	8/2 05	Ulcus ventric.	22.12 3
	Jd	89950	Schön	v	Moses	7/8 24	nephritis	29.11. K
	Jd	55870	Farkas		Alex.	3/12 88	Z.B.	V † 30/11
	P	22433	Niemojewski	v	Franz	14/9 15	Tbc V - Rö	15.12. K
	P	79912	Grabowski	v	Stanisl.	4/3 17	Grippe 38	30.11. K
	R	73371	Nomerzycki	v	Kondra	2/8 19	Tbc V - Rö	3.1. K
	R	76999	Lubow	v	Wladim.	12/7 22	Tbc V - Rö	14.3. K
	P	90025	Dobrzycki	v	Edward	20/3 16	Lungen Z.B	10.1. K
	R	26119	Kavantschuk	v	Wladimir	16/9 19	Lungen Z.B	
23/11	R	10120	Starenki	v	Afanasi	5/7 16	Kniegelenk - Ente	
	P	79145	Jaszinski	v	Jerzy	23/5 24	Grippe 38,7	25.11. K
	F.	51890	Curtel	v	Jean	22/8 12	Pneum.	14.3. T
	R	64145	Tzurikow	—	Afanasij	20/2 25	Adenitis	27.11. 2
	P	79842	Opasinski	—	Mieczyslaw	1/10 19	Grippe. Pharyngitis	29.11. K
	P	27434	Leciw	v	Peter	24/7 15	Grippe	28.11. K
	F	14632	Peinturier	—	Roland	20/8 16	Conjuct. bilat.	4.12. 2
	J.K.	03193	Naldi	v	Albino	2/5 22	Grippe 38,2	25.11. K
	Asoch	91962	Wagner	—	Friedrich	17/3 95	Bronch. 38	27.11. K
	Turk.	37910	Hehmedow	v	Mohamed	25/12 16	Angina	4.12. K
	F	51170	Ponard	v	Louis	18/3 23	Grippe	29.11. K
	P	89387	Rosa	v	Marian	15/6 22	Tbc V.	26.1 5
	RJ	100014	Pohl	v	Wolfgang	6/8 21	Malaria Gr. 40	27.11. K
	J.K.	03188	Lenzini	v	Bruno	10/7 20	Grippe 39,4	15.1 K
	R.	28684	Strecha	—	Wasilij	1/10 22	Pneum.	6.12 3
	K.V.	17312	Brücke	v	Helmuth	26/7 09	Gr. Bronch.	29.11. K
	P	89065	Foltyn	—	Stanislaw	1/1 17	Herzinsuff. Pneum.	17.3 T
	F	77307	Szalkowski		Pierre	18/1 24	Enterocolitis	8.1.46
	R	46551	Koschejew		Alex.	22/12 26	Pleuritis	11.12. 44
	J	67444	Loszyn		Martin	4/1 09	Tbc. V.	V † 21.12. 44
	Jd	55473	Bürger	v	Jenö	10/1 27	Tbc. V.	22.3. 4

KZ Mittelbau-Dora: Häftlingskrankenbau: Auszug aus Verzeichnissen über Zu- und Abgänge 1944-1945
(1.1.5.1, Dokument ID 5339982, ITS Digitales Archiv)
Moses Schön wurde am 22. November 1944 im Häftlingskrankenbau wegen einer Nierenentzündung
aufgenommen und am 29. November 1944 in eine Baracke entlassen.

Effektenkammer   K.L.Buchenwald, den 2.1.1945

Betr.: K.L.Mittelbau (Dora), abgesetzt am 29.10.1944

Nachstehende Nummern sind ab sofort zu löschen, da sie
einer Aufstellung des K.L.Mittelbau zufolge diesem Lager
überstellt wurden:

5. Liste

- 14 -

KZ Buchenwald, Effektenkammer: Liste zu löschender Nummern der Effekten von
ins KZ Mittelbau-Dora verlegten Häftlingen, S. 1 und 14, 2.1.1945
(1.1.5.1, Dokument ID 5300208; 5300214, ITS Digitales Archiv)
David und Mozes Schön sind unter den lfd. Nummern 8 649 und 8 651 genannt.

KZ Mittelbau-Dora, Politische Abteilung: Postkontrollkarte von David Schön, ohne Datum
(1.1.27.2, Dokument ID 2714951, ITS Digitales Archiv)

KZ Mittelbau-Dora, Politische Abteilung: Postkontrollkarte und Registrierung von Moses Schön,
ohne Datum (1.1.27.2, Dokument ID 2715115; 2715112, ITS Digitales Archiv)

K. L. Mittelbau

Lagerarzt   5722

Nephr.
Eiw. pos.

Krankengeschichte

Name . . Schön . . . Moses . . . Nr. 8995 0 . . . . . . Block. 139.
geb. am . 7. 8. 24 . . . in. Marmarosike . . . .

- (1942 Blinddarmoperation) - - - -

Vorgeschichte: 1929 Scharlach dan – öfters Angina seit 3 Jahren
stechende Schmerzen in der beiden Nierengegend besonders beim Urinieren.
außerdem Brust und Halsschmerzen. Husten mit Auswurf. Stuhl normal
Urin – seht oft an Tage u. in der Nacht muss Urinieren.

Aufnahmebefund: Pat. in vermindertem K. u. E. Zustand. Haut – fieber unlose
Kopf, Hals – Submaxillardrüsenschwellung. Lungen – perkut. o. B.
Anskultot. – li. oben vorne rahes Atmen mit kleinblasige Rho...
Herz – tachycardie. Abdomen – o. B. Nierenlager – druck u. klopf empfindlich

Diagnose: Schnürsteten o. B.
Nieren z. B.

Therapie: Urin ⎱ Bettruhe, Schleim, Wärme.
R. R ⎰
24. 11. 44. Urin o. B.   Husten lässt nach Zustand besser
29. 11. 44. 2 Urin o. B   Zustand gut. Entlassen zum Kommando

Verlauf:

Jd   89.950/139   A

Schön Moses
              7. VIII. 24.
22. Nov. 1944 Nephritis ?
29. Nov. 1944 Entl. zum Kdo

KZ Mittelbau-Dora, Lagerarzt: Krankengeschichte Moses Schön, 29.11.1944
(1.1.27.2, Dokument ID 2715114, ITS Digitales Archiv)

KZ Mittelbau-Dora, Häftlingskrankenbau: Patientenregistrierung
(1.1.27.2, Dokument ID 2715113, ITS Digitales Archiv)
Moses Schön war am 22. November 1944 mit Verdacht auf Nierenentzündung in den Häftlingskrankenbau aufgenommen worden. Die Verordnung von Bettruhe, [Hafer]Schleim, Wärme
besserte seinen Zustand, weshalb er am 29. November 1944„ zum Kommando" entlassen wurde.

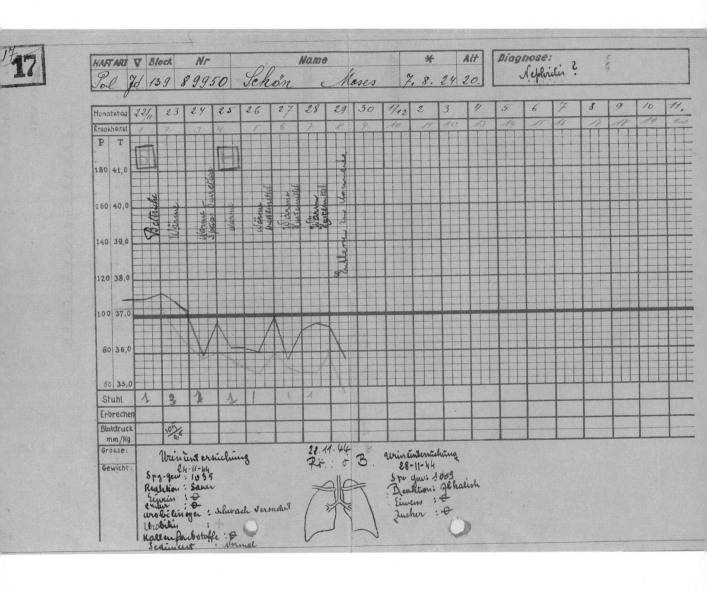

KZ Mittelbau-Dora, Häftlingskrankenbau: Krankenblatt Moses Schön, 22. - 29.11.1944
(1.1.27.2, Dokument ID 2715114, ITS Digitales Archiv)

Allied Expeditionary Forces: D.P. Registration Record von Moses Schön, 6.2.1946
(3.1.1.1, Dokument ID 69222476, ITS Digitales Archiv)

Allied Expeditionary Forces: D.P. Registration Record von Moses Schön, 24.2.1947 (Duplikat)
(3.1.1.1, Dokument ID 69222477, ITS Digitales Archiv)

Stadtkreis Celle ITS 031 CATEGORY "A" / Kategorie: "A"

Fewirek (handwritten)

COPY 1 der / 55 Search Bureau (stamp) Palästina (handwritten)

am 17. 6.1946 in Celle polizeilich gemeldeten Ausländer (Palästina).
55 Search Bureau

Lfd. Nr.	Name	Vorname	Geburts- tag	Ort	letztbekannte Wohnung	Tag der Anmeldung
1	Fuks	Szamar	10.10.27	Tel.-Awico	Neue-Str. 12	19. 9.45
2	Schön	Moses	7. 8.30	Sighet	Bullenberg 4	10.11.45
3	Schön	David-Dezsö	22.9.06	Hida/Rumän.	" " 4	1. 6.45

B/BR 3

ITS 033 F-8-135-HU DOCUMENT No.
(9890) (circled)

Ausländische Patienten ungarischer Nationalität
in der Zeitvom 1.9.39.-8.5.1945.im Hilfskr. Haus Berufsschule Celle

Nr.	Name u. Vorname	Geburtsdat. u. Ort	Heimatanschr.	Zeit u. Grund d. Behandlung
127.	Forkos-Lujbi Jngbert	10.10.22. Ruskowe	Ruskowe	Leistenbruch 14.4.-20.4.45.
276.	Schön Mons	7.8.30.	fehlt	Verd.a.Lungentb 7.5.-11.5.45.
277.	Schön — David	22.9.06.	"	Verd.a.Lungentb 7.5.-11.5.45.
278.	Engerstein Jsaak	14.2.21.	"	Verd.a.Lungentb 7.5.-11.5.45.
279.	Traub Abraham	5.7.24. Oberwiczo	Oberwiczo	Verd.a.Lungentb 7.5.-6.7.45.
280.	Dromer Zsnel	6.10.25. Jsarsatschol	Jsarsatschol	Verd.a.Lungentb 7.5.-6.7.45.
281.	Gans David	15.4.22.	fehlt	Verd.a.Lungentb 7.5.-18.5.45.
282.	Stern Mandel	26.10.27. ? ?	"	? ? 7.5.-22.5.45.
283.	Treißler Simon	16.10.25.	"	? ? 7.5.-24.5.45.
284.	Maneck Herrmann	21.1.25.		? ? 7.5.-23.5.45.
285.	Kirchenbaum Jsrael	19.6.27.		? ? 7.5.-18.5.45.
287.	Lebowutsch Otto	26.12.28.		? ? 7.5.-24.5.45.

Stadtkreis Celle: Liste der am 17.6.1946 in Celle polizeilich gemeldeten Ausländer (Palästina), ohne Datum (2.1.2.1, Dokument ID 70592385, ITS Digitales Archiv)
Unter der laufenden Nummer 2 wird Moses Schön aufgeführt, der seit dem 10. November 1945 zusammen mit seinem Vater unter der Adresse Bullenberg 4 gemeldet ist.

Hilfskrankenhaus Berufsschule Celle: Ausländische Patienten ungarischer Nationalität in der Zeit vom 1.9.39 - 8.5.945, ohne Datum (2.1.2.1, Dokument ID 70592927, ITS Digitales Archiv)
Moses und David Schön befanden sich ausweislich der Nummern 276 und 277 der Aufstellung vom 7. bis 11.Mai 1945 wegen des Verdachts auf Lungenentzündung in stationärer Behandlung im Hilfskrankenhaus Berufsschule.

Verzeichnis der ehem. Kz.-Häftlinge, die z. Zeit in Hannover
ansässig sind!

- 1 -

Abelmann, Robert	19. 11. 07	Hannover	Deutscher
Abraham, Heinrich			

Abelmann, Robert
Abraham, Heinrich
Ackenhausen, Karl
Ackermann, Richard
Aderhold, Wilhelm
Adler, Julius
Adler, Max
Adam, Wilhelm
Aichinger, Christi
Aldag, Marie
Alisch, Eduard
Altenhoff, Friedri
Altscher, Berta
Andrä, Ludwig
Andres, Josef
Anger, Karl
Apel, Rita
Apel, Robert
Armbrecht, Konrad
Artmann, Anni
Asche, Agnes
Astel, Leon
Augustin, Bernd, Ha
Auras, Eduard
Axel, Gustav
Baak, Fritz
Bach, Alfred
Bachmann, Felix
Baer, Claus
Baeseke, Hans
Bahlmann, Luci
Bähre, August
Ballerstedt, Walter
Ballhause, Karl
Balling, Auguste
Balke, Johann
Balkuweit, Werner
Balsam, Chaim
Bamberger, Emma
Bamberger, Maria
Banger, Karla
Bantelmann, Friedric
Bart, Moses
Bartels, Johanna
Barthner, Loise
Basch, Lotte
Banze, Anneliese
Baumgartner, Johann
Becker, Martha
Brecker, Marianne
Becker, Wilehm
Beckmann, Friedrich
Beckmann, Otto

- 159 -

			geb.		in			
Schlonski	Viktor		15. 5. 1914	in	Lodz	Poln.J.	Feldafing
Schlossberg	Chaja	"	15. 4. 1928	"	Wilna	"	J. München
Schlossberg	Hirsch		15. 5. 1913	"	Iluks	Lett.J.	Bielefeld
Schlüssel	Chaim		15. 1. 1902	"	Tranozek	Poln.J.	München
Schmaragd	Renia		16. 6. 1922	"	Lodz	Poln.J.	Hannover
Schmeiser	Jacob		10. 9. 1930	"	Krakau	Poln.J.	Flossenbu
Schmerling	Hela		15. 3. 1925	"	Lodz	Poln.J.	Durchreise
Schmidt	Albert		10.11. 1915	"	Darmstadt	staatl.	Frankfur
Schmidt	Irene		19. 1. 1919	"	Warszawa	Polin	Northeim
Schmidt	Jankel		23.12. 1906	"	Dombrowa	Poln.J.	Frankfur
Schmidt	Josef		4.10. 1917	"	Renkersleben	ung.J.	Durchr.
Schmidt	Josia		31. 3. 1912	"	Stochnic	Poln.J.	Münch
Schmidt	Stanislaw		5. 5. 1906	"	Budzechow	Pole	Fallingb
Schmidtmeier	Nicolai		3. 2. 1926	"	Bistreica	rum.J.	Althaus
Schmilefski	Kasimir		12. 2. 1910	"	Lischinek	Pole	München
Schmitz	Happi		29. 3. 1923	"	Bukarest	rum.	Durchre
Schmulewicz	Abraham		6. 7. 1920	"	Belchtow	Pol.J.	Durchre
Schmulewicz	Hersch		18. 9. 1929	"	Krakau	Poln.J.	"
Schmulewicz	Joine		20. 3. 1901	"	Lodz	Poln.J.	"
Schmulewitz	Israel		21. 6. 1922	"	Petrikau	Poln.J.	"
Schmulewitz	Leib		14. 3. 1914	"	Sokolniki	Poln.J.	Münch
Schmulewicz	Luba		19. 6. 1921	"	Sokolniki	Poln.J.	Münche
Schmulewitzsch	Meier		10. 7. 1915	"	Lodz	Poln.J.	Münch
Schnabel	Eva		28. 3. 1925	"	Raab	ung.J.	Bergen
Schnabel	Leba		26.10. 1926	"	Lodz	Poln.J.	Hanno
Schnabel	Magda		16. 2. 1903	"	Mischkolz	ung.J.	Berger
Schnall	Gerson		18. 6. 1920	"	Milce	Poln.J.	Landst
Schnapel	Idel		4. 10. 22	"	Lodz	Poln.J.	Hannov
Schnapper	Isaak		30. 4. 1927	"	Lodz	Poln.J.	Hannov
Schnegutzki	Viktor		11. 5. 1912	"	Teklinuw	Poln.J.	Durchr
Schneider	Mendel		18. 1. 1914	"	Haifa	Poln.J.	Durchr
Schneidmann	Max		30. 8. 1915	"	Riga	Lette	Durchr
Schneidemann	Rudolf		9. 8. 1881	"	Kisinow	staatl.J.	"
Schneider	Eva		5. 5. 1913	"	Warschau	Poln.J.	Durchr
Schneider	Dina		29.10. 1920	"	Krakau	Poln.J.	Durchr
Schneider	Isaak		6. 3. 1924	"	Prujana	Poln.J.	Durchr
Schneider	Josef		5. 1. 1923	"	Heifa	staatl.	Bergen
Schneider	Moses		9. 3. 1921	"	Lublin	Poln.J.	Frankf
Schneiderman	Isaak		29. 3. 1912	"	Lodz	Poln.J.	"
Schneidermann	Salomon		10.10. 1923	"	Riga	Lett.J.	Neusta
Schneidmann	Rachela		18. 9. 1918	"	Wilna	Poln.J.	Berger
Schnelmann	Szmul		25. 5. 1925	"	Ostroves	Poln.J.	Durchr
Schnitzer	David		16. 8. 1924	"	Auschwitz	Poln.J.	"
Schnitzer	Ilka		6. 2. 1927	"	Krenau	Poln.J.	Münch
Schnitzer	Rosa		26.12. 1928	"	Trzekima	Poln.J.	Münche
Schnitzer	Ilko		19. 2. 1924	"	Charnow	Poln.J.	Münche
Schnitzler	Elisabeth		18. 3. 1920	"	Sekuheny	rum.J.	Durchre
Schnitzler	Margarete		20. 8. 1918	"	Sekuheny	rum.J.	Durchre
Schoffel	Nathan		15. 8. 1903	"	Zamose	Poln.J.	Münche
Schoffel	Schetan		6. 7. 1912	"	Warschau	Poln.J.	Münche
Schön	Moses		7. 8. 1930	"	Sziget	rum.J.	Rehburg
Schön	Anni		1. 6. 1922	"	Mateszalka	ung.J.	Bergen
Schön	David		22. 9. 1906	"	Njda	Pal.J.	Hannove
Schön	Roszi		14.11. 1911	"	Erci		Ungarn
Schönau	Bernhard		7. 7. 1918	"	Jesewitz	Pole	Durchre
Schönbach	Ludwik		1. 5. 1909	"	Krakau	Poln.J.	Durchr

Hauptausschuss ehemaliger politischer Verfolgter, Hannover:
Liste der ehem. Kz.-Häftlinge, die z. Zeit in Hannover ansässig sind, S. 1 und 159, 1946
(3.1.1.3, Dokument ID 78795205; 78795256, ITS Digitales Archiv)
David und sein Sohn Moses werden auf S. 159 geführt.

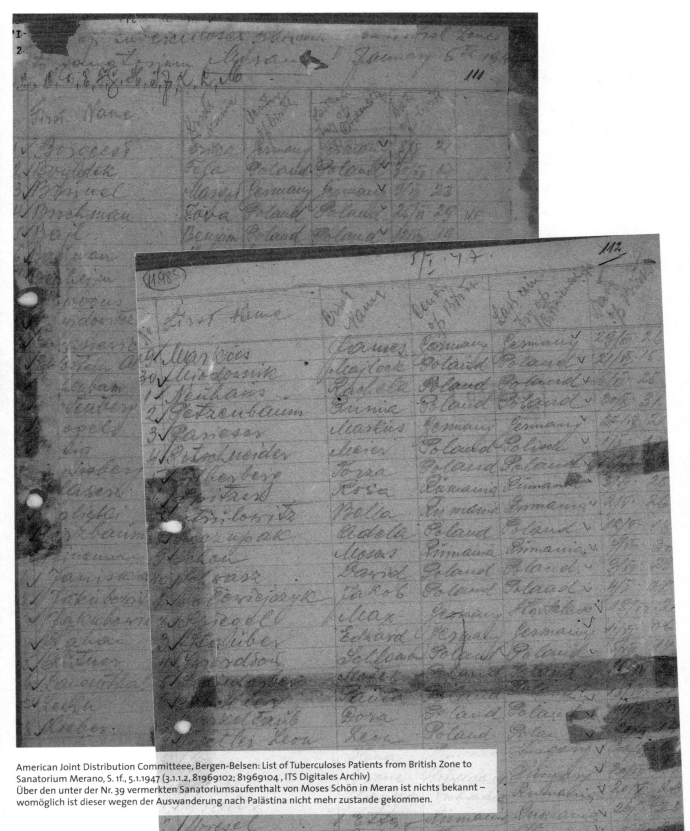

American Joint Distribution Committeee, Bergen-Belsen: List of Tuberculoses Patients from British Zone to Sanatorium Merano, S. 1f., 5.1.1947 (3.1.1.2, 81969102; 81969104 , ITS Digitales Archiv)
Über den unter der Nr. 39 vermerkten Sanatoriumsaufenthalt von Moses Schön in Meran ist nichts bekannt – womöglich ist dieser wegen der Auswanderung nach Palästina nicht mehr zustande gekommen.

AMERICAN JOINT DISTRIBUTION COMMITTEE LOCATION SERVICE BELSEN-CAMP

Den

Surname Schön   First Name Dawid

Previous Name   Birthdate 22.9.06

Birthplace Hida   Nationality Roumanian

Present Address   Address before Deport

Name of Father   Name of Mother

Information Learned about above person Palestine 27.6.47

CENTRAL COMMITTEE OF LIBERATED JEWS IN THE AMERICAN OCCUPIED ZONE

Name: Schön

Vorname: Moses

Vatersname:

Geboren am: 1930

Geburtsort: Siget

Beruf:

Jetzige Adresse: Bergen-Belsen Lager 5/30

Ausstellungs-Datum: Juli 1947

American Joint Distribution Committee, Location Service Belsen-Camp: Registrierungskarte vonDawid Schön, 27.6.1947 (3.1.1.1, Dokument ID 69222252, ITS Digitales Archiv)

Central Committee of Liberated Jews in the American Occupied Zone: Registrierungskarte von Moses Schön, Juli 1947 (3.1.1.1, Dokument ID 69222473, ITS Digitales Archiv)

CENTRAL LOCATION INDEX, INC.

3-1034 — BERGEN BELSEN, GERMANY   Rec'd from: JDC European Emigr. HQ
(British Zone)   23 rue Dumont D'URville
                                                    Paris 16, France
10,785 persons of various nationalities   Their list # L-2859
residing at Bergen Belsen,

Full name; birth date and   Date of List: Current
place; block number, where   (Rec'd by CLI: August 1947)
known.

| (1193) | 121 | | | F-18-40/06 |
L.N.	Name u. Vorname		Geburtsdatum	Geburtsort	Blok
541.	Szmuklerski	Estusia	21.10. 1918	Lodz	51
2.	Szmulewicz	Regina	5.12. 1915	Wielun	29
3.	"	Zysla	15. 6. 1922	Brzeziny	42
4.	"	Hersz	15. 2. 1929	Krakow	42
5.	"	Szmul	8. 4. 1914		54
6.	"	Jankiel	30. 1. 1898	Sluck	54
7.	"	Ruchla	27. 4. 1904		54
8.	"	Bina	9. 9. 1927		51
9.	"	Cheskiel	6. 5. 1920	Lodz	52
550.	"	Gronom	9. 8. 1920	"	52
1.	"	Hersz	6.12. 1924		35
2.	"	Berek	1. 4. 1922	Oswiecim	35
3.	"	Itka	9.10. 1918		Inter.
4.	Sznabel	Magda	23. 2. 1905	Misrolcz	"
5.	"	Zusanne	28. 3. 1929	Györ	
6.	"	Ewa	15.10. 1925		36
7.	"	Chil	18. 9. 1926	Rojowiec	K. 8
8.	Sznajd	Janina	18.12. 1939	Sembor	42
9.	Sznajder	Dow	25. 3. 1922	Lida	52
560.	"	Szymon	4. 2. 1908	Kiszeniew	49
1.	"	Herman	6.11. 1910	Wielka	30
2.	"	Mosze	28. 6. 1917	Lipka	36
3.	"	Michal	5. 6. 1919	Siemiatycze	47
4.	"	Mendel	18. 1. 1914	Lodz	59
5.	"	Jasza	10. 5. 1924	"	50
6.	"	Moniek	9. 3. 1921	Lublin	38
7.	Sznajderman	Motek	20. 8. 1919	Zawiercie	23
8.	Sznal	Geszon	18. 6. 1920	Mielec	23
9.	"	Jakub	26. 3. 1923		60
570.	"	Menfred	9.10. 1919	Horodenko	43
1.	"	Abrem	3. 9. 1922	Kolbusz owa	71
2.	Sznaper	Luba	3. 8. 1925	Wilno	60
3.	"	Abram	15. 5. 1918	Lodz	46
4.	"	Idel	10. 3. 1920	Sieradz	54
5.	Sznyc	Estera	8.12. 1914	Wilno	60
6.	Szyncer	Pinkes	23. 5. 1925	Bialystok	27
7.	Sznycerman	Chaim	27. 3. 1926	Wroclaw	76
8.	"	Mania	16. 9. 1923	Tuchow	76
9.	"	Majer	16. 4. 1914	Z awitala	53
580.	Szobel	Klata	7. 2. 1929	Wegry	59
1.	Szofel	Natan	15. 8. 1903	Zamosc	30
2.	Szor	Sergin	1. 8. 1925	Bukareszt	44
3.	Szoten	Aron	9.12. 1923	Lodz	49
4.	Szen	Albert	10.10. 1920	Hust	30
5.	"	Mosze	7. 7. 1930	Siget	49
6.	Szenfeld	Marie	8. 6. 1914	Drohobycz	29
7.	Szentel	Nacha	27. 9. 1922	Chrzanow	27
		Bajla	19. 2. 1924	"	27
		Josef	6.12. 1918	"	27
		Moniek	8. 3. 1916		K.
		Izek	1. 1. 1918	Rojowiece	"
		Henia	1. 9. 1946	Belsen	"
		Mania	10. 7. 1921	Warszewa	"
		Chil	3. 6. 1922	Rojowiec	
4.	"				

American Joint Distribution Committee, European Emigration Headquarters, Paris:
Persons of Various Nationalities Residing at Bergen-Belsen, S. 1 und 121, August 1947
(3.1.1.2, Dokument ID 81968349; 81968471, ITS Digitales Archiv)
Mosze Szen wird mit dem Geburtsdatum 7.7.1930 als Nr. 585 geführt. Als Unterkunft
wird der Block 30 angegeben.

Liste der D.Ps. gem Technische Instruktion Nr. 6 912/513/M.G.194

Lfd.Nr.	Name	Vorname	Wohnung in Celle	Bemerkungen.
1	Abramomowicz	Sara	Wehlstr. 2	nicht erschienen 20
2	Abramowies	Bronia	Wehlstr. 5	
3	Adler	Rachel	Am Hlg. Kreuz 24	ITS 071
4	Akermann	Eduard	Hugenottenstr. 3	
5.	Altmann	Leiser	Wehlstr. 2	
6.	Andrejewski	Johann	Neustr. 8	z.Zt. verreist
7.	Anrzeierski	Stanislaus	Riemannstr. 34	nicht erschienen
8.		Stephan	Riemannstr. 34	"
9.	Antmann	Lonak	Steintor 14 B	nicht erschienen
1o.		Natan		"
11	Apel	Moritz	Jägerstr. 21	"
12.	Beckermaschin		Bluelage 12	"
13	Beneskowski			
14	Berger			
15	Bester			
16	Birenbaum			
17	Blaugrund			
18	Boymann			
19	Bornfreund			
2o	Brenko			
21	Brin			
22	Chmielewski			
23	Chojna			
24	Chyla			
25	Ciranko			
26	Cukiermann			
27	Cycanowiez			
28	Czynermann			
29	Derewinska			
3o	Derkosz			
31	Dreinudel			
32	Dudek			
33				
34	Dziatowski			
35	Dziwek			
36	Figa			
37	Fischel			
38	Fränkel			
39	Glab			
4o	Golex			
41	Goldstein			
42	Goldstein			
43	Gollenbyawsky			
44	Graubart			
45	Grubner			
46	Grim			
47	Grünberg			
48	Grusmann			
49	Gutermann			
5o	"			
51	Hager			
52	Hersztenberg			
53				
54	Hochmic			
55	Horowics			
56	Introligator			
59	Justmann			
6o	Kalb			
61	Kaptou			

Lfd.Nr.	Name	Vorname	Wohnung in Celle	Bemerkungen
186	Katz	Tilda	Spörkenstr. 17	nicht erschienen
187	Lakx	Eva	Wehlstr. 8	" 20
188	Marmor	Hilde	Wehlstr. 2	"
189	Marmor	Ilona		ITS 074
19o	Polak	Franz	Weingarten 6	blwibt wohnen
191	Weinberger	Adolf	Heimstättenstr. 7	nicht erschienen
192	Adem	Alma	Mühlenmasch 1	bleibt wohnen
193	Adam	Betti	Kreuzgarten 27	z.Zt. verreist
194	Ajchenbaum	Isak	Im Kreise 22	nicht erschienen
195	Cukiermann	Szymon	Ital.Garten 15	
196	Czarney	Josef	Im Kreise 23	
197	Dietrich	Angelika	Mühlenmasch 1	bleibt wohnen
198		Gisela		
199	Felmann	Arom	Im Kreise 22	nicht erschienen
2oo		Leib		
2o1	Fiszer	Chil	Ital. Garten 15	"
2o2	Goldbrand	Josef	Müllnerstr. 29	"
2o3	Gruber	Josef	Bergstr. 6	"
2o4	Grünberg	Moschek	Ital.Garten 15	nicht erschienen
2o5	Harder	Rosa	Kreuzgarten 27	"
2o6	Zempler	Israel	Wittingerstr. 40	"
2o7	Klein	Eugen	Braunschweiger-Heerstr. 48	"
2o8	Klein	Ewald	Wohnwagenplatz 2	bleibt wohnen
2o9	Kussmann	Josef	Jägerstr. 31	z.Zt. verreist
21o	Leser	Nathan	Wittingerstr. 40	nicht erschienen
211	Medrzycki	Samuel	Im Kreise 11	"
212	Pik	Auwen	Im Kreise 22	"
213	Reich	Leib	St. Georgstr. 51	"
214	Reich	Samoel		"
215	Rotberg	Lili	Trift 30	"
216	Schächter	Dora	Hoppenstedtstr. 2	"
217	Schwartz	Judith	Lünebg. Str. 18	"
218	Reinlich	Magdalene	Mühlenmasch 1	"
219	Altmann	Eugen	Lauterbergweg 3	soll sich die meist Zeit in Lager Belsen aufhalten
22o	Bartos	Alexander	Grabensseestr. 14	bleibt wohnen
221	Etinger	Franke	Trift 30	nicht erschienen
222	Frisch	Tibor	Bergstr. 6	
223	Fuks	Szamar	Neustr. 12	
224	Hochmann	Alexander	Trift 2	
225		Agnes		
226	Reinhardt	Isabella	Bremer-Weg 169	bleibt wohnen
227	Schön	David-Dezso	Bullenberg 4	
228	Schön	Moses		nicht erschienen
229	Weinstangl	Tibor	Braunhirschstr. 13	soll in Lager Belsen im Lazarett sein
23o	Weiss	Ilonka	Altencellertor.str. 1	Bleibt wohnen
231	"			

Stadt Celle: Liste der D.Ps. gemäß Technische Instruktion Nr. 6 (Nachforschung nach Ausländern),
S.1 und 4, ohne Datum (2.1.2.1, Dokument ID 70593973; 70593976, ITS Digitales Archiv)
Nach dieser Unterlage, die David und Moses Schön unter den Nummern 227 und 228 führt,
sind beide „nicht erschienen".

(12590)

Persons who sailed for Palestine
via Marseille on S/S "Providence" on 4/5.47   PALESTINE
TRANSPORT
(Transport organized by Hias from the Brit. Zone
of Germany)   Page 1

F-18-315

No.	SURNAME	FIRST NAME	PLACE OF BIRTH	BIRTH DATE	NATIONALITY IF STATELESS FORMER NAT.
1-	BUKS	Elieser	Lodz	1/30/28	Polish
2-	BAUM	Frieda	Staszów	4/10/25	"
3-	BERGER	Alter	Kalisz	1/1/09	"
4-	BERGER	Chana	Sosonowicz	7/15/12	"
5-	BUGAJSKA	Lilli	Zolinska-Wala	5/25/16	"
6-	BREM	Hela	Pietrokow	11/18/14	"
7-	BREM	Marek	"	9/12/37	"
8-	BARAN	Wolff			
9-	BLOCK	Sulom			
10-	CUKIER	Lieb			
11-	BLAJMANN	Israel			
12-	CIESZYMSKI	Mordka			
13-	DANSIGER	Sala			
14-	DANCIGER	Abraham			
15-	BARAN	Piroska			
16-	BRONER	Liba			
17-	CZIKOWA	Mirjam			
18-	ELBAUM	Rubin			
19-	EDELMAN	Rachmil			
20-	CHAJMOWICZ	Uszer			
21-	DOBRZYNSKI	Lieb			
22-	APPEL	David			
23-	EISTER	Wanda			
24-	PAJLER	Icek			
25-	EISIKOWICZ	Adalbert			
26-	PETT	Tauba			
27-	EISIKOWICZ	Paula			
28-	EHRLISCH	Sara			
29-	EISLER	Klara			
30-	FAJTLOWICZ	Szulim			
31-	FEFER	Herzl			
32-	FINKELMAN	Eliesa			
33-	FISCHER	Israel			
34-	GRYNBLAT	David			
35-	FISCHER	Piri			
36-	Fischer	Gizi			
37-	FISCHER	Essti			
38-	FISCHER	Gizi			
39-	FISCHER	Klari			
40-	ROTZTAJN	Chaim			
41-	FERENC	Henrich			
42-	FERENC	Sara			
43-	FEFER	Gitla			
44-	HERBSTMAN	Herz			
45-	HALISZEWICZ	Abraham			
46-	GANC	Herman			
47-	GANC	Piri			
48-	GOTLIB	Abram			
49-	GOTLIB	Laja			
50-	GOTLIB	Chasia			

(12590)

PALESTINE
TRANSPORT
Page 2

F-18-315

No.	SURNAME	FIRST NAME	PLACE OF BIRTH	BIRTH DATE	NATIONALITY IF STATELESS FORMER NAT.
51-	KATONA	Szizi	Bolzon	5/13/26	Ungary
52-	GOLDSTEIN	Ida	Bendzin	12/27/22	Poland
53-	GOLDSTEIN	Salomon	Nowy-Seriecz	12/10/17	"
54-	JAFFE	Mala	Kalioz	10/17/28	"
55-	LIEBERMAN	David	Siedlce	10/1/25	"
56-	MENDZELEWSKA	Perla	Rojowioz	9/10/16	"
57-	LAUFER	David	Jaroslaw	2/1/29	"
58-	JAFFE	Ida	Kalioz	6/2/26	"
59-	KALICHMAN	Gutta	Josefow	1/3/24	"
60-	KALICHMAN	Krancia	"	1/11/32	"
61-	LEJZERSON	Szaja	Lodz	8/10/27	"
62-	KOLENDER	Frida	Oswiencim	2/28/29	"
63-	KOWADIO	Honrik	Plock	10/10/09	"
64-	KOWADIO	Myriam	Lwow	11/9/05	"
65-	POTOK	Ada	Sosnowicz	4/24/26	"
66-	POTOK	Pinkus	Kelco	8/18/23	"
67-	MOSCHENBERG	Natan	Przemysl	1/15/24	"
68-	MAJER	Ariela		10/11/33	"
69-	MAJER	Klara	Sosnowicz	3/12/97	"
70-	LIPSCYC	Regina	Siget	5/25/21	"
71-	PREISLER	Bluma	Dragodwesti	1/7/26	"
72-	PREISLER	Rosyl	Sosnowicz	1/2/25	Roumania
73-	LIPSCYC	Leo	Safosali	12/24/07	Poland
74-	OSTREICHER	Margit	Warsow	7/17/24	Hungary
75-	FADEWSKI	Nachman	Koyunico	6/13/27	Poland
76-	MAJDAN	Estara	Grabuv	5/8/13	Poland
77-	MAJDAN	Ichak	Klosenberg	3/8/09	"
78-	LEIB	Jona	Warsaw	11/5/21	Roumania
79-	KISS	Ichak	Siget	11/11/18	Poland
80-	SCHON	Moses	Sosnowicz	8/7/30	Roumania
81-	RAJMAN	Henrick	Katovice	8/3/24	Poland
82-	KOKOTEK	Rachela	Vyszkow	11/3/27	"
83-	OBARZANEK	Sara		12/21/28	"
84-	OBARZANEK	Estara	Smogon	4/21/26	"
85-	MILIKOWSKA	Ida	Danzig	5/20/26	Danzig
86-	CHEIN	Baruch	Lwow	6/6/22	Poland
87-	MARKOWSKA	Olga	Warsow	4/18/19	"
88-	MARKOWSKA	Dabia	Kovna	12/7/43	Lithuania
89-	MEDALIA	Janet	Lodz	11/10/23	Poland
90-	PERLMAN	Balla	Vilna	6/10/24	"
91-	MENDELSON	Elia	Borso	10/26/27	Roumania
92-	ZELMANOWICZ	Samuel	Warsow	2/13/21	Poland
93-		Jacob	Wolomin	6/1/21	"
			Hajdisobolo	18/20/16	Hungary
			Lublin	7/27/25	Poland
			Budapest	6/25/07	Hungary
97-	KRLUSZ	Tibor	Siget	4/18/20	Roumania
			Krascuk	4/18/26	Poland
99-	NEUMAN	Abram		3/1/15	Poland
100-	NEUMAN	Foiga		2/1/17	

Hebrew Immigrant Aid Society: List of Persons who Sailed for Palestine via Marseille on
S/S Providence, 5.4.1947 (3.1.1.3, Dokument ID 78779686; 78779687, ITS Digitales Archiv)
Moses Schön ist unter Nr. 80 aufgeführt.

der Glaubensjuden, die nach dem 16. Juni 1933 in der
Stadt Celle zur Anmeldung kamen.

Lfd. Nr.	Name	Vorname	Geburtstag	Geburts-ort	Tag der Abmeldung	Bestimmungsort	Bemerkungen
1.	Brojtmann	Rosa Charlotte	4. 2.1913	Hannover	14.12.1938	Hannover	
2.	Brumsack	Ruth	24. 6.1921	Lehrte	30. 4.1938	Hannover	
3.	Feingersch	Sally	19. 1.1922	Ovelgönne	14.10.1938	Palästina	
4.	Feingersch	Marie Sara	21.10.1911	Odessa	28.10.1937	Lüneburg	
5.	Feingersch	Hermann Israel	16. 6.1927	Celle	19. 9.1941	Burg/Celle	
6.	Feingersch	Benjamin Israel	17.12.1925	Oldau	20.11.1940	Jessen/Sommerfeld	
7.	Feingersch	Elias	19. 7.1923	Oldau	1. 3.1938	Berlin	
8.	Feingersch	Fanny Sara	2.10.1918	Oldau	25. 3.1939		
9.	Feinger...						
10.	Feinger...						
11.	Hesse						
12.	Hesse geb. Le...						
13.	Friedhe...						
14.	Friedhe...						
15.	Badensk...						
16.	Saenger...						
17.	Schickl...						

Lfd. Nr.	Name	Vorname	Geburts-tag	Geburts-ort	Tag der Abmeldung	Bestimmungs-ort	Bemerkungen
18.	Schloss	Hermann Israel	2. 7.1872	Gleiderwiesen	29.10.1940	Leipzig	
19.	Schneider	Hilda Sara	12.11.1916	Hannover	25. 8.1941	Hannover	
20.	Schön	Moses	7. 8.1930	Sighel	20. 9.1947	Palästina	
21.	Seligmann	Erna	28.11.1902	Pewsum	1.10.1937	Einbeck	
22.	Wellies geb. Katz	Rosa Sara	15.10.1886	Nordhausen	11. 3.1941	Hannover	
23.	Marcus verehel. Joel	Edith	14. 6.1912	Steele/Essen	1. 1.1939	Berlin	
24.	Maas	Klara	22.10.1921	Giessen	16.11.1938	Mardorf/Marburg	
25.	Kronheim	Edith	29. 5.1918	Stettin	1. 7.1938	Stettin	
26.	Holländer	Erna	11.10.1900	Frankfurt	15.12.1936	Frankfurt/M	
27.	Cahn geb. Bornheim	Rosa Sara	17. 9.1862	Oerlinghausen	28.11.1939	Hamburg	
28.	Würzburger	Jeanette	13. 8.1882	Wiesbaden	29.11.1938	Hannover	
29.	Loewenthal	Edith	14. 9.1916	Anmund	14. 8.1934	Vegesack	
30.	Alexander	Richard	11. 8.1909	Gehrden	16. 1.1935	Gehrden	
31.	Pojur	Heinz-Joachim	23.7.1919	Berlin	15. 1.1939	Breslau	
32.	Braunschweiger	Theodor	6. 11.1909	Burghausen	20.12.1938		unbek.verzogen amtl. gel angebl. Shanghai
33.	Rosenthal	Fritz	18. 5.1908	Breslau	20.11.1938	Tel-Aviv	
34.	Rosenthal geb. Lotheim	Irma	5. 1.1905	Dormun	20.11.1938	Tel-Aviv	
35.	Rosenthal	Julius	17. 8.1935	Tee-troi Palästina	20.11.1938	Tel-Aviv	

3

Stadt Celle: Aufstellung der Glaubensjuden, die nach dem 16. Juni 1933 in der Stadt Celle zur Anmeldung kamen, S 1f., 17.1.1963 (1.2.5.1, Dokument ID 121852308, 12852309, ITS Digitales Archiv)
Moses Schön hat sich nach dieser Unterlage am 20. September 1947 mit dem Ziel „Palästina" abgemeldet.

LISTE DER VERZOGENEN GEMEINDEMITGLIEDER:

C.L.I. APR 27 1948   S-1076

Lfd Nr.	Name	Vorname
1.	Abewitz	Aren-Lajb
2.	Appelstein	Rosa
3.	Abromewitsch	Bronia
4.	Adler	Rachela
5.	Abrahamer	Rosa
6.	"	Salek
7.	Bajmann	Chana
8.	Berger	Abram
9.	Brandsdorfer	Lee
10.		Heinrich
11.	Birnbaum	Amalie
12.	Bodner	Henryk
13.	Bergwein	Tofel
14.	Berkowitz	Ignatz
15.	Belda	Helga
16.	Bergstein	Taddy
17.	Berger	Aleksander
18.	Benskowska	Maryla
19.	Chajna	Alter
20.	Cimmermann	Rachela
21.	Cronberger	Hilde
22.	Cyrskowiecz	Esta
23.	Czarny	Josef
24.	Czwicklicer	Wilhelm
25.	"	Luise
26.	"	Erwia
27.	"	Lotte
28.	"	Gerherd
29.	Crede-Hoerder	Gertrud
30.	Dmiski	Leon
31.	Dreinudel	Chaskiel
32.	"	Tauba
33.	Deutsch	Adolf
34.	"	Lili
35.	"	Jakob
36.	Danziger	Meier
37.	Enger	Frimeta
38.	Ettinger	Franke
39.	Einhorn	Doris
40.	Fieber	Artur
41.	Friese	Hans
42.	Feber	Leo
43.	Friedmann	Margot
44.	"	Lili
45.	"	Elisabeth
46.	Frieschler	Leo
47.	Farbiarz	Ignatz
48.	"	Elisabeth
49.	Feder	Margareta
50.	Frisch	Tiber
51.	Filz	Henriette
52.	Frankenberg	Aren
53.	Gutermann	Arie
54.	Goldwasser	Masza
55.	Granatstein	Simon
56.	Graubart	Hela
57.	Cenc	Marian
58.	Grojnewska	Liba
59.	Golmann	Hilde
60.	Goldband	Josef
61.	Gutermann	Liba
62.	"	Chana
63.	Goldberg	Zelig
64.	Goldstein	Cesia
65.	"	Gerschon
66.	Haertz	Georg
67.	Hersztenberg	Pinkus
68.	"	Marka
69.	Herschkewitz	Ewa
70.	Hendlisz	Hela

(2)

C.L.L. S-1076   APR 27 1948

Lfd.Nr.	Name	Vorname	Geburtsdatum.
71.	Heiszryk	Arie	1.5.08.
72.	"	Sonia	15.2.0.
73.	Introligator	Johann	16.11.09.
74.	"	Rosa	15.12.20.
75.	Jelen	Moritz	
76.	Josefewicz	Lili	17.3.28.
77.	Kühnreich	Josef	25.5.12.
78.	Krug	Genia	8.10.20.
79.	Kleimann	Symcha	21.2.02.
80.	Kutner	Izrael	26.9.16.
81.	Kernkraut	Meier	7.11.19.
82.	Krana	Bruno	1.9.13.
83.	Kussmann	Josef	26.11.12.
84.	Kuhnreich	Felga	25.7.17.
85.	Kuperwasser	Herz	15.9.08.
86.	Kleinbaum	Zigmond	21.11.12.
87.	Lebowicz	Moritz	4.6.12.
88.	Lubicka	Blima	10.1.18.
89.	Libicki	Sumar	18.7.23.
90.	Lubinski	Frania	5.10.24.
91.	Landkart	Andzia	23.1.06.
92.	Lederfarb	Motek	7.7.10.
93.	Lax	Resi	11.1.14.
94.	Londoner	Abram	10.6.15.
95.	Laufer	Simon	23.3.23.
96.	"	Frinka	20.4.24.
97.	Lewi	Bela	1.5.19.
98.	Lifschitz	Schmelka	10.12.22.
99.	Lubinski	Chaim Pinkus	1.8.15.
100.	Marmer	Hilda	25.9.24.
1.	Müller	Liba	25.10.25.
2.	Meergenstern	Karel	27.3.29.
3.	"	Hana	9.1.30.
4.	Mendszvcki	Schmul	15.5.14.
5.	Merz	Mordka	5.3.26.
6.	Mandelbaum	Josef	4.3.08.
7.	Meschkewitz	Rosia	12.4.18.
8.	Nudelstein	Rosa	1.5.22.
9.	Nouricki	Jersy	29.12.09.
10.	Noe	Therese	16.10.23.
11.	"	Sara	22.8.26.
12.	Najmann	Izrael	19.1.10.
13.	"	Ilonka	29.8.21.
14.	Presmann	Maniek	21.6.23.
15.	Pelzmann	Augusie	2.11.91.
16.	Rzetelna	Fenia	25.11.17.
17.	Rosenberg	Rafael	15.2.97.
18.	Rosenbaum	Schaja	16.2.07.
19.	Rosenberg	Schalim	2.12.26.
20.	"	Fischel	2.11.28.
21.	Ring	Pela	10.12.03.
22.	Rigelhaupt	Samuel	12.6.15.
23.	Rotberg	Henoch	15.11.20.
24.	Rothberg	Guta	12.5.23.
25.	Rotberg	Lili	18.6.21.
26.	Rosenzweig	Dawid	3.1.20.
27.	Reiner	Bela	9.6.21.
28.	Reich	Leib	10.6.19.
29.	Rapaport	Bela	6.8.11.
30.	Ratz	Efreim	1.7.20.
31.	Rosmarin	Mendel	10.6.15.
32.	Rosenthal	Ignatz	10.6.13.
33.	Östreich	Isaak	13.10.09.
34.	Ordynans	Hersz	5.8.20.
35.	"	Chana	13.4.23.
36.	Schälz	Max	2.5.25.
37.	Selzer	Efreim	15.1.13.
38.	Spielmann	Mendel	22.9.06.
39.	Schön	David	7.8.30.
40.		Moses	

Liste der aus Celle verzogenen Gemeindemitglieder, S. 1f., vor dem 27.4.1948 [Aussteller unbekannt]
(3.1.1.3, Dokument ID 78790455; 78790456, ITS Digitales Archiv)
David und Moses Schön sind unter der Nr. 139 und 140 zu finden.

(1) Stichtagsbescheinigung + (1) Auskunft über Auswanderung

( ) Auszug/Fotokopie v.Krankenpapieren ( ) Sterbeurkunde

(1) Inhaftierungsbescheinigung ( ) ....

E: Z 3 FFO. 195	
Inhaft.	Sterb-urk.
Auszug	Suchd.
Kranke a.	Fotokopie
D.-Auszug	
DP-Dok. Auszug	

Name : S.C.h.O.C.n............ Mädchenname: ....

Vorname: Moses........ m / w̄ Religion : mosaisch........

Evtl.z.Tarnung an-gegebene Personalien) : ....
oder- und Berufe) ....

Geburtsdatum : ...7.8.1930.. Geburtsort:.....Großwardein (Transsylv.)....
(Kreis) (Land)

Familienstand z.Zt.d.Inhaftierung : .... Beruf :früher ohne,jetzt Angest.

Staatsangehörigkeit: ..UNG............ / ..israelisch.........
früher heute

Ehegatte - Name (Mädchenname) Vorname u. Adresse: ....

....

Ort u. Datum d. Eheschliessung: ....

Letzter Wohnort vor Einlieferung i.d.Konzentrationslager: ....
.....Nagyvarad.............. Ungarn...
(Ort) (Straße) (Kreis) (Land)

Name d. David Schoen Name d. Berta geb.Salomon
Vaters : .... Mutter: ....

Angaben über verschiedene Aufenthalte in Konzentrationslagern, Ghettos, Gefäng-nissen und anderen Lagern :

Verhaftet am 1.Mai 1944... in:..Nagyvarad.. durch:.............

Eingeliefert in das :..Ghetto.............. Häftl.Nr.:.............

am: ....1.5.1944.... einweisende Stelle : ....

Überstellt zum : ..KZ Auschwitz.... am:.............. Häftl.Nr.:.............
v.Fallersleben Ende Mai 1944

Überstellt zum .... am: ..Juli 1944 Häftl.Nr.:.............
ZAD Villeroup-Tulle

Überstellt zum : .... am:.............. Häftl.Nr.:.............
Fortsetzung s.umseitig

befreit, entlassen oder gestorben am :....15.4.1945... in :..Bergen-Belsen..

Weitere Angaben : Bitte Rückseite benutzen

Nur bei Anforderungen von Stichtagsbescheinigungen ausfüllen .

DP Nr.: .... Aufenthalte i.d.DP Lagern:....Bergen-Belsen
.....Ausreisevisum BN oo389, ausgestellt in Bünde) am 27.3.1947

.........Hannover..., den 19.2.1955...............

Aktz.:-Z.B.-IX-1.14689-.. Der Regierungspräsident Beglaubigt
Im Auftrage:
gez.Behrmann Regierungs-Angestellte

Form 15

Regierungspräsident Hannover betreffend Stichtagsbescheinigung, Inhaftierungsbescheinigung, Auskunft über Auswanderung, 19.2.1955 [Vorder- und Rückseite], in: Korrespondenzakte Mozes Schön, (T/D-File) 413404 (6.3.3.2, Dokument ID 99292418, ITS Digitales Archiv)

über Durchgangslager Doernau nach KZ Dora im Sept.1944
Anfang April 1945
nach Bergen-Belsen
am 15.4.1945 in Bergen-Belsen befreit

COMITÉ INTERNATIONAL DE LA CROIX-ROUGE

SERVICE INTERNATIONAL DE RECHERCHES

Arolsen (Waldeck) Allemagne

INTERNATIONAL TRACING SERVICE	INTERNATIONALER SUCHDIENST
Arolsen (Waldeck) Germany	Arolsen (Waldeck) Deutschland

Certificate of Incarceration and Residence
Certificat d'Incarcération et de Résidence
Inhaftierungs- und Aufenthaltsbescheinigung

№ 319584

Your Ref.: Votre Réf.: Ihr Akt.-Z.:	Reg.Pr.Eann. EB IX-1 14689- - -	Our Ref.: Notre Réf.: Unser Akt.-Z.: T/D 413 404-

Name: Nom: Name:	SCHOEN - - - - -	First names: Prénoms: Vornamen: Mozes- - - - - -	Nationality: Nationalité: Staatsangeh. frueher: ungarisch- heute: israelisch- -
Date of birth: Date de naissance: Geburtsdatum: 7.8.1930- -	Place of birth: Lieu de naissance: Geburtsort: Grosswardein (Transyl.)- -	Prisoner's No. No. de prisonnier: Häftlingsnummer: nicht angegeben-

It is hereby certified that the following information is available in documentary evidence held by the International Tracing Service.

Il est certifié par le présente que les informations suivantes se trouvent dans la documentation détenue par le Service International de Recherches.

Es wird hiermit bestätigt, daß folgende Angaben in den Unterlagen des Internationalen Suchdienstes aufgeführt sind.

Name: Nom: Name:	SCHOEN - - - - -	First names: Prénoms: Vornamen: Mozes - - - -	Nationality: Nationalité: Staatsangehörigk. ungarisch- - - -
Date of birth: Date de naissance: Geburtsdatum: 7.8.1930-	Place of birth: Lieu de naissance: Geburtsort: Marmarosssiget - -	Religion: Religion: Religion: Juedisch- - - - - - -
Parents' names: Noms des parents: Namen der Eltern:	David und Berta geb. SALOMON - -	Profession: Profession: Beruf: Monteur,Student- - - -

Last permanent residence or residence January 1, 1938
Dernière adresse au 1 Janvier 1938
Letzter ständiger Wohnsitz oder Wohnsitz am 1. Januar 1938   Gross-Wardein oder Marmaros-Sighet - -

has entered concentration camp est entré au camp de concentration wurde eingeliefert in das Konz.-Lager Buchenwald/Kdo. Dora- - - -		Prisoner's No. No. de prisonnier: Häftlingsnummer: 89950- - - - -
on le am 27.Sept. 1944- - -	coming from venant de von KL. Natzweiler- - - - - - - - - -	

Category, or reason given for incarceration:
Catégorie, ou raison donnée pour l'incarcération:
Kategorie, oder Grund für die Inhaftierung: "politisch Jude" - - - - - - - - - - - - - - -

Transferred:
Transféré:
Überstellt: nicht angefuehrt. Er war am 1. November 1944 im KL. Mittelbau-Dora
inhaftiert.- - - - - - - - - - - - - - - - - -

Liberated ⬤⬤⬤⬤⬤⬤⬤ durch die britische	in a
Libéré ⬤⬤⬤⬤⬤ le	Armee- - - - - in KL. Bergen-Belsen- - - - - - - - -
Befreit ⬤⬤⬤⬤⬤⬤⬤ am	

p. t. o.
t. s. v. p.
b. w.

International Tracing Service: Inhaftierungs- und Aufenthaltsbescheinigung zu Mozes Schön, 4.8.1955, in: Korrespondenzakte Mozes Schön, (T/D-File) 413404 (6.3.3.2, Dokument ID 99292420, ITS Digitales Archiv)

Dates of residence after 8. May 1945:
Dates de résidence après le 8. Mai 1945:
Aufenthaltsdaten nach dem 8. Mai 1945:
am 17. Juni 1946 in Celle , Bullenberg 4; am 5. Jan. 1947
vom Lager Belsen nach Merano/Schweiz ueberstellt; am 29. Febr. 1947 im DP-Lager Hohne-
Bergen-Belsen; am 1. Maerz 1947 vom DP-Lager Hohne-Belsen zwecks Auswanderung nach
Bocholt ueberstellt; am 5. April 1947 von Marseille an Bord des Schiffes "Providence"
nach Palaestina ausgewandert.- -

General remarks:
Remarques générales:
Allgemeine Bemerkungen:
Abweichungen: Name: "SCHÖN, SCHON"; Geburtsdatum: "7.8.1924";
Geburtsort: "Maramarossziget"; Staatsangehoerigkeit: "rumaenisch,
palaestinensisch". -

Fotokopien der Revierkarten und des Krankenblattes fuegen wir bei.- - - - - - - - -

Documents consulted:
Documents consultés:
Geprüfte Unterlagen:
Postkontrollkarte, Nummernkarte, Zugangsbuch, Zugangsliste,
Veraenderungsmeldung des KL. Buchenwald; Postkontrollkarte, 2
Revierkarten, Krankenblatt, Alph. Verzeichnis des KL. Mittelbau-Dora.
Befreiungsliste des KL. Bergen-Belsen; Drei DP-? Karten v.6.2.46 u.29.2.47;
Stadtverwaltung Celle; "List of tuberculose Patients"; " Persons who sailed for
Palestine".- -

Arolsen,   den 4. August 1955

C. E. WIDGER
Directeur adjoint
Directeur
Service International de Recherches

G. PECHAR
Section des Archives

Der ITS übernimmt für die Richtigkeit und Vollständigkeit des Inhalts der Dokumente, die zur Ausstellung
dieser Bescheinigung verwendet wurden, keine Gewähr.

S1 Kw
SL 65
HK

( ) Added by the I.T.S. as explanation, does not appear on the original document.
( ) Explication fournie par le S.I.R. mais ne figurant pas sur les documents originaux.
( ) Erklärung des I.S.D. erscheint nicht in den Originalunterlagen.

000004

Julie Nicholson

Lfd. Nr.	Name	Vorname	geb. am	Geburts- ort	Heimat- anschr.	Zeit der Behandlung	Grund der Behandlung
	Ungarn						
1	Doros	Anton	19.1.09	–	–	1o.3.44 – 25.4.44	
2	Friede	Paul	1.6.22	–	–	14.3.44 – 8.4.44	
3	Pfistner	Johann	3o.9.07	–	–	26.5.44 – 1.6.44	Gastritis
4	Forkosch	Cily	5.1o.25	–	–	5.1o.25 3o.12.–24.1.45	Typhus
5	Weiss	Julia	23.7.22	–	–	15.1.45 – 8.2.45	Blinddarmentzündung
6	Tarkas	Scharlotte	16.12.23	–	–	18.1.45 – 21.2.45	Typhus-Verdacht
7	Friedemann	Lilli-Else	2.2.45	–	–	2.2.45 – 8.2.45	Encephalitis
8	Müller	Sidi	21.9.21	–	–	6.1.45 – 22.2.45	Tbc
9	Sensse	Ilona	27.1.23	–	–	14.2.35 – 21.2.45	Ty-Verdacht
1o	Pekete	Martha	8.12.19	–	–	14.2.45 – 21.2.45	Ty-Verdacht
11	Enrejak	Maria	31.1.26	–	–	1.3.45 – 5.3.45	Bauch-Tbc
12	Baraluk	Irena	1914	–	–	1.3.45 – 2.3.45	Blutungen
13	Paleim	Michael	8.1.65	–	–	1.3.45 – 13.3.45	Abczess am Hals
14	Bochomosawa	Alexander	29.1o.45	–	–	2.3.45 – 13.3.45	Analfisum
15	Schientky	Michael	28.12.21	–	–	28.4.45 – 29.4.45	Alkoholvergiftung
16	Salnisliok		1.1o.23	–	–	29.4.45 – 2.5.45	Blutungen
17	Pisarney	Teodro	8.11.18	–	–	3o.4.45 – 11.5.45	Phlegmone
18	Wanke	Olse	17.3.24	–	–	2.4.45 – 2.6.45	Fleckfieber
19	Neukokals	Katja	1o.9.26	–	–	4.5.45 – 6.5.45	Abortus
2o	Artibiuk	Alexandra	1919	–	–	4.5.45 – 24.5.45	—
21	Nahorneg	Iwan	1.6.19	–	–	4.5.45 – 11.6.45	Tbc
22	Sichuk	Lydia	56 Jahre	–	–	8.5.45 – 16.5.45	Bronchitis

Aufstellung der im Stadtkrankenhaus behandelten Ausländer

Stadtkrankenhaus Verwaltung

Stadtoberinspektor

Stadtkrankenhaus Wolfsburg, Verwaltung: Aufstellung der im Stadtkrankenhaus behandelten Ausländer, Ungarn, ohne Datum (2.1.2.1, Dokument ID 70632366, ITS Digitales Archiv)
Julia Weisz, die vom 15. Januar bis 8. Februar 1945 wegen einer „Blinddarmentzündung" behandelt wurde, findet sich unter Nr. 5.

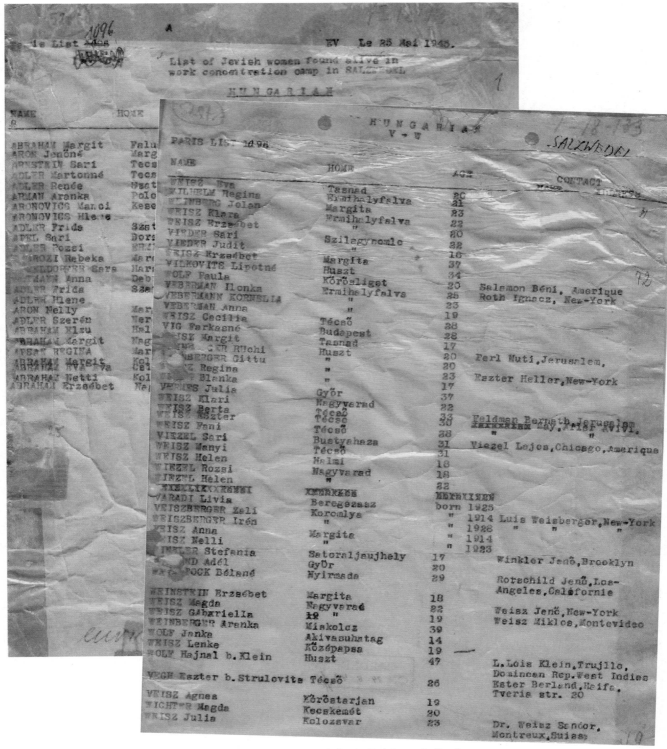

American Joint Distribution Committee, Paris: List of Jewish Women Found Alive in Work Concentration Camp in Salzwedel, Hungarian, S. 1 und 32, 25.5.1945 (3.1.1.3, Dokument ID 78794327; 78794357, ITS Digitales Archiv) Julia Weisz wird als letzte der Seite 32 aufgeführt und gibt als „contact" ihren Vater, Dr. Sandor Weisz an, den sie in Montreux/Schweiz vermutet.

- 12 - 717 Budapest, 1945. szeptember

1945. szeptember 4-én megérkezett deportáltak jegyzéke.

833

Név.	Szül. év.	Honnan	Lakhely.
Ungár Jenő	1910.	Dachau	Abádszalók
Váradi Dezső	1917.	Garmisch-Partenkirchen	Marosvásárhely
Vochtenheim Ignácz	1928.	Bergen-Belsen	Szolyva
Vogl Izidor	1885.	Allach	Tatabánya
Vogel Menyhért	1923.	Günskirchen	Máramarossziget
Waldmann Jónás	1920.	Mauthausen	Técső
Wanum Ferencz	1914.	Günskirchen	Nagyvárad
Weinstein Ernő	1930.	Wells	Dés
Weisz Adolf	1898.	Stelltach	Nagyvárad
Weisz Dezső	1905.	Krivitz	Győr
Weisz Ede	1907.	Farsleben	Debreczen
Weisz Edéné	1915.	"	"
Weisz Ervin	1930.	Landsberg	Jánosháza
Weisz Ferencz	1908.	Bajai tábor	Alsóerdősér u. 10.
Weisz György	1930.	Dachau	Érmihályfalva
Weisz György	1917.	Bergen-Belsen	Nagyvárad
Weisz Imréné	1912.	Mühldorf	Miskolcz
Weisz Julia	1922.	Salzvedel	Kolozsvár
Weisz Károly	1928.	Stelltach	Nagyvárad
Weiss Leo	1910.	Türkheim	Horthy M u. 19.
Weisz Magda	1928.	Mühldorf	Nagycsécs
Weisz Margit	1920.	"	"
Weisz Mária	1930.	Stelltach	Zichy Jenő u. 39.
Weisz Miksa	1914.	Günskirchen	Szilágyság
Weisz Samu	1885.	Farsleben	Kispest
Weiszberg József	1920.	Wells	Borsa
Weiszmann Dávid	1917.	"	Borgóprund
Weiszner Regina	1925.	Branau	Ungvár
Weiszner Samu	1923.	Wells	Máramarossziget
Wiesel Ibolya	1925.	Saxenhausen	Gyöngyház u.
Wiesel Lili	1924.	"	"
Wiesel Mózes	1902.	Günskirchen	Maroshévix
Wigner Rózsi	1914.	Bergen Belsen	Szt. István krt.
Wichter Magda	1925.	Salzvedel	Eötvös u. 32.
Winkler Gábor	1930.	"	Izabella u. 7.
Wolf Lajos	1904.	Wells	Kolozsvár
Wollner Dániel	1927.	Dachau	Rákoskeresztur

American Joint Distribution Committee, Italy: Verzeichnis der in Budapest angekommenen Deportieren, S. 12, 4. 9. 1945 (3.1.1.3, Dokument ID 78775762, ITS Digitales Archiv)

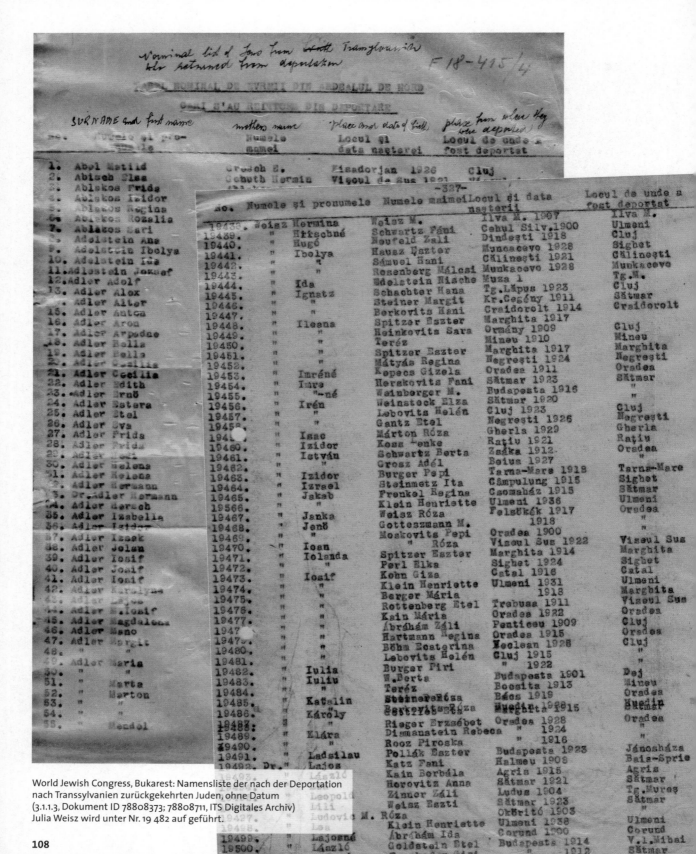

World Jewish Congress, Bukarest: Namensliste der nach der Deportation nach Transsylvanien zurückgekehrten Juden, ohne Datum
(3.1.1.3, Dokument ID 78808373; 78808711, ITS Digitales Archiv)
Julia Weisz wird unter Nr. 19 482 aufgeführt.

APPLICATION
FOR ASSISTANCE PCIRO

NU/ census 8200 27/8

NU/

1. JULIA	**4.** 4. II 1948	**5.** B XXII 30582
Family Name	Date	Identy No. Roumanin
2. WEISS		
Other spelling or aliases	**6.** JEW	
3. R.C. Prot. (Jew.) Other	Nationality	
Religion	**7.** S. R. Sep. D. wid. Un. C.	
	Marital status	
	VERHEIRATET	

FELDMANN

B XXII

8. (1)	Names	Relation-ship to head	Date of birth	Nationality	Town, province and country of birth
(2)	OSKAR	EHEMANN man	12.V.1921	JEW	ODESSA-RUSSLAND
(3)	JULIA	EHEFRAU woman	23.VII.1922	JEW	CLUJ-RUMÄNIEN
	Children				
(4)					
(5)					
(6)					
(7)					

9. a	Others Members of family				
	Full names				
b					
c					
d					
e					
f					

10. Places of residence for last 12 years

For whom	dates	Town or village, province and country
1935	1938	CLUJ - RUMÄNIEN
1938	1944	BUDAPEST - UNGARN
1944	1945	KZ. AUSCHWITZ, BERGEN-BELSEN, FALLERS-LEBEN, SALZWEDEL.
1945	1946	FALLERSLEBEN
1946	1947	WINDSHEIM
1947	1947	MÜNCHEN

International Refugee Organization: Application for Assistance von Julia Feldmann, S. 1-4, 4.2.1948
[CM/1-Bogen] (3.2.1.1, Dokument ID 79078863, ITS Digitales Archiv)

11. H. Employment for last 12 years, including present

For whom	Dates	Type of work	Wages	Employer	Town, province country	Reason for change
1935	1938	SCHÜLERIN	—	LYZEUM	CLUJ	POLITISCH RASS/ISCH VERFOLGTE
1938	1944	SCHÜLERIN	—	ZEICHEN SCHULE	BUDAPEST	
1944	1945	HÄFTLING	VERPFL	KZ. LAGER	AUSCHWITZ BERGEN	
"	"	"	"	— "	BELSEN FALLERSLEBEN	
"	"	"	"	— "	SALZWEDEL	
1945	1946	ARBEITSLOS	—	DP LAGER	FALLERSLEBEN	
1946	1947	"	—	DP LAGER	WINDSHEIM	
1947	1948	FACHSCHÜLERIN	—	ORT SCHULE	MÜNCHEN	

12. Education

For whom	Dates	Type of School	Town, province and country
	1938	LYZEUM.	CLUJ - RUMÄNIEN
1938	1944	ZEICHEN-SCHULE	BUDAPEST - UNGARN

13. Languages

For whom	Speak fluently	Speak slightly	Read fluently	Read slightly	Write fluently	Write slightly	Language
	X		X		X		UNGARISCH
	X		X		X		DEUTSCH
	X		X		X		RUMÄNISCH
	X		X		X		FRANZÖSISCH
		X		X		X	ENGLISCH

CM 1   **14.** Financial Resources

For whom	Property	Type	Value	Location
	Cash and Income			
	Assistance from relatives			

15. Relatives

Full Name	Relationship	Complete address

16. Assistance

1. Have you or any member of your family been receiving assistance from UNRRA or IRO _____ _____ ; IGG _____ _____ or
                                                   yes   no   yes   no
from a Valuntary Agency _____ _____ ?
                       yes   no
2. If you have been receiving assistance, please give No. of months _____
3. If you have received cash, please state the amount _____
4. If you have been receiving assistance from a Voluntary Agency, please give the name of the Agency _____

17. Documents

For whom	Date	Type	Place of issue	By whom
	11 VII. 1947	HEIRATSURKUNDE	MÜNCHEN	STANDESAMT
	12. VI 1947	KENNKARTE	MÜNCHEN	POLIZEIREVIER

18. Organizations

For whom	Date	Name	Purpose

19. Present Address

Date	Street address or name of camp	Town or City	Country
4.II.1948	PRINZREGENTEN PLATZ 11	MÜNCHEN	

20. Remarks. Use for any additional information.

D.P.STATUS FÜR AUSWANDERUNG

Jew.

(Was in the Concentration Nr. 80517 ▽ /
camp Buschwitz.

Eligible see § 4 A D1.

17.0.16.

Persecutee.

IRO
25 th June 1947

21. _Iulia Feldmann_
Signature

22. _T. Jerichoff_ 4.2.48
Signature of Interviewer   Date

S/0221. 11. 47. 10 000.

(5773)

| INDEX CARD | A. J. D. C. | EMIGRATION SERVICE | Paris | F18-110 |

Last Name **FELDMAN**

First Name **Oskar**   Sex **M.**

Address **Hotel Pratic, 16, rue Frederic Le-maitre Paris 20e**

Birthdate **12.5.21** Birthplace **Odessa**

Nationality :
Present **Stateless** Former

Occupation :
Present **Photographer** Former

Country of destination **Australia**

File No. **AU. PRO. 148**

Opening Date **Sep. 24.48**

In transit from :

Accompanied by **FELDMAN Julia**

Closing Date

(5773)

| INDEX CARD | A. J. D. C. | EMIGRATION SERVICE | Paris | F18-110 |

Last Name **XXXXX FELDMAN**

First Name **Julia**   Sex **F.**

Address **Paris**

Birthdate **23.7.22** Birthplace **Cluj**

Nationality :
Present **Stateless** Former

Occupation :
Present **dental technician** Former

Country of destination **Australia**

File No. **AU. PRO.148**

Opening Date **Sep. 24.48**

In transit from :

Accompanied by **FELDMAN Oskar**

Closing Date

American Jewish Joint Distribution Committee, Emigration Service Paris: Index Card
Oskar Feldman, 24.9.1948 (3.1.3.1, Dokument ID 80192745, ITS Digitales Archiv)

American Jewish Joint Distribution Committee, Emigration Service Paris: Index Card
Julia Feldman, 24.9.1948 (3.1.3.1, Dokument ID 80192736, ITS Digitales Archiv)

DEPARTURES FROM FRANCE
IN JUNE 1949
****

ORIGINATING AJDC OFFICE	PARIS FILE #	AGE	NAME		DESTINATION

JUNE 1st: SS "Cyrenia" ex Genoa.

ORIGINATING AJDC OFFICE	PARIS FILE #	AGE	NAME		DESTINATION
PARIS	AU 1916	45	ALTHAUS	Samuel	Australia
"	"	36	"	Menucha	"
"	"	11	"	Simon	"
"	"	5	"	Benjamin	"
"	"	2	"	Emanuel	"
PARIS	AU 1449	23	ARONESCU	Darius	"
PARIS	AU 2756	32	ARVAI	Tibor	"
VIENNA	AU 2602	25	AUSLAENDER	Adam	"
MUNICH	AU 2785	20	BALOG	Tibor	"
MUNICH	AU 2515	23	BART	Bernard	"
"	"	23	"	Bertha	"
VIENNA	AU 2139	40	BENEDIKT	Maximilian	"
PARIS	AU 2573	40	BERGER	Armin	"
"	AU 2584	72	BERGER	Sidonia	"
PARIS	AU 2068	36	BIRNBAUM	Leon	"
"	"	26	"	Eugenia	"
"	"	2	"	Jean	"
PARIS	AU 2275	51	BRICMAN	Lazar	"
PARIS	AU 2668	19	CHASKIEL	Szaja	"
PARIS	AU-PRO 918	22	CZALCZYNSKI	Izak	"
PARIS	AU 2671	43	DUNKEL	David	"
"	"	33	"	Sarlota	"
PARIS	AU 2310	37	FARKAS	Salomon	"
"	"	32	"	Alice	"
"	"	5	"	Eva	"
PARIS	CH-AU 348	10	FELDMAN	Frigyes	"
"	AU-PRO 148	28	FELDMAN	Oscar	"
"	"	26	"	Julia	"
MUNICH	AU-PRO 83	25	FOLDES	Imre	"
"	"	28	"	Magda	"
"	"	2½	"	Susanna Berta	"
PARIS	AU 2430	33	GAL	Marjan	"
"	"	28	"	Edith	"
"	"	14m	"	Michel	"
BRUSSELS	AU 2418	53	GINSBURG	Sophia	"
MUNICH	AU 2256	37	GLEITMAN	Schaja	"
"	"	32	"	Regina	"
"	"	1½	"	Ilona	"
ZURICH	AU-PRO 1198	30	GOLDFINGER	Leopold	"
"	"	28	"	Edith	"
"	"	1½	"	Hanna Susanna	"
MUNICH	AU 2518	25	GORDON	Chaim	"
"	"	23	"	Bettie	"

American Joint Distribution Committee, Emigration Headquarters: Departure List, Departures
from France in June 1949, 1.7.1949 (3.1.1.3, Dokument ID 78795839, ITS Digitales Archiv)
Das Ehepaar Feldmann hat Europa am 1. Juni 1949 mit der in Genua ausgelaufenen S/S Cyrenia verlassen.

United
Restitution Office
F r a n k f u r t /M.
Gruseburgweg 119

Unser Zeichen	Ihr Zeichen	Ihr Schreiben vom
TD - 366 638	P.	30.Juli 1954

Betrifft. FELDMAN Julie, geborene WEISS, geboren am 23.Juli 1922 in
Klausenburg/Rum.

In der Anlage uebersanden wir Ihnen die beantragte Aufenthaltsbeschei-
nigung.Der ITS uebernimmt fuer die Richtigkeit und Vollstaendigkeit des
Inhalts der Dokumente,die zur Ausstellung dieser Bescheinigung verwendet
worden,keine Gewaehr.

In unseren Unterlagen sind noch folgende Angaben enthalten:

a) ueber Aufenthalt nach dem 8.5.1945:

WEISS,Julia, war am 1.Oktober 1945 im DP-Lager Linz-Bindermichl.
Gepruefte Unterlagen:DP-Lager Linz-Bindermichl,Oesterreich.

FELDMANN,Julia, geboren in Jahre 1922,Staatsangehoerigkeit:un-
garisch,wurde am 12.November 1946 vom DP-Lager Muenchen,Funk-
kaserne nach Budapest repatriiert.
Gepruefte Unterlagen: DP-Lager Muenchen,Funkkaserne.

b) ueber KZ-Haft:

Der Name WEISZ,Julia,Heimatadresse:wahrscheinlich Kolozsvar,
erscheint in einer Liste ehemaliger Haeftlinge des KL.Neuen-
gamme/Kommando Salzwedel im Lager Vassar.

Infolge der unvollstaendigen Personalangaben koennen wir nicht festatel-
len,ob diese Berichte auf die obengenannte Person zutreffen.

Ausserdem liegt noch folgende Information vor:

WEISS,Julia, geboren am 23.7.1922,Staatsangehoerigkeit:unga-
risch,war vom 15.Januar 1945 bis 8.Februar 1945 im Stadtkrankenhaus Wolfsburg.Diagnose:Blinddarmentzuendung.
Gepruefte Unterlagen: Liste des Stadtkrankenhauses Stadt
Wolfsburg.

D. /Ba.

000

Regierungsbezirksamt
fuer Wiedergutmachung u.verw.Verm.
M a i n z / Rh.
Grosse Bleiche 16

Unser Zeichen	Ihr Zeichen	Ihr Schreiben vom
TD - 366 638	14492 i/2a	1.September 1954

Betrifft.FELDMAN Julie,geborene WEISS,geboren am 23.Juli 1922 in
Klausenburg/Rumaenien.

In unseren Unterlagen sind nur folgende Angaben enthalten:

1.) WEISS,Julia, geboren am 23.7.1922,Staatsangehoerigkeit:
ungarisch,war vom 15.Januar 1945 bis 8.Februar 1945 im
Stadtkrankenhaus Wolfsburg.
Diagnose:Blinddarmentzuendung.
Gepruefte Unterlagen: Liste des Stadtkrankenhauses Stadt
Wolfsburg.

2.) Der Name WEISZ,Julia,Heimatadresse:wahrscheinlich Kolozsvar,
erscheint in einer Liste ehemaliger Haeftlinge des KL.Neuen-
gamme/Kommando Salzwedel in Lager Vassar.

3.) WEISZ,Julia, geboren im Jahre 1922,Religion:juedisch,ist am
4.September 1945 von Salzwedel in Budapest angekommen.Wohn-
ort:Kolozsvar.
Gepruefte Unterlagen: Verzeichnis der Deportierten,welche am
4.September 1945 in Budapest angekommen sind.

Infolge der unvollstaendigen Personalangaben koennen wir nicht festatel-
len,ob der zweite Bericht auf die obengenannte Person zutrifft.

Sollten in Zukunft neue Informationen eingehen, so werden wir Sie unaufge-
fordert benachrichtigen.

D. /Ba.

International Tracing Service an United Restitution Office, Frankfurt
am Main betr. Aufenthaltsbescheinigung zu Julie Feldman, 30.7.1954;
International Tracing Service an Regierungsbezirksamt für Wiedergutmachung und kontrollierte Vermögen Mainz betr. Aufenthaltsbescheinigung zu Julie Feldman, 1.9.1954, in: Korrespondenzakte Julie
Feldman, geb. Weiss, (T/D-File) 366638
(6.3.3.2, Dokument ID 98428690; 98428691, ITS Digitales Archiv)

T/D № 366638

Ref: _____

| Inhaft. | Aufenthalt | Sterbeurkunde | Suchantrag | Dokumenten-Auszug | Fotokopie | |

Name: FELDMAN, geb. Weiss Julie

| B F I L N E: | | | † L O | Nat: | |

Positiv					Teil- u. Zwischenbericht		Negativ		Ohne Bericht
Inhaft.	Fotokopie	Bestät.	Tot	Lebend	Inhalt.	Allgem.	Inhaft.	Allgem.	
1x	2x								

Positiv			Haupt-kartei		Negativ	CM 1
2 3 SEP 1954 14-Gu						
1 NOV 1954			K. Z. Dok.			
OCT 25 1954			Ziv. Dok.			

Berichte:

			Zur Weiterbearbeitung an:		
			Abt.	Datum	Zeich.
Anf. an Reg.	1 ℓ			2 2 SEP 1954	
aus Mainz	1 ℓ 1955		6	2 2 1954	
Brief - AB - an	1 ℓ			NOV	
URO Frankfurt	1955 fa		fa	DEC - 1 1954	
			Kor.	4 DEC 1954 fa	
				DEC 30 195	

Bemerkungen:
2 KL / N
1 KL / ZW (o.B.) } Zurück.
4 KL / ZW (m.B.)
1.12.54

Name: F E L D'M A N   Julie   **T/D** 366 638
geb. WEISS
kel.jüd.
BD: 23.7.22   **BP:** Klausenburg/Rum.   **Nat:** tl./ung.
19.3.44 Gef. Kistarcsesa
4.44 KZ. Auschw.
11.44 KZ. Bergen-Belsen
11.44 KZ. Fallersleben
3.45 Lager Salzwedel
befr. 14.4.45

URO Ffm

sch.

366 638

International Tracing Service: Korrespondenzakte Julie Feldman, geb. Weiss, (T/D-File) 366638, angelegt 1954 (6.3.3.2, Dokument ID 98428681; 98428682, ITS Digitales Archiv)
Titelseite der Akte und Anfragenkarte mit Daten zum Verfolgungs- und Überlebensschicksal.

An IJS Arolsen

Name: FELDMAN / Mädchenname: geb.Weiss

Vorname: Julie / m/w. Rel.: jüdisch

Evtl. zur Tarnung angegebene
Personalien oder Berufe: _____

Geburtsdatum: 23.7.22   Geburtsort: Klausenburg Rum.

Familienstand: verh.   Beruf: Zeichnerin   E: - 4 AUG. 1954
z. Z. der Inhaftierung

Staatsangehörigkeit: Ungar. / staatenlos
früher / heute

Inhaft.	Strbuch.
Ausbuh.	Standard.
Ausland.	Fotokopie
Dbl. Anzug	
DP-Dok.Rüzug	

Ehegatte — Name (Mädchenname) Vorname und Adresse: _____

Ort und Datum der Eheschließung: _____

Letzter Wohnort v. d. Einlieferung in das KZ.: _____

Ort   Straße   Kreis   Land

Name des Vaters: _____ / Name der Mutter: _____

Angaben über verschiedene Aufenthalte in Konzentrationslagern, Ghettos, Gefängnissen und anderen Lagern:

Verhaftet am: 19.3.44   in: _____   durch: _____

Eingegliedert in das Gefängnis Kistarcsasa   Häftl.-Nr.:
am: 19.3.44   einweisende Stelle: _____

Überstellt zum KZ Auschwitz   am: April 44   Häftl.-Nr.:

Überstellt zum KZ Bergen-Belsen   am: Nov.44   Häftl.-Nr.:

Überstellt zum KZ Fallersleben   am: Nov.44   Häftl.-Nr.:

Überstellt zum Lager Salzwedel   am: März 45   Häftl.-Nr.:

Überstellt zum _____   am: _____   Häftl.-Nr.:

Überstellt zum _____   am: _____   Häftl.-Nr.:

befreit, entlassen oder gestorben am: 14.4.45

Für weitere Angaben bitte Rückseite benutzen.

DP.-Nr.: _____
Aufenthalt im DP.-Lager: Nähere Angaben fehlen

Wir bitten um Ausstellung einer Inhaftierungs- — Aufenthalts- — Auswanderungsbescheinigung.

30.7.54

Frankfurt am Main, den _____
Grüneburgweg 119   P.

UNITED RESTITUTION OFFICE
I.R.

United Restitution Office, Frankfurt am Main an den ITS betr. Ausstellung einer Inhaftierungs-,
Aufenthalts-, Auswanderungsbescheinigung, 30.7.1954, in: Korrespondenzakte Julie Feldman,
geb. Weiss, (T/D-File) 366638 (6.3.3.2, Dokument ID 98428687, ITS Digitales Archiv)

( ) Stichtagsbescheinigung + ( ) Auskunft üb. Auswanderung

Fotokopie

(X) Inhaftierungsbescheinigung   ( ) ....

==

Name: ...F e l d m a n... / Mädchenname. .Weiss...
Vorname: .Julie.............. m/w Religion .israelitische........

Evtl z.Tarnung an-   )
gegebene Personalien): ....
oder und Berufe   ) ....

Geburtsdatum: .2317122........ Geburtsort: .Klausenburg/Rumänien..
                                           (Kreis)   (Land)

Familienstand   verheiratet....Beruf: .Zeichnerin.........
z.Zt d.Inhaftierung

Staatsangehörigkeit: ..ungarische........ / ..staatenlos........
                        früher   heute

Ehegatte - Name (Mädchenname) Vorname u.Adresse: ....
.....unbekannt..

Ort u.Datum d.Eheschliessung: ..unbekannt...........
Letzter Wohnort vor Einlieferung i.d.Konzentrationslager:
....unbekannt............
   Ort   Strasse   Kreis   Land
Name d.   unbekannt   unbekannt
Vaters: ....Name d.Mutter: ....

- -

Angaben über verschiedene Aufenthalte in Konzentrationslagern,
Ghettos, Gefängnissen und anderen Lagern:

Verhaftet am: Kistarcsa .am 19.3.44. .....durch ...
Eingeliefert in das: KZ Auschwitz ......Häftl.Nr. ....
am: .April.44............einweisende Stelle: ....
Überstellt zum: KZ.Bergen.Belsen..Nov.44...Häftl.Nr....
               Lager Fallersleben Nov.44
Überstellt zum: ....am: ....Häftl.Nr........
Überstellt zum: Lager Salzwedel   März 1945 ..Häftl.Nr...
               ....am: ....
befreit, entlassen. im gestorben am: 7.4.45....in:Salzwedel..
Weitere Angaben: bitte Rückseite benutzen

- -

Nur bei Anforderung von Stichtagsbescheinigungen auszufüllen:
DP Nr. ....Aufenthalte i.d.DP Lager.............

.......Mainz... .den . 1.9.54.
Aktz: ...1132.1/2a......   Regierungsbezirksamt
                                     f. Wiedergutmachung und kontrollierte
                                           Vermögen,   I.A.

[box:]
E: - 4. SEP. 1954
Inhaftig. | Sterbeurk.
Aufenth. | Suchantr.
Auswand. | Fotokopie
Dok.-Auszug
DP-Dok./Auszug

Regierungsbezirksamt für Wiedergutmachung und kontrollierte Vermögen, Mainz an den ITS
betr. Inhaftierungsbescheinigung zu Julie Feldman, 1.9.1954, in: Korrespondenzakte Julie Feldman,
geb. Weiss, (T/D-File) 366638 (6.3.3.2, Dokument ID 98428686, ITS Digitales Archiv)

T.- 366638

UNITED RESTITUTION OFFICE   Frankfurt/Main, den 5.1.55
                               Grüneburgweg 119
                               Fernruf: 54553
                               MU/M

I T S

A R O L S E N

Betrifft: Entschädigungssache Julia FELDMAN geb.WEISS
          geb.23.7.1922 in Chuj/Rumänien

          Mit Schreiben vom 30.7.54 baten wir in obiger
          Entschädigungssache um die übliche Auskunft.
          Da eine solche bis heute hier nicht eingelaufen
          ist, dürfen wir an die Erledigung der Sache
          erinnern. Die Antragstellerin ist bedürftig
          und dringendst auf die Zahlung eines Entschä-
          digungsbetrages angewiesen.

          Wir wären daher für eine schnelle Bearbeitung
          dankbar.

                              UNITED RESTITUTION OFFICE

                              (Dr.Sladowsky)

United Restitution Office, Frankfurt am Main an den ITS betr. Entschädigungssache Julia Feldman,
geb. Weiss, 5.1.1955, in: Korrespondenzakte Julie Feldman, geb. Weiss, (T/D-File) 366638
(6.3.3.2, Dokument ID 98428685, ITS Digitales Archiv)

ALLIED HIGH COMMISSION FOR GERMANY   HAUTE COMMISSION ALLIÉE EN ALLEMAGNE
INTERNATIONAL TRACING SERVICE   SERVICE INTERNATIONAL DE RECHERCHES
A.P.O 171 US. Army   (16) Arolsen/Waldeck

Certificate of Residence
Certificat de Résidence
Aufenthaltsbescheinigung

№ 125933

Your Ref.:   Our Ref.:   T/D 366638
Votre Réf.:   Notre Réf.:
Ihr Akt.-Z.:   Unser Akt.-Z.:

Name: **FELDMAN geborene**   First names: Nationality: frueher:ungarisch,heu
Nom: Prénoms: Julie   Nationalité: te:staatenlos
Name: **WEISS**   Vornamen: Staatsangehörigkeit:

Date of birth: Place of birth: Klausenburg/   Religion:
Date de naissance: 23.7.1922   Lieu de naissance: Religion: juedisch
Geburtsdatum: Geburtsort: Rum.   Religion:

It is hereby certified that the | Il est certifié par la présente que les | Es wird hiermit bestätigt, daß fol-
following information is available | informations suivantes se trouvent | gende Angaben in den Unterlagen
in documentary evidence held by | dans la documentation détenue par le | des Internationalen Suchdienstes auf-
the International Tracing Service. | Service International de Recherches. | geführt sind.

Name: **FELDMAN – WEISZ**   First names: Julie   Nationality: ungarisch staatenlos
Nom: Prénoms: Nationalité:
Name: Vornamen: Staatsangehörigkeit:

Date of birth: Place of birth: Religion:
Date de naissance: 23.7.1922   Lieu de naissance: Cluj   Religion: juedisch
Geburtsdatum: Geburtsort: Religion:

Parents' names: nicht angefuehrt   Profession: Zahntechnikerin
Noms des parents: Profession:
Namen der Eltern: Beruf:

Last permanent residence or residence January 1, 1938
Dernière adresse au 1. Janvier 1938   Kolozsvar
Letzter ständiger Wohnsitz, oder Wohnsitz am 1. Januar 1938

Dates of residence after 8. May 1945:   Am 25.Mai 1945 im Lager Salzwedel;am 4.September 1945
Dates de résidence après le 8. Mai 1945:   von Salzwedel in Budapest angekommen,Wohnort:Kolozsvar
Aufenthaltsdaten nach dem 8. Mai 1945:   am 24.September 1948 von AJDC Emigration Service Paris
fuer eine Auswanderung nach Australien registriert,Adresse:Paris;am 1.Juni 1949 von
Frankreich nach Genua ueberstellt;am 2.Juni 1949 von Genua an Bord des Schiffes "Cy-
renia" nach Australien ausgewandert.

General remarks:
Remarques générales: Abweichungen: Name: "WEISZ".
Allgemeine Bemerkungen:

Documents consulted: "List of Jewish women found alive in work concentration camp in
Documents consultés: Salzwedel";Verzeichnis der angekommenen Deportierten,ausgestellt
Geprüfte Unterlagen: am 5.9.45 in Budapest; Karteikarte des A.J.D.C.Emigr.Serv.Paris;
A.J.D.C.Paris;A.J.D.C.Emigr.H.Q.France;A.J.D.C.Emigr.Bureau in Rom.

Arolsen,   den 6.Januar 1955

C.L WIDGER   **Alfred OPITZ**
for the Executive Board   Geschäftsführer
Allied High Commission for Germany   des Internationalen Suchdienstes
International Tracing Service

International Tracing Service: Aufenthaltsbescheinigung zu Julie Feldman, geb. Weiss, 6.1.1955, in:
Korrespondenzakte Julie Feldman, geb. Weiss, (T/D-File) 366638
(6.3.3.2, Dokument ID 98428689, ITS Digitales Archiv)

ITS 067

Namenliste 2 c

für die in der Kriegsperiode 1939 - 1945 und auf deutschem
Terrotorium begraben sind.

Bürger der Vereinten Nationen

Name	Vorname	Geb.Tag	National.	Todestag	Grab.Nr.
1. Saltiel- Ejatenic Elies	10.3.71	Griechenl.	2.5.45	1.R. Nr.3
2. Saltiel Benno	30.6.97	"	7.5.45	1.R. " 22
3. Sarfaty Anna	1908	"	9.5.45	1.R. " 24
4. Sarfaty Michel	1911	"	14.5.45	2.D. " 3
5. Kofretz Levi	2.6.94	"	3.6.45	3.R. " 1
6. Daniel Rachel	55 Jahre	"	18.6.45	3.R. " 22
7. Parawa Abr. Sam	unbekannt	Jugoslw.	11.5.45	1.R. " 32
8. Weiß-Rosenrauch Frieda	8.8.10	"	26.5.45	2.R. " 15
9. Livaz Ascher	20.11.30	"	5.6.45	3.R. " 4
10. Hein Abram	1884	"	13.6.45	3.R. " 14
11. Gohen Rukula	1875	"	30.4.45	Gr.Nr. 1
12. Montilio Lea	1889	"	15.4.45	" 5
13. Levi Fernando	unbekannt	Französin	4.45	Ohne Nr.
14. Gondsmit Rolf-Louis	8.8.44	Niederl.	14.5.45	1.R. Nr.40
15. Zielenziger-Weyl Lilly	18.12.92	Equador	13.5.45	1.R. " 34
16. Sandelofsky-Wolf Rosa	9.6.39	"	13.5.45	1.R. " 41
17. Szöka-Rider Etel	16.1.72	Ungarn	1.5.45	1.R. " 1
18. Stein Lajos	22.10.84	"	2.5.45	1.R. " 2
19. Bernath-Silber Lina	17.7.87	"	2.5.45	1.R. " 12
20. Deutsch-Berger Erna	29.1.77	"	9.5.45	1.R. " 29
21. Brauer Sandor	12.12.87	"	17.5.45	1.R. " 72
22. Kerters-Strumpf Margot	21.4.93	"	14.5.45	1.R. " 48
23. Herzka Katharina	8.5.11	"	17.5.45	2.R. " 6
24. Lederer Elisabeth	unbekannt	"	20.5.45	2.R. " 17
25. Salomon Gottlieb	10.2.72	"	22.5.45	2.R. " 21
26. Adler Iszo	23.11.92	"	22.5.45	2.R. " 22
27. Schwarz-Kraus Olga	26.4.81	"	25.4.45	2.R. " 25
28. Dr. Weiss Alexander	25.6.88	"	27.5.45	2.R. " 31
29. Schwarz Agnes	17.7.29	"	26.5.45	2.R. " 33
30. Farkas Erwin	17.5.39	"	2.6.45	2.R " 45
31. Unbekannte Frau	unbekannt	"	8.6.45	3.R. " 6
32. Deutsch unbek.Frau	"	"	10.6.45	3.R. " 11
33. Mantel Fr.	"	"	15.6.45	3.R: " 16
34. Mäntel Samuel	75 Jahre	"	17.6.45	3.R. " 20
35. Engel Klara	9.4.10	"	17.6.45	3.R. " 21
36. Goljan Ilona	11.2.00	"	21.6.45	3.R. " 25
37. Friedmann Isedor	18.7.11	Peru	9.5.45	1.R. " 25
38. Abrahams Mickel	11.2.27	Paraguay	14.5.45	1.R. " 45
39. Abrahams-Goldschmied Beate	18.9.04	"	21.5.45	1.R. " 39
41. Lerie- Elle Lea	28.10.04	"	14.5.45	1.R. " 45
42. Bireshek Moses	4.11.12	"	14.5.45	2.R. " 1
43. Lerie Louis	15.2.91	"	17.5.45	2.R. " 4
44. Weyl Fritz	28.10.87	"	25.5.45	2.R. " 27
45. Abrahams Naftali	22.10.04	"	25.4.45	2.R. " 4
46. Berg-Hanf Friederike	6.6.95	Staatenlos	2.5.45	1.R. " 6
47. Rothschild-Heilbronn Meta	28.10.85	"	1.5.45	1.R. " 9
48. Sonnenberg Karl	27.2.04	"	4.5.45	1.R. " 13
49. Kaufmann Sally	25.8.94	"	5.5.45	1.R. " 16
50. Weiß-Falk Erna	2.7.93	"	6.5.45	1.R: " 19

47

Gemeinde Tröbitz: Namenliste 2c für die [Bürger der Vereinten Nationen, die] in der Kriegsperiode 1939-1945
und auf deutschem Territorium begraben sind, 13.3.1948 (2.1.4.2, Dokument ID 70992602, ITS Digitales Archiv)
Alexander Weisz, unter der laufenden Nummer 28 aufgeführt, starb nach dieser Aufstellung am 27. Mai 1945
und wurde in der 2. Reihe, Grab Nr. 25 auf dem Friedhof in Tröbitz beerdigt.

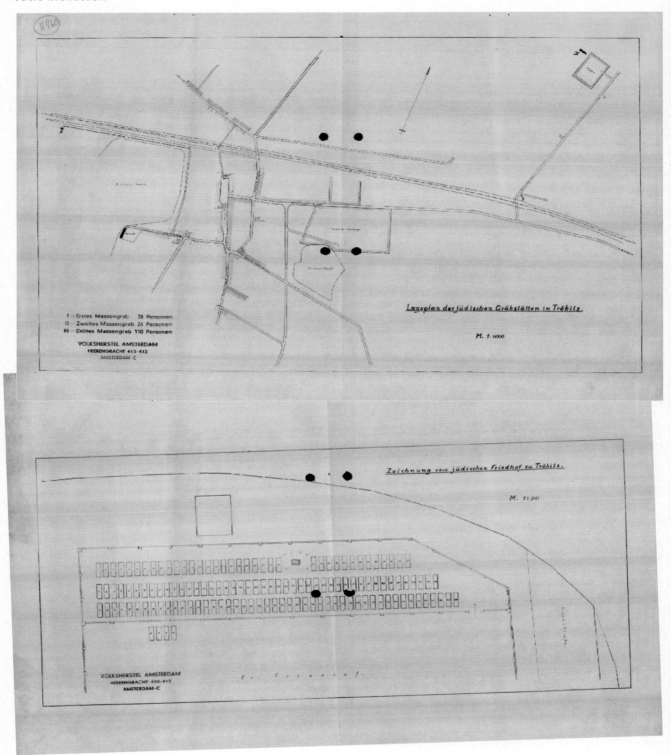

Volksherdstel Amsterdam [vermutlich im Auftrag des Niederländischen Roten Kreuzes]:
Lageplan der jüdischen Grabstätten von Tröbitz, ohne Datum
(5.3.1, Dokument ID 84601783; 84601784, ITS Digitales Archiv)

Dokumente

Sara Frenkel

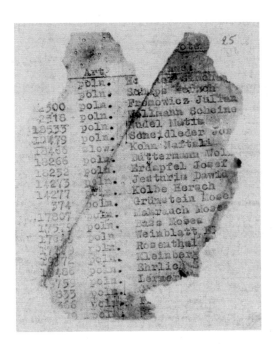

KZ Lublin: Totenmeldungen an die Effektenkammer aus dem Zeitraum 18.05.-17.12.1942
(1.1.23.1, Dokument ID 1206392, ITS Digitales Archiv)
Der Name des Vaters von Sara Frenkel, Moses Bass, ist auf dem Fragment genannt.

Aufstellung der im Stadtkrankenhaus Wolfsburg
behandelten Ausländer

P.

Polen 1941

Lfd. Nr.	Name	Vorname	geb. am	Geburts- ort	Heimatanschrift	Zeit der Behandl.	Grund der Behandlung
1	Kowaltcayk	Janka	21.6.19	-		1. 4. – 23. 4.	Unterleibsoperation
2	Daskierig	Jan.	27.1.19	-		30.4. – 28.5.	Blinddarmoperation
3	Dobjekowska	Irma	27.4.20	-		3.5. – 17.5.	Blinddarmoperation
4	Wozniak	Franz	20.3.15	-		19.5. – 26.7.	Kniegelenkbruch
5	Wodziak	Kasimir	2.4.18	-		21.5. – 10.6.	Blinddarmoperation
6	Wojciechowsko	Luc.	13.7.21	-		23.5. – 10.6.	Beckenprellung
7	Giesz	Maria	20.8.12	-		25.5. – 9.6.	Blinddarmoperation
8	Ftama	Kasimiera	28 Jahre	-		25.5. – 10.6.	Kopfverletzung
9	Biskupiak	Eugeniez	12.2.22	-		9.6. – 27.8.	U.-Schenkelbruch
10	Maloneska	Antonie	6.6.12	-		14.6. – 30.6.	Entbindung
11	Stogjanska	Marianne	22 Jahre	-		18.6. – 20.6.	Stichwunde am Bein
12	Kschinski	Edmund	19.10.22	-		1.7. – 16.7.	Kopfverletzung
13	Prokop	Maria	20.5.31			1.7. – 16.7.	Ovariancyste verst.
14	Ptot	Stanislaus	3.2.28	-		7.7. – 9.7.	
15	Strominski	Ignatz	56 Jahre	-		10.7. – 19.8.	Brustquetschung
16	Bekas	Belaus	5.1.36	-		21.7. – 4.8.	Fussverletzung
17	Lipska	Samina	11.3.25	-		30.7. – 20.8.	Schlüsselbeinbruch
18	Alessy	Helene	13.6.23	-		6.8. – 23.8.	Blinddarm-Op.
19	Misztal	Ruman	13.7.40	-		17.8. – 23.9.	Oberarmbruch
20	Krankus	Barbara	2.7.36	-		17.8. – 23.9.	Fussverletzung
21	Lasota	Martin	11.11.10	-		1.9. – 10.10.	Fussphlegmone
22	Kowalska	Franzisko	22.5.18	-		5.9. – 25.9.	Gesichtsfurunkel
23	Wassynak	Irene	9.8.20	-		16.9. – 24.9.	Tonsillektomie
24	Tomazewski		22.9.14	-		23.9. – 4.10.	Magenbeschwerden
25	Kuppa	Johann	22 Jahre	-		22.9. – 28.1.	Oberschenkelbruch
26	Casio	Stanislaus	9.10.05	-		26.9. – 28.12.	Zehenquetschung
27	Dandierz	Sofie	1.11.09				
28	Georga	Sofie					

Stadtkrankenhaus Wolfsburg

polen

Lfd. Nr.	Name	Vorname	geb. am	Geburts- ort	Heimat- anschr.	Zeit der Behandlung	Grund der Behandlung	verst.
370	Wilszcek	Josef	25.12.11	-	-	31.3. – 18.4. 1944	--	
371	Palindo	Josef	20.2.420	-	-	1.4. – 22.4.	Leistenhernie	
372	Kaczwareck	Stanislaus	6.11.22	-	-	1.4. – 6.4.	--	
373	Naziemiec	Krystna	21.5.22	-	-	1.6. –		
374	Gordejewa	Viktor	16.11.43	-	-	3.4. – 6.5.	Blinddarmentzündung	
375	Gorczyca	Stanislawa	3.5.20	-	-	4.4. – 18.4.	--	
376	Deitratzko	Helne	1.4.19	-	-	5.4. – 29.4.	--	
378	Rabatscnek	Ignatz	23.8.21	-	-	4.4. – 24.4.	Diphtherie	
378	Sononat	Caristel	19.1.22	-	-	5.4. – 6.4.	--	
379	Kaminski	Ignatz	1923	-	-	6.4. – 6.4.	--	
380	Nasonuk	Anna	6.3.19	-	-	6.4. – 12.5.	Unfall	
381	Wowakowski	Iwan	6.4.	-	-	6.4. – 17.4.	--	
382	Marozimiec	Jadwiga	25.3.16	-	-	6.4. – 31.5.	--	
383	Julssney	Jesefina	12.6.23	-	-	10.4. – 17.4.	--	
384	Jozombeck	Kasimir	4.10.15	-	-	10.4. – 3.5.	--	
385	Misch	Bolislaw	6.3.18	-	-	13.4. – 22.4.	Unterleibsentzündung
386	Andrejezak	Helnea	3.1.23	-	-	13.4. – 16.4.	Blutungen	
387	Czeikowska	Marianna	15.4.	-	-	15.4. – 1.5.	--	
388	Ezyiel	Stanislaus	4.3.20	-	-	15.4. – 16.4.	Blutungen	
389	Nikitna	Klaea	12.12.20	-	-	15.4. – 12.6.	--	
390	Nikitna	Slowia	5.4.23	-	-	15.4. – 1.5.	--	
391	Juteskowski	Valentin	10.1.24	-	-	1.4. – 21.4.	--	
392	Jascnenko	Lula	1916	-	-	1.4. – 1.6.	--	
393	Skowron	Eleonore	17.12.19	-	-	16.4. – 9.5.	Diphtherie	
394	Baddorw	Adam	1.1.23	-	-	16.4. – 1.1.	--	
395	Ronk	Michael	5.2.19	-	-	19.4. – 24.4.	--	
396	Musiut	Boleslaw	25.12.21	-	-	16.4. – 1.6.	--	
397	Kleschta	Halina	14.11.23	-	-	19.4. – 27.4.	Furunkulose	
398	Antozsk	Andrea	16.12.43	-	-	20.4. – 12.5.	--	
399	Kaminski	Ignatz	19.1.22	-	-	20.4. – 1.5.	--	
400	Hartwartn	Paul	1.6.13	-	-	21.4. – 3.5.	--	
401	Cienon	Stefani	12.1.21	-	-	21.4. –	--	
402	Podazika	Michelina	8.2.20	-	-	22.4. – 16.5.	Entbindung	
403	Ruszkowska	Sabina	25.6.24	-	-	22.4. – 16.5.	Neugeborenes	
404	R.	Barbara	22.4.45	-	-			

ITS 057

Stadtkrankenhaus Wolfsburg: Aufstellung der im Stadtkrankenhaus Wolfsburg behandelten Ausländer,
Polen, S. 1 und 11, 1950 (2.1.2.1, Dokument ID 70632317; 70632327, ITS Digitales Archiv)
Stanislawa Gorczyca [d.i. Sara Frenkel, geb. Bass] ist unter der laufenden Nummer 375 aufgeführt und
wurde hiernach vom 3. April bis 6. Mai 1944 wegen einer Blinddarmentzündung behandelt.

—17—
Stadtkrankenhaus Wolfsburg

Polen

Lfd. Nr.	Name	Vorname	geb. am	Geburts-ort	Heimat anschr.	Zeit der Behandlung	Grund der Behandlung
600	Konotschnek	Elisabeth	1895	–	–	20.11. – 18.12.	Gehirnerschütterung
601	Dalecke	Natlija	7.4.23	–	–	20.11. – 24.11.	Schwangerschaftsunterbrechung
602	Anczak	Stefana	12.9.20	–	–	21.11. – 24.11.	Schwangerschaftsunterbrechung
603	Duwlik	Franciszek	2.10.14	–	–	22.11. – 2.12.	z.B.Magen
604	Polak	Genofefa	11.11.21	–	–	22.11. – 1.12.	Schwangerschaftsunterbrechung
605	Prybslakowna	Christ.	1.6.15	–	–	23.11. – 9.4.	Pleuritis
606	Maciak	Jan	27.5.21	–	–	23.11. – 27.11.	Appendicitis
607	Rooseil	Malei	4.1.22	–	–	24.11. – 12.12.	Muskelfraktur
608	Tomacsik	Alexandra	30.6.15	–	–	25.11. – 8.12.	Unfall
609	Zurkowna	Maria	23.7.24	–	–	27.11. – 4.12.	Schwangerschaftsunterbrechung
610	Dwanik	Stanislawa	4.5.28	–	–	27.11. – 1.12.	Schwangerschaftsunterbrechung
611	Milweski	Therese	12.2.27	–	–	28.11. – 8.12.	Appendicitis
612	Ulotewska	Lucja	24.3.07	–	–	29.11. – 9.12.	Ischias
613	Lesonenska	Helena	12.12.18	–	–	30.11. – 14.12.	Periduschenitis
614	Czech	Stanislaus	16.12.20	–	–	1.12. – 2.2.	Orticomyelitis
615	Nowak	Tadeus	24.12.23	–	–	4.12. – 13.12.	Bauhbruch
616	Ossowski	Zagmurt	21.12.88	–	–	4.12. – 21.12.	Herzmuskelschaden
617	Jaworski	Bronislaw	27.10.13	–	–	5.12. – 23.12.	Leistenbruch
618	Turmiak	Hievonie	30.9.24	–	–	5.12. – 13.12.	Appendicitis
619	Michalak	Stefan	10.7.11	–	–	5.12. – 13.12.	Angina
620	Diwinski	Anni	18.8.41	–	–	6.12. – 8.12.	Blinddarm
621	Sawara	Paulina	2.5.26	–	–	6.12. – 9.12.	Schwangerschaftsunterbrechung
622	Binek	Alma	7.5.09	–	–	8.12. – 15.12.	Unteramrphlegmone
623	Sawadska	Irena	14.12.97	–	–	9.12. – 23.12.	Pylorust.
624	Bukowinska	Irena	14.2.06	–	–	11.12. – 2.1.	Beckenbruch
625	Rydel	Stefanie	24.1.24	–	–	11.12. – 30.12.	Hüftgelenk.
626	Jarkewitsch	Sophie	10.2.22	–	–	11.12. – 26.4.	Unterschenkelfraktur
627	Korka	Josefa	18.12.18	–	–	11.12. – 26.3.	Unterschenkelfraktur
628	Pioska	Stanislawa	7.11.08	–	–	11.12. – 16.12.	–
629	Kunicka	Natalia	25.6.06	–	–	11.12. – 4.1.	Wirbelsäulebruch
630	Piwiancek	Josef	12.9.15	–	–	12.12. – 20.12.	Phlegmone
631	Janiak	Maria	9.11.24	–	–	19.12. – 22.12.	Angina
632	Gajewicz	Antonie ✓	16.4.98	–	–	20.12. – 22.1.	Fraktur re. Oberarm
633	Rukat	Halina	2.6.24	–	–	21.12. – 27.12.	Schwangerschaftsunterbrechung
634	Ryoslow	Tadeus	20.8.20	–	–	28.12. – 9.1.	–
635	Luczak	Josefa	1900	–	–	28.12. – 20.2.	Gallenoperation
636	Gorczyca	Stanislawa	3.5.20	–	–	29.12. – 1.1.	Bauchbruch
637	Olzewski	Jan	9.6.27	–	–	29.12. – 20.3.	z.B. Nieren
638	Mistall	Wladislawa	4.6.12	–	–	31.12. – 11.1.	Blinddarmentzündung

682	Walnirk	Christianan	22.3.22	–	–	5.2. – 11.2.	z.B. Nieren
683	Zawadska	Irma	13.12.97	–	–	5.2. – 9.2.	Agnia
684	Krisik	Brunka	26.6.24	–	–	6.2. – 7.2.	Gastritis
685	Rosat	Antonie	26.9.84	–	–	6.2. – 7.2.	Verdacht auf Abort
686	Swad	Steffan	25.3.06	–	–	6.2. – 18.4.	Blinddarmentzündung
687	Uroris	Jonann	17.8.17	–	–	8.2. – 10.2.	Bauchverletzung
688	Dekun	Stefania	28.11.21	–	–	9.2. – 24.2.	Fingeramputation
689	Laba	Therese	18.10.26	–	–	10.2. – 19.2.	Appendicitis
690	Krusenowski	Wladeslav	15.11.14	–	–	12.2. – 26.2.	Schwangerschaftsunterbrechung
691	Ryl	Franz	23.8.19	–	–	12.2. – 11.4.	z.B.
692	Jurga	Peter	15.10.17	–	–	12.2. – 18.2.	z.B.
693	Gil	Bronislaus ✓	7.10.22	–	–	13.2. – 13.3.	Magen
694	Durytrasonko	Olena	15.7.26	–	–	13.2. – 23.2.	Appendicitis
695	Okrojek	Stanislawa	10.4.14	–	–	13.2. – 16.2.	–
696	Szymosk	Baleslaus	18.9.01	–	–	14.2. – 19.2.	Blutungen
697	Wasonkowska	Maria	20.6.96	–	–	14.2. – 13.3.	Tbc
698	Kowalska	Maria	24.6.06	–	–	14.2. – 9.4.	Gebärmutteroperation
699	Taracha	Maria	6.9.25	–	–	14.2. – 20.2.	Drüsenentzündung
700	Seigalska	Kontanin	29.8.88	–	–	14.2. – 21.2.	Diptherie
701	Watowicz	Nicolay	7.3.13	–	–	16.2. – 24.3.	Rippenbruch
702	Voamann	Stanislaus	16.10.24	–	–	1.2. – 5.3.	Angina
703	Merkiewicz	Jonann	18.5.19	–	–	1.2. – 21.2.	Phlegmone
704	Arakus	Valentina	14.2.15	–	–	23.2. – 29.3.	Empyn
705	Owleski	Stefan	3.6.24	–	–	23.2. – 6.3.	Appendicitis
706	Rosmakowska	Martha	23.10.10	–	–	23.2. – 9.3.	Leistenbruch
707	Kalwak	Marianna	29.3.14	–	–	24.2. – 21.3.	Erytuna
708	Czwanka	Josefa	3.12.22	–	–	24.2. – 28.2.	Schwangerschaftsunterbrechung
709	Wassylik	Maria	24.9.16	–	–	26.2. – 28.2.	Schwangerschaftsunterbrechung
710	Soetyk	Waldemar	4.7.26	–	–	26.2. – 28.2.	Schwangerschaftsunterbrechung
711	Gnatruk	Wayline	20.8.23	–	–	27.2. – 9.3.	Appendicitis
712	Sobzik	Josef	7.3.16	–	–	27.2. – 13.3.	Choleystritis
713	Kurz	Gertrud	14.5.21	–	–	27.2. – 29.3.	z.B. Magen
714	Prokop	Anna	30.6.22	–	–	27.2. – 2.3.	Schwangerschaftsunterbrechung
715	Kralowas	Franz	8.7.01	–	–	27.2. – 2.3.	Aortus
						27.2. – 11.3.	z.B. Magen

Stadtkrankenhaus Wolfsburg: Aufstellung der im Stadtkrankenhaus Wolfsburg behandelten Ausländer, Polen, S. 17 und 19, 1950 (2.1.2.1, Dokument ID; 70632333; 70632335, ITS Digitales Archiv)
Stanislawa Gorczyna [d.i. Sara Frenkel, geb. Bass], aufgeführt unter Nummer 636, war vom 29.12.1944 bis 1.1.1945 wegen Bauchbruchs [Tippfehler im Dokument] in Behandlung. Ihre Schwester Lea Bass, die unter der angenommenen Identität von Maria Taracha überlebte, war, aufgeführt unter Nummer 699, vom 14. bis 20. Februar 1945 wegen Diphtherie in stationärer Behandlung.

Abelmann, Noeoh	geb.	5.5.25	in	Warschau	poln.J.	München
Ablöser, Anna	"	7.1o.25	"	Tarnow	" "	Feldafing
Ablöser, Juda	"	7.1o.18	"	Tarnow	" "	Regensburg
Aboaf, Gino					Italiener	Dörverden
Abowicz, Jakob						
Abowicz, Mendel						
Abowicz, Morzek,						
Abraham, Antal						
Abraham, Berta						
Abraham, Blanka						
Abraham, Edith						
Abraham, Frieda						
Abraham, Ida						
Abraham, Margit						
Abraham, Regina						
Abramozek, Isaak						
Abrahamer, Rosa						
Abrahamer, Ruchla						
Abrahamer, Salek						
Abram, Stanislaw						
Abramozyk, Frieda						
Abramozyk, Mina						
Abramowicz, Chaim						
Abramowicz, Chajim						
Abramowicz, Cesia						
Abramowicz, Dora						
Abramowicz, Hanja						
Abramowicz, Isaak						
Abramowicz, Meier,						
Abramowicz, Oskar						
Abramowicz, Samuel						
Abramowicz, Sonia						
Abramowitsch. Isaak						
Abramowitsch Heinrich						
Abramowitsch, Jedka						
Abrowimow, Nikolai						
Abramson, Krisia						
Aohwonasienko, Piotr						
Ackermann, Edward						
Dr. Ackermann, Jakobus						
Ackermann, Pinia						
Aos, Gizella						
Aos, Katalin						
Aos, Vera						
Aos, Istvan,						
Adaoh, Boleslaw						
Adamozyk, Franciska,						
Adammek, Josef						
Adamek, Stanislaw						
Adamozik, Jan						

Barber, David	geb.	24. 8.12	in	Feldafing ?	poln.J.	
Barber, Moses	"	1o.1o.23	"	Skawien	?	Feldafing
Barcikowska, Krystyna	"	2o. 2.29	"	Warschau	Polin	Hildesfeld
Barcikowski, Wladislaw	"	1o. 9.1o	"	Warschau	Pole	Lathferden
Bardo, Jan	"	19. 9.19	"	Salasowa	Pole	Durchreise
Bardzinski, Stanislaw	"	27. 7.18	"	Wilkowiecko,	Pole	Durchreise
Barszcz, Anton	"	31.3.82	"	Wola Saweroska	Polin	Bergen
Bark, Lajb	"	17. 2.18	"	Krosniewice	poln.J.	Bergen
Barlasz, Isak	"	3. 6.27	"	Byalistock,	" "	München
Barmhercyk, Mania	"	5. 4.27	"	Benzburg	" "	Berlin
Baron, Franja	"	1. 7.2o	"	Lodz	poln.J.	Frankfurt
Baron, Kendi	"	16. 4.19	"	Tanger,	Tanger,	München
Barsel, Rachel	"	31.12.2o	"	Kowno	poln.J.	München
Barszewski, Margarete	"	3.1o.21	"	Bromberg,	Polin	Köln
Bart, Jakob	"	2. 9.31	"	Lodz	poln.J.	Berg.Belsen
Bartczak, Franz	"	29. 8.2o	"	Wojcien	Pole	München
Bartel, Jerzy	"	12. 4.22	"	Leslau	Pole	Bremen Blumentha
Bartkiewicz, Georg	"	8. 2.19	"	Sosnovice	Pole	Polen
Bartkiewitz, Wladislaw	"	27. 2.06	"	Wisentow Nowe	Pole	Hamburg
Bartkowski, Moniek	"	16. 4.24	"	Sosnowicz	poln.J.	Italien
Bartkowski, Tadäus	"	7. 6.22	"	Dzialowo	Pole	Leipzig
Bartör, Anna	"	11. 4.09	"	Sosnowicz	poln.J.	Frankfurt/M.
Bartör, Heinrich	"	17. 8.04	"	Bielitza	" "	Frankfurt /M.
Bartschack, Josef	"	1. 1.2o	"	Kalisch	Pole	bildesheim
Baruch, Erne	"	26. 6.25	"	Klausenburg	rum.J.	Berg.Belsen
Barwacz, Franciszek	"	17. 8.17	"	Chikago	Pole	Celle
Barwicki, Felix	"	2o.11.03	"	Skarzico	Pole	Fallingbostel
Baryanka, Alexander	"	28.11.19	"	Tgmurisch	rum.J.	Rumänien
Barysznik, Hanna	"	2. 1.24	"	Wilna	poln.J.	Frankfurt/M.
Barzdan, Karol	"	28. 1.1o	"	Piotkow Tryb	Pole	Fallingbostel
Barzilai. Fanni	"	25. 2.13	"	Athen		Griechin Durchreise
Basely, Carmen	"	22. 3.22	"	Sevilla	Spanierin	Hamburg
Bass, Lea	"	8. 9.25	"	Lublin	poln.J.	Wolfsburg
Bass, Sara	"	28.11.22	"	Lublin	poln.J.	Wolfsburg
Bass, Olga	"	1. 3.24	"	Wilna	" "	München
Bodiukewicz, Rachil	"	12. 5.14	"	Liedic,	poln.J.	München
Bastomski, Haim	"	31.12.31	"	Wilna	" "	München
Basysta, Majer	"	18. 7.1o	"	Lodz	" "	Heidelberg
Baszinski, Czeslaw	"	7.1o.92	"	Krasnostaw	Pole	Landsberg
Bau, Marceli	"	23. 8.23	"	Krakow	poln.J.	Celle Bremer
Bauer, Aranke	"	1o. 9.o1	"	Szekesfeherwar	ung. J.	Durchreise
Bauer, Bela	"	21. 8.21	"	Ujpest	ung. J.	Bergen
Bauer, Edith	"	21.11.21	"	Szekesfehorwar	ung. J.	Budapest
Bauer, Pal	"	1o. 9.23	"	Szekesfeherwar	" "	Kaunitz
Bauer, Tomas				Szekesfeherwar	" "	Kaunitz
Baum, Chaim	"	2. 7.25	"	Szombatanly		Ungarn
Baum, Israel	"	2. 1.18	"	Lodz	poln.J.	Vinnhorst
	"	5.1o.12	"	Lodz	poln.J.	Frankfurt/M.
Baum, Pessa	"	3.1o.2o	"	Wien	lit. J.	München
Baumann, Isaak	"	2o.1o.15	"	Ossiakow	" "	Frankfurt/M.

Hauptausschuss ehemaliger politischer Verfolgter, Hannover: Verzeichnis ehemaliger
KZ-Häftlinge, die in der Region Hannover ansässig sind, Liste 3, S. 1 und 7, ohne Datum [1956]
(3.1.1.3, Dokument ID 78795278; 7879528; ITS Digitales Archiv)
Lea und Sara Bass werden auf der Seite 7 mit dem Wohnort Wolfsburg aufgeführt.

Brunswick 31.1. 1946.
Jews living in the area Brunswick.

Brunswick privat nationality Polish.   F-18-

1.	Bass Lea	1925	Lublin
2.	Bass Sara	1922	
3.	Abramowicz Beniamin	1926	Lodz
4.	Berkfreund Hanka	1920	"
5.	Berkfreun Frania	1909	"
6.	Blass Pola	1923	"
7.	Bojman Kopel	1920	Radom
8.	Bojman Mirjam	1926	Wolanov
9.	Brandel Dwojra	1911	Tomaszow
10.	Bresler Helena		Lodz
11.	Cederbaum Beniamin	1926	"
12.	Cederbaum Josef	1927	"
13.	Cederbaum Lorenc	1924	"
14.	Cederbaum Samuel	1916	"
15.	Cederbaum Salomon	1899	"
16.	Charlupski Abram	1915	Wielun
17.	Dziubas Henryk	1932	Lodz
18.	Eisman Mordka	1916	"
19.	Eisman Wolff	1916	"
20.	Epstein Bela	1922	"
21.	Epstein Giza	1908	Tarnow
22.	Eruan Wolff	1920	Lodz
23.	Erdwein Salomon	1910	Klodewa
24.	Felix Kity	1925	Bielsko
25.	Felix Rosa		
26.	Fenster Leon	1910	Charkow
27.	Fenster-Ejsman Bronislawa	1922	Lodz
28.	Finkielstein Edzia	1925	"
29.	Fish Jakob		
30.	Frankienthal Lola	1926	Pabianice
31.	Frejlich Josek	1919	Lodz
32.	Frenkiel Senmi	1926	Braunschweig
33.	Frenkiel Manfred	1919	
34.	Frenkiel Beno		Lodz
35.	Gelbart Israel	1927	
36.	Gerszonowicz Abram	1917	
37.	Gitler Salomon		
38.	Glaser Ervin	1904	
39.	Goldszajd Leo	1915	Kielce
40.	Groskopf Chana	1894	Lodz
41.	Grünberg Aron	1920	
42.	Grünblatt Samuel	1907	Warschau
43.	Grzmot Szabsa	1915	Dabrowa
44.	Grünberg Aron	1920	Lodz
45.	Hermann Ida	1927	Rzeszow
46.	Mendele Ita	19	Kalisz
47.	Berszkowicz-Tola	1918	Lodz
48.	Hornung Fryda	1923	Bielsko
49.	Jakubowicz Gitla	1916	Jedrzejek
50.	Jakubowicz Henda	1916	Ilawa
51.	Jakubowicz Natan	1915	Lodz
52.	Inowroclawski		
53.	Kaufler Genia	1912	Lodz
54.	Kanarek Fanna	1921	

American Joint Distribution Committee, Hohne-Belsen: Jews Living in the Area Brunswick, Brunswick
Privat Nationality Polish [sic!], 31.1.1946 (3.1.1.3, Dokument ID 78798714, ITS Digitales Archiv)
Sara und Lea Bass werden unter den Nummer 1 und 2 aufgelistet. Saras späterer Ehemann
Manfred Frenkiel [d.i. Manfred Frenkel] steht unter Nummer 33.

Name	BASS	Vorname	SARA

Name .... BASS .... Vorname .... SARA ....

Häftling Nr. .... Geboren am ___1922___

Geburtsort ___LUBLIN___ ....

Letzter Wohnort ....

Gekommen nach Deutschland am ....

Letztes Konzentrations-Lager ....

Sämtliche Adressen des Aufenthalts nach der Befreiung

....

....

Jetzige Adresse BRAUNSCHWEIG ....

Adressen von Verwandten: In Deutschland

....

Im Auslande ....

....

....

Registrierungskarte von Sara Bass, ohne Datum
[vermutlich: American Joint Distribution Committee, Location Service Belsen-Camp]
(3.1.1.1, Dokument ID 66520030, ITS Digitales Archiv)

128

Braunschweig.

AMERICAN JOINT DISTRIBUTION COMMITTEE
LOCATION SERVICE BELSEN - CAMP

Date 1o.1 o.47

Surname: Fränkel

First Name: Manfred

Previous Name:

Birthdate: 3o.5.192o

Birthplace: Braunschweig

Nationality: German

Present Address: Cyriaksring 45

Address before Deport:

Name of Father:

Name of Mother:

Information Learned about above person:

American Joint Distribution Committee, Location Service Belsen-Camp: Registrierungskarte von
Manfred Fränkel [d.i. Manfred Frenkel], 10.10.1947 (3.1.1.1, Dokument ID 67082054, ITS Digitales Archiv)

Liste der in Braunschweig lebenden Juden :

Braunschweig... *duplicate names* ... APR 27 1948

Nr.	Name	Vorname	Geburtsdatum	Geburtsort	Gegenwärtuge adresse
1.	Abelski	Robert			Steinstr. 4.
2.	Abrahamson	Gunther	7.7.192b	Prenzlau	Jansjamp 4.
3.	Brander	Dwerjia	3.9.1911	Tomeszuw	Dp. Lager Broitzem
b4.	Blass	Pola			Steinstr.4.
5.	Berkowicz	Nathan	20.3.1915	Lodz	" 4.
6.	"	Hana	24.9.1923	"	" 4.
7	"	Pesy	31.12.1946	Braunschweig	" 4.
8.	Bass	Lea	8.9.1925	Lublin	Cyriaksring 45
9.	Bromberg	Noe	7.5.1905	Lodz	Kriemhildstr 8.
10.	"	Genia	10.4.1910	"	" 8.
11.	"	Isaak	28.4.1946	Braunschweig	" 8.
12.	Bechner	Benjamin	10.5.1910	Miechnow	Hotel Jacobs
13.	Bieder	Marja	10.7.1908	Tarnow	D.P.Lager Breitzem
14.	Berenstein	Rosa	23.3.1899	Warschau	
15.	Chalupski	Chaim	11.4.1915	Wielun	Rudolstr.7.
16.	Cederbaum	Salamon	9.9.1899	Lodz	Ratsbleiche 6.
17.	"	Samuel		Lodz	Wendenring 13.
18.	"	Israel	13.9.1924	"	Ratsbleiche 6.
19.	"	Jenta	8.6.1917		Wendenring 1 3
20.	"	Pola	26.8.1925		Ratsbleiche 6.
21.	"	Moses		Braunschweig	Wendenring 13.
22.	Cukier	Rachmil	28.7.925	Lodz	Hamburgerstr.238.
23.	"	Estera	15.4.1926	"	" 238
24.	"	Golda	10.7.1947	Braunschweig	" 238
25.	Chudes	Herman	5.3.1912f,	Lodz	Wilhelm Bodestr 45
26.	Czerniak	Dora	2.8.1923	Pabianice	DP lager Breitzem
27.	Dressler	Johanna	2.1.1923	Breslau	Theisenstr 9.
28.	Danziger	Szysa	5.5.1909	Lodz	Dietrichstr.13
29.	"	Estera	13.1.1913	"	" 13.
30.	Erman	Wolf	17.7.1920	Warscau	Burgundenplatz 4.
31.	Engel	David	20.3.1921.	Lodz	Brunhildenstr 3.
32.	"	Fela	2.3.1922.	"	" 8.
33.	"	Hella	8.2.1925.	"	" 8.
34.	Eismann	Motek	1.10.1918.	"	Fasanenstr 51.
35.	"	Wolf	22.9.1916	"	" 51.
36.	Fengler	Mani	27.8.1890.	Graudenz	Nordassel
37.	Fenicher	Cesia	28.10.1919	Tarnow	DP.Lager Breitzem
38.	Fischbein	Lola	10.7.1922.	Lodz	" " "
39.	Friedrich	Dora	18.6.1923	"	Hopfengarten 18.
40.	Friedman	Alexander	7.8.1928	Klausenburg	Güldenstr.7.

American Joint Distribution Committee, Paris: Liste der in Braunschweig lebenden Juden, S. 1f., 5.9.1947
(3.1.1.3, Dokument ID 78798756; 78798757, ITS Digitales Archiv)
Lea Bass wird unter der laufenden Nummer 8, das Ehepaar Frenkel findet sich unter den Nummern 48
und 50, ihr 1947 geborenen Sohn Horst unter der Nummer 51. Für Sara Bass wurde hier dem Vornamen
Charlotte eingetragen.

(11.992)   (2)   5-1070

Nr.	Name	Vorname	Geburtsdatum	Geburtsort	Gegenwärtige adres
41.	Frankenthal	Lola	23.9.1926	Pabianice	Mascherode
42.	Ferber	Moses	14.2.1923		Dorfstr 13.
43.	Fenster	Bronka	26.41922	Jena	Heimstättenweg 11.
44.	"	Leon	24.6.1910	Frankfurt M.	" 11.
45.	Führmann	Margarete	8.3.1903	Lychow	Rosenstr 13
46.	Falkenstein	Wilhelm	22.2.1876	Braunschweig	Salzdahlumerstr 228
47.	Fränkel	Benno	18.1.1890	Lodz	Cyriaksring 45
48.	"	Manfred 3045.3o.5.192o		Braunschweig	" 45
49.	"	Semi	22.1.1926	" F-18-203	45
5o.	"	Charlotte		Lublin	45
51.	"	Horst		Braunschweig	" 45
52.	Gerschenewicz	Moritz			Richmond 98
53.	"	Genia			"
54.	Grosskopf	Chana	12.12.1895	Lodz	Rasbleiche 6.
55	Glücksman	Mirjam	24.5.1918.	Zdonska Wola	Steinstr.4.
56.	Glassmann	Leon	6.3.1917	Tomaszew	Arthurstr 1.
57.	"	Ruchla	9.1o.192o	Lodz	" 1.
58.	Goldscheid	Leon	1.5.1915	"	Ratsbleiche 6.
59.	"	Zofia	2.7.1922	"	" 6.
6o.	Grzmot	Schabsa	23.7.1915	Dombrowa	Fasanenstr 51.
61.	Grünberg	Genia	18.81919	Belchatew	DP Lager Breitzen
62.	Grümblat	Samuel	11.2.19o7	Warschau	Fasanenstr 51.
63.	Goldberg	Moniek	15.2.1916	Lodz	Siegfriedstr 7.
64.	"	Estera	15.4.1918	"	" 7.
65.	"	Abraham	1.7.1947	Braunschweig	" 7.
66.	Goldwasser	Samuel	1.1o.1912	Szydlew	Gleismaroderstr 83.
67.	"	Gitla	2o.4.1921	Zgierz	" 83
68.	"	Israel	5.5.1925.	Szydlew	" 83
69.	"	Ewa	15.1o.1946	Braunschweig	" 83.
7o.	Glücksman	Hans	5.1.191o	Berlin	Klein Steckheim
71.	Goldstein	Henia	28.1o.1947	Lodz	DP lager Breitzen
72.	"	Karola	6.6.1919	"	" " "
73.	Gurauer	Paulina	6.1.1875	Kosten	Museumstr 8.
74.	Goldner	szymen	1o.9.1919	Nyirbator	DP.Lager Breitzen
75	"	Lili	17.2.1928	Ujfeherte	" " "
76.	"	Hilda			" " "
77.	Goldstein	Henrik			Mascherode
78.	"	Sala			"

Geburtsurkunde   E 1

Polish

(Standesamt Braunschweig   Nr. 2546/47   )

N Horst Frenkel

ist am 4. August 1947

in Braunschweig, Adolfstraße 32   geboren.

Vater   Kaufmann Moritz Frenkel in Braunschweig

Mutter   Sara Frenkel geborene Bass in Braunschweig

         beide jüdisch

Aenderungen der Eintragung

Braunschweig , den 23. April 1949

R   Der Standesbeamte
                     In Vertretung

Oding CDO 171 Sch, 12138 5000 11. 48 KI, A.

**AMERICAN JOINT DISTRIBUTION COMMITTEE
LOCATION SERVICE BELSEN - CAMP**

Braunschweig.

                                        10. 10. 47
                                        Date

Surname: Fränkel   First Name: Horst

Previous Name: Birthdate:

Birthplace: Braunschweig   Nationality: German

Present Address: Cyriaksring 45 Address before Deport:

Name of Father: Name of Mother:

Information Learned about above person:

Standesamt Braunschweig: Geburtsurkunde Horst Frenkel, 23.4.1949
(2.2.2.3, Dokument ID 76954322, ITS Digitales Archiv)

American Joint Distribution Committee, Location Service Belsen-Camp: Registrierungskarte von
Horst Fränkel [d.i. Horst Frenkel], 10.10.1947 (3.1.1.1, Dokument ID 67081747, ITS Digitales Archiv)

SCANNED
0 5. März 2012
Name: te

T/D №. 344555

Ref: _____

Inhaft.	Aufenthalt	Sterbeurkunde	Suchantrag	Dokumenten-Auszug	Fotokopie

Name: FRENKEL geb. BASS Sara od. GORCZYCA Stanislawa

B F I L N E: 1 APR 1954 + L O Nat: isr. H. poln.

Positiv					Teil- u. Zwischenbericht		Negativ		Ohne Bericht
Inhaft.	Fotokopie	Besтät.	Tot	Lebend	Inhaft.	Allgem.	Inhaft.	Allgem.	
1x	2x								
								MAY 25 1954	

Positiv		Negativ CM-1	
MAY 18 1954 2/-A	Haupt-kartei		
	K. Z. Dok.	29 JUN 1954	
JUN 3 1954	Ziv. Dok.		

Berichte:			Zur Weiterbearbeitung an:		
			Abt.	Datum	Zeich.
H. i. ag an Reg. 7. 1954			1	MAY 18 1954	
Präs. Hann.			2 JUN 3 1954		
			28 JUN. 28 1954		
			Korr 1 JUL 1954		
			Korr. II 5 JUL 1954		

nacherfaßt

Bemerkungen:

55   344555

Name: F R E N K E L   Sara
od. GORCZYCA Stanislawa geb. BASS
T/D 344 555
Rel.jüd.
BD: 28.11.22 BP: Lublin/Pol.   Nat: isr.fr.poln.

11.39   Lg. Dombrow b. Lublin
4.41   Gh. Lublin
5.42   Untergrund in Polen
12.3.43 - 25.5.45 Wolfsburg u.d.befr.

Reg.Präs. Hann.
Az.: VIII- 1/o2613

kr.

International Tracing Service: Korrespondenzakte Sara Frenkel, geb. Bass, oder Stanislawa Gorczyca,
(T/D-File) 344555, angelegt 1954 (6.3.3.2, Dokument ID 97639626 ; 97639627, ITS Digitales Archiv)
Titelseite der Akte und Anfragenkarte mit Daten zum Verfolgungs- und Überlebensschicksal.

( ) Stichtagsbescheinigung + ( ) Auskunft üb. Auswanderung   E MAR 15 1954

( ) Auszug/Fotokopie v. Krankenpapieren ( ) Sterbeurkunde

(✓) Inhaftierungsbescheinigung ( ) ....

Name: ....Frenkel....✓ Mädchenname: ....Bass....✓

Vorname: ....Sara........ m / w Religion: ....mosaisch..

Evtl.z. Tarnung an-)
gegebene Personalien) : ....Stanislawa..Gorczyca..✓
oder -und Berufe) ....

Geburtsdatum: ..18.11.1924.. Geburtsort: ....Zduńska.... ....Polen....
                                          (Kreis)✓   (Land)

Familienstand
z.Zt.d.Inhaftierung : ......ledig..... Beruf: ..Krankenpflegerin..

Staatsangehörigkeit: ....polnisch........ / ..israelitisch....
                              früher   heute

Ehegatte - Name (Mädchenname) Vorname u. Adresse: ....

....

Ort u.Datum d. Eheschliessung: ....

Letzter Wohnort vor Einlieferung i.d.Konzentrationslager:
....Zduńska.... ....Polen....
   (Ort)   (Strasse)   (Kreis)   (Land)

Name d.   Name d.
Vaters: .... Mutter: ....

Angaben über verschiedene Aufenthalte in Konzentrationslagern, Ghettos, Gefängnissen und anderen Lagern:

Verhaftet am: ..November.1939.. in: ..Zduńska.. durch: ....

Eingeliefert in das: ..Ghetto.Zduńska.Wola.. Häftl.Nr.: ....

am: ..November.1939.. einweisende Stelle: ....

Überstellt zum: ..Ghetto.Zduńska.. am: ..April.1941.. Häftl.Nr.: ....

Überstellt zum: ..Ghetto.in.Lodz.. am: ..Juni.1942.. Häftl.Nr.: ....

Überstellt zum: ..KZ.-.Auschwitz.... am: ..16.1.43.. Häftl.Nr.: ....
                ..Waldburg..

befreit, entlassen oder gestorben am: ..15.4.45.. in: ..Waldburg..

Weitere Angaben: bitte Rückseite benutzen

Nur bei Anforderung von Stichtagsbescheinigungen ausfüllen

DP Nr.: .... Aufenthalte i.d. DP Lagern: ....

....

....Hannover........ den ..5.März.1954..

Aktz.: ..IV/1-1/2613.4..............................

Der Regierungspräsident   Der Regierungspräsident
— Entschädigungsbehörde —   — Entschädigungsbehörde —

Hannover, Archivstr.2   Im Auftrag:

                                            Müller

                                            (W e b e r)

Regierungspräsident Hannover, Entschädigungsbehörde an ITS betr. Inhaftierungsbescheinigung
zu Sara Frenkel, 5.3.1954, in: Korrespondenzakte Sara Frenkel, geb. Bass, oder Stanislawa Gorczyca,
(T/D-File) 344555 (6.3.3.2, Dokument ID 97639631, ITS Digitales Archiv)

TD 344555

D O K U M E N T E N - A U S Z U G

KZ-Dokumente   Zivil-Dokumente   Kindersucharchiv
═══

A u s k u n f t

KZ-Dokumente :

Zivil-Dokumente :

1) F-18-203: "jetzt living in the area Brunswick" Aufgen. 31.1.1946.

2) " "jetzt from Brunswick (living privat)" Eine Um-
stellungskammer Stempel auf d' Rückseite: 25. Jan. 1950.

JUN 3 1954

Kinder-Sucharchiv :

International Tracing Service: Prüfliste für den Dokumentenauszug, 3.6.1954, in:
Korrespondenzakte Sara Frenkel, geb. Bass, oder Stanislawa Gorczyca, (T/D-File) 344555
(6.3.3.2, Dokument ID 97639634, ITS Digitales Archiv)

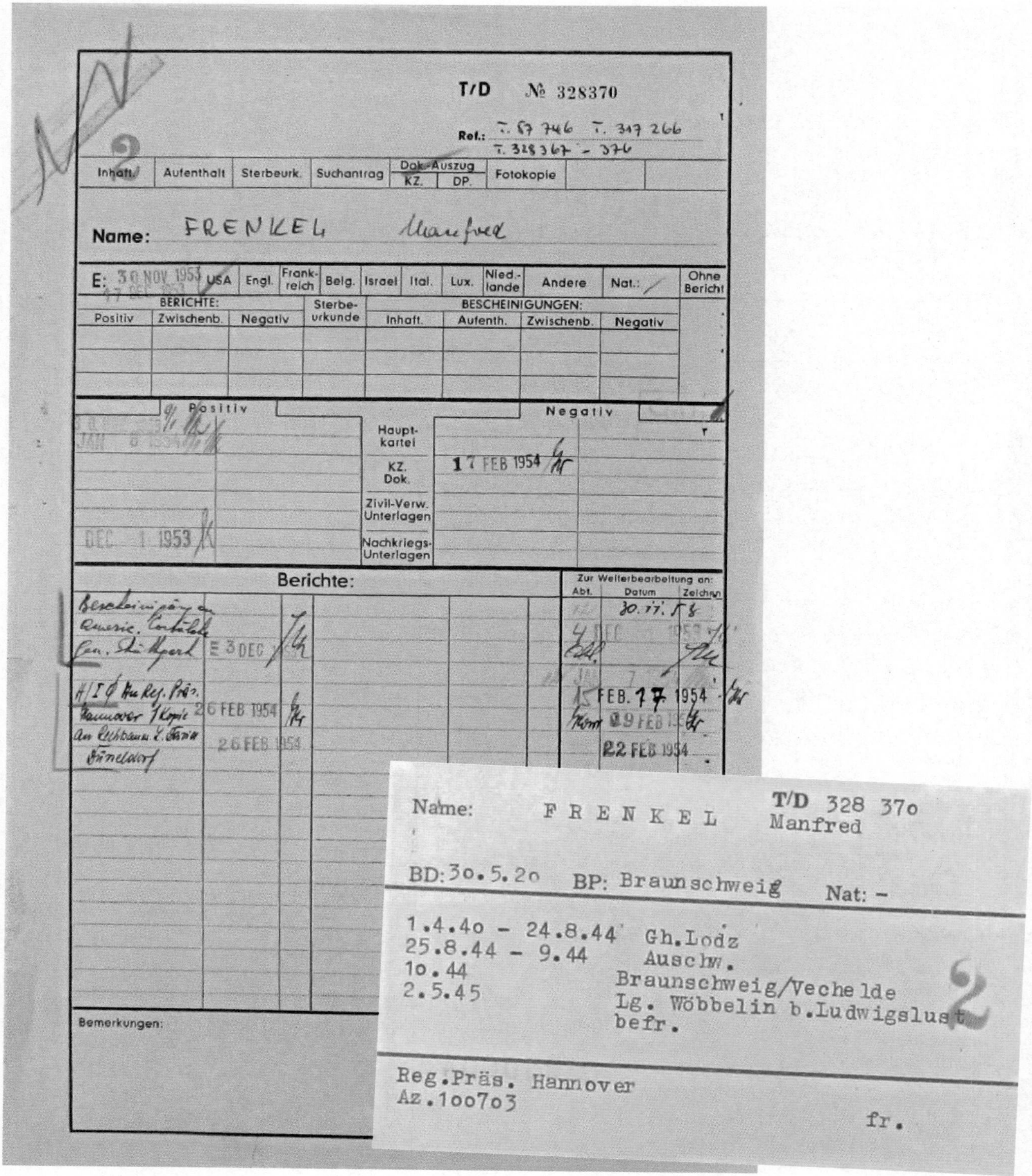

The card (top form):

T/D № 328370

Ref.: T. 57 746   T. 317 266
T. 328367 - 376

| Inhalt. | Aufenthalt | Sterbeurk. | Suchantrag | Dok.-Auszug | | Fotokopie | |
| | | | | KZ. | DP. | | |

Name: FRENKEL   Manfred

| E: 30 NOV 1953 | USA | Engl. | Frank-reich | Belg. | Israel | Ital. | Lux. | Nied-lande | Andere | Nat.: / | Ohne Bericht |

| BERICHTE: | | | Sterbe-urkunde | BESCHEINIGUNGEN: | | | |
| Positiv | Zwischenb. | Negativ | | Inhaft. | Aufenth. | Zwischenb. | Negativ |

Positiv / Negativ

	Haupt-kartei	
	KZ. Dok.	17 FEB 1954
	Zivil-Verw. Unterlagen	
	Nachkriegs-Unterlagen	

DEC 1 1953

Berichte:

Zur Weiterbearbeitung an:		
Abt.	Datum	Zeichen
	30.11.58	

Bescheinigung an Querie. Controle Cen. Stuttgart   E 3 DEC

H/I & Hn Reg. Präs. Hannover (Kopie 26 FEB 1954
an Lehmann E. Stein Düsseldorf   26 FEB 1954

FEB 17 1954
29 FEB 1954
22 FEB 1954

Bemerkungen:

The second card (bottom):

| Name: | FRENKEL   Manfred | **T/D 328 370** |

BD: 30.5.20   BP: Braunschweig   Nat: -

1.4.40 – 24.8.44   Gh. Lodz
25.8.44 – 9.44   Auschw.
10.44   Braunschweig/Vechelde
2.5.45   Lg. Wöbbelin b. Ludwigslust befr.

Reg. Präs. Hannover
Az. 100703

fr.

International Tracing Service: Korrespondenzakte Manfred Frenkel, (T/D-File) 328370, angelegt 1953
(6.3.3.2, Dokument ID 98189814; 98189816, ITS Digitales Archiv)
Titelseite der Akte und Anfragenkarte mit Daten zum Verfolgungs- und Überlebensschicksal.

Dokumente

Sally Perel

Aufstellung

über die in der Stadt Peine wohnhaft gewesenen Opfer des NS-Regimes
aus rassischen Gründen (Juden)

Lfd. Nr.:	N a m e :	Vorname:	geboren:	Verbleib:
1	Fels geb. Ehrlich	Johanna	13.7.1872	1942 nach Theresienstadt
2	Buchbaum	Albert	9.9.1902	im Juni 1944 nach Theresienstadt und am 18.1o. 1949 ausgewandert nach Nordamerika
3	Freudenthal geb. Spiegelberg	Martha	17.1.1868	1942 nach Theresienstadt
4	Friedmann	Albert	2.7.1872	1941 nach Dachau und am 9.5.1941 dort verstorben
5	Friedmann	Renate		
6	Herzfel			
7	Herzfel geb. Rot			
8	Herzog geb. Fel			
9	Jacubowi			
1o	de Jonge			
11	de Jonge geb. Müll			
12	Klestadt			
13	Marburger			
14	Marburger geb. Moses			

- 2 -

Lfd. Nr.:	N a m e :	Vorname:	geboren:	Verbleib:
15	Marburger	Hans	28.5.1921	am 1o.11.1938 in Peine durch SS umgekommen
16	Mosheim geb. Koopmann	Minna	3.6.1867	am 21.7.1942 nach Theresienstadt
17	P e r e l	Sally	21.4.1925	am 21.12.1933 nach Lodz abgemeldet. Angemeldet 24.5.45 von Auschwitz u. am 18.5.46 nach München abgemeldet
18	Püls geb. Rosenstein	Elsbeth	14.5.1896	1945 nach Theresienstadt und am 18.3.196o in der Stadt Peine verstorben
19	Sostmann geb. Marx	Bertha	3o.12.1869	am 21.7.1942 nach Theresienstadt
2o	Sostmann	Gretchen	3o.4.1897	am 21.7.1942 nach Theresienstadt und am 14. 2.1944 dort verstorben
21	Wilder geb. Rössler	Minna	28.12.1887	am 8.4.42 nach Warschau
22	Wilder	Gitti Frieda	17.9.1913	am 8.4.1942 nach Warschau
		Leonie	13.1o.193o	am 8.4.1942 nach Warsch.

Stadt Peine: Aufstellung über die in der Stadt Peine wohnhaft gewesenen
Opfer des NS-Regimes aus rassischen Gründen (Juden), S. 1f., 8.1.1963
(1.2.5.1, Dokument ID 12851622, 12851623, ITS Digitales Archiv)
Sally Perel wird unter der laufenden Nummer 17 aufgeführt.

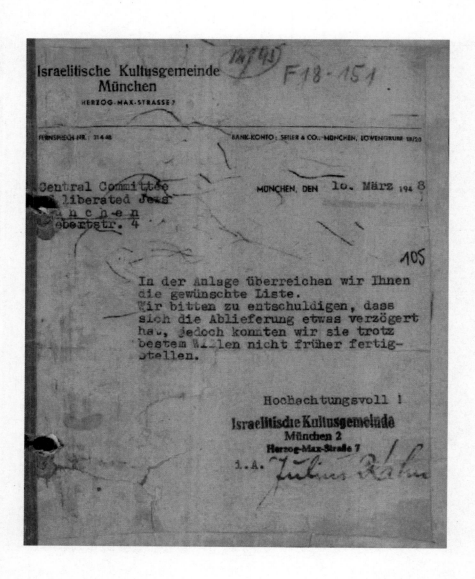

Israelitische Kultusgemeinde München an Central Committee of the Liberated Jews, München, 10.3.1948 (3.1.1.3, Dokument ID 78794827, ITS Digitales Archiv)

F 18-151

Stempel: Israelitische Kultusgemeinde
München 2
Herzog-Max-Straße 7

Mitgliederliste vom 26. Februar 1948

Abelsky	Boris	München	Boschetsriederstr. 47,2
Abelsky	Isaak	München	Spitalstr. 13/1
Abelsky	Slata	"	Josef Spitalstr. 13/1
Abelsky	Sonja	"	"
Abend	Viktor Dr.	"	Auss.Prinzregentenstr. 9
Aber	Heinz	Weilheim	Waisenhausstr. 22
Abraham	Ludwig	München	
Abramowitz	Chasl		
Abramowitz	Samuel		
Abramowitz	Siegf		
Abramowitz	Siegf		
Abzug	Emanu		
Abzug	Emma		
Ackermann	Phill		
Adler	Fried		
Adler	Gertr		
Adler	Hans		
Adler	Helena		
Adler	Michae		
Adler	Simon		
Akselrad	Josef		
Alba	Salomo		
Aleksander	Gita		
Aleksander	Griana		
Aleksander	Pesia		
Aleksander	Sura		

ITS -Abschrift

12 896   F · 18 · 151

Stempel: Israelitische Kultusgemeinde
München 2, Herzog Max Str. 7   39

				144
Palimker	Sigmund	München	Schumannstr. 6/2	
Panzner	Maria	Regensburg	Plato Wildstr. 7	
Parlberg	Günther	München	Dachauerstr. 106	
Perlberg	Sara	" 3		
Pechthold	Jakob	"	Fröbelpl. 22	
Peiss	Jacob	"	Blumenstr. 30	
Pelzer	Selma	Oberammergau	Rottenburgerstr. 22	
Pencakowski	Jakub	München	Schluderstr. 27/o	
Pencakowska	Mila	"	"	
Pencakowska	Sara	"		
Penner	Klara	"	Dreimühlenstr. 14	
Penner	Pinkus	"	"	
Penner	Regina	"	Parkstr. 2/3	
Penzias	Max	"	Starenweg 48	
Perel	Isak	"	Starenweg 48	
Perel	Mirjam	"		
Perel	Sally	"	Balanstr. 12/2	
Peretzmann	Jakob	"	Maria Warthstr. 26	
Pergricht	Baruch	"	Ganghoferstr. 58	
Perl	Alexander	"	Laplacestr. 3/2	
Perl	Herta	" /Pasing	Peter Fischerstr. 13/o	
Perl	Josef	"	Ganghoferstr. 58	
Perl	Rossi	"	Leonrodplatz 1/I	
Pfeffer	Jetti	"		
Pfeffer	Lola	"	"	
Pfeffer	Moritz	"	Leonrodstr. 42/2	
Pfeffer	Samuel	"	Cirkus Krone 42/2	
Philadelphia	Leonie	"	Rainerstr. 91	
Pick	Erich	Puchheim	Hohenwarterstr. 1	
Pietrkowski	Hans	München	Seestr. 93/1	
Pilzer	Bluma	Waging		
Pilzer	Josef	"	Schäringerstr. 28/1	
Pinkas	Abram	München	Vormarkt 17	
Pinkus	Adelheid	Trostberg	Rüthlingstr. 6/1	
Pinkus	Kopel	München	Vormarkt 17	
Pinkus	Siegfried	Trostberg	Franzosengasse 16	
Pissarzyk	Rosalie	Oberammergau	Ramungstr. 9	
Pistreich	Josef	München		
Pistreich	Leon	"	Adelgundenstr. 12/1	
Pittermann	Betta	"	"	
Pittermann	Josef	"		
Pittermann	Leon	Huglfing	Nr. 40	
Plasse	Erna	Neusöcking	Nr. 6	
Poczobowski	Stanislaus	München	Scharnhorststr. 1/o	
		"	Leuchtenbergstr. 2/9	
		"	Franzosengasse 16	
	Aneta	Oberammergau	Jakob Klarstr. 14/2	
Poczobutt	Tania	München		
Poczobutt	Karoline		Marsstr. 11	
Pölt	Gertrud		Wolfratshauserstr. 45	
Pötzl	Hugo	Icking		

Israelitische Kultusgemeinde München: Mitgliederliste vom 26. Februar 1948,
S. 1 und 39 (3.1.1.3, Dokument ID 78794828; 78794869, ITS Digitales Archiv)
Isak Perel und seine Frau Mirjam sowie Sally Perel werden auf der Seite 39
mit der Adresse Starenweg 48 aufgeführt.

Zusammenstellung
=====================
Transp. mit Auto den 7.7.48

			ß.	ß.	ß.	DM.
Liste nr.	1	Person 26.....	78.–	325.–	104.–	612.–
" nr	2	" 26.....	78.–	325.–	104.–	636.–
" nr	3	" 26.....	78.–	325.–	104.–	619.–
" nr	4	" 26.....	78.–	325.–	104.–	520.–
" nr	5	" 26.....	78.–	325.–	104.–	638.–
" nr	6	" 26.....	78.–	325.–	104.–	634.–
" nr	7	" 26.....78.–		325.–	104.–	688.–
" nr	8	" 26.....	78.–	325.–	104.–	546.–
" nr	9	" 26.....	78.–	325.–	104.–	677.–
" nr	10	" 26.....	78.–	325.–	104.–	542.–
" nr	11	" 26.....	78.–	325.–	104.–	398.–
" nr	12	" 26.....	78.–	325.–	104.–	510.–
" nr	13	" 26.....	78.–	325.–	104.–	574.–
" nr	14	" 14.....	42.–	185.–	56.–	323.–
" nr	15	" 35.....105.–		437,50	140.–	1.050.–
" nr	16	" 35.....105.–		437,50	140.–	1.050.–
" nr	17	" 35..... 105.–		437,50	140.–	1.050.–
" nr	18	" 28.... 84.–		350.–	112.–	840.–
Listen	18	Person 485...1.455.–		6.072,50	1.940.–	11.907.–

Zusammen:...........ß. 9.467,50
===========
DM. 11.907.–
===========

Jewish Agency For Palestine, München: Kostenaufstellung der Autokonvois
mit nach Palästina emigrierenden Juden, 7.7.1948
(3.1.1.3, Dokument ID 78811225, ITS Digitales Archiv)

10 ³¹⁸

	Name u. Vorname	No of Druim	Date of Birth		CAMP					DM
1.	Pastein Fetman	B.1.19109	1.12.13	F	München	K	3-	12 50	4-	5
2.	Prejerrowicz Dawid	B.57408	16.10.14	M	Bamberg	K	3-	12 50	4-	33
3.	Pilz Abrom	B.504146	21.3.17	M	München	K	3-	12 50	4-	5
4.	Plachta Zucken	B.07874	25.5.05	M	Schwandorf	K	3-	12 50	4-	15
5.	Petrosman Jsrael	B.35823	26.1.18	M	Dachau	K	3-	12 50	4-	10
6.	Prelowicz Czypa	B.18352	6.5.13	F	Garmisch	K	3-	12 50	4-	30
7.	Prinex Menyhart	B.580889	16.7.25	M	Rosenheim	K	3-	12 50	4-	15
8.	Platz Leon	B.32262	31.10.88	M	Dachau	K	3-	12 50	4-	10
9.	Peter Eva	B.569885	31.8.28	F	Rosenheim	K	3-	12 50	4-	15
10.	Paloznicki Salomon	B.11259	3.1.26	M	Traunstein	K	3-	12 50	4-	25
11.	Perel Sally	B.442 02165	21.4.25	"	München	K	3-	12 50	4-	5
12.	Pangerl Gerhard	11611	1.4.127	"	Berlin	K	3-	12 50	4-	44
13.	Pestes Bernhard	B.45966	16.8.21	"	Mühldorf	K	3-	12 50	4-	30
14.	Paskal Andreas	B.15.111	8.10.10	"	Wolfratshausen	K	3-	12 50	4-	15
15.	Pokrzywa Roman	B.04295	10.10.13	"	Fürstenfeldbruck	K	3-	12 50	4-	15
16.	Pribut Chaim	F.321048	3.5.28	"	Dormstadt	K	3-	12 50	4-	44
17.	Posmantte Heinrich	B.538889	24.12.20	"	Landsberg	K	3-	12 50	4-	12
18.	Pinkinski Leibo	B.111 05631	4.5.16	"	München	K	3-	12 50	4-	5
19.	Pasternak Monik	B.10386	4.5.21	"	Traunstein	K	3-	12 50	4-	25
20.	Pryzirewicz Chaja	B.57010	10.6.18	F	Bamberg	K	3-	12 50	4-	33
21.	Prisekkulnik Schaul	D.604044	26.12.16	M	Bad Salzschlif	K	3-	12 50	4-	44
22.	Reffalczyk Peter	12096	12.10.28	M	Berlin	K	3-	12 50	4-	44
23.	Rosner Hela	B.21141	1.8.15	F	München	K	3-	12 50	4-	5
24.	Rotter Luiso	B.56088Y	8.10.20	F	Rosenheim	K	3-	12 50	4-	15
25.	Raich Miriam	B.11259	10.9.19	F	Marktredwitz	K	3-	12 50	4-	33
26.	Rosenstein David	B.15624	14.7.12	M	Starenberg	K	3-	12 50	4-	10
							78	325	104	542

Jewish Agency For Palestine, München: Konvoi Nummer 10, 7.7.1948
(3.1.1.3, Dokument ID 78811235, ITS Digitales Archiv)
Sally Perel ist unter Nummer 11 genannt.

T/D

Nº 929241

Ref: _____

Inhaft.	Aufenthalt	Sterbeurk.	Suchantrag	Dok.-Auszug		Fotokopie	Kranken-papiere		
				K.Z	DP.				

Name: PEREL, Schlomo

E: 4. Nov. 1964	USA	Engl.	Frank-reich	Belg.	Israel	Ital.	Lux.	Nied.-lande	Andere	Nat.:	Ohne Bericht

Positiv				Negativ	
		Haupt-kartei	19. Nov. 1964		
Kartei	Listen	Kindersuch-archiv	Kartei	Listen	
DP-2	CM/1	Nachkriegszeit-Unterlagen	DP-2 AK 11/64 27. NOV. 1964	C/M1 8/a 11/64	
		Kriegszeit-Unterlagen			
		K. Z.-Dokumente			

Berichte:				Zur Weiterbearbeitung an:		
				Abt.	Datum	Zeich.
F-44 an: BLEA, München	-3. Dez. 1964				19. Nov. 1965	
				18 25 NOV. 1964		
				30. Nov. 1964		
				Abl.		

Zurück am:	
KL Karten „Zw. m. B."	
KL Karten „Zw. o. B."	
KL Karten „N"	
KZ Unterlagen	

Nº 929241

PEREL, Schlomo

Eltern:

Geb.: 21.4.1925   Peine,Hannover

T/D   929 241

Rel.:   jüd.

Nat.:   isr./poln.

BLEA München   wa.

International Tracing Service: Korrespondenzakte Schlomo [d.i. Sally] Perel, (T/D-File) 929241, angelegt 1964 (6.3.3.2, Dokument ID 108332528; 108332529, ITS Digitales Archiv)
Titelseite der Akte und Anfragenkarte mit Daten zum Verfolgungs- und Überlebensschicksal.

Anfragende Stelle:
Bayer. Landesentschädigungsamt
München 2, Prinz-Ludwig-Straße 1-3

München, den 24.9.1964

E. 28 SEP. 1964

Inhalt.	Todeserkl.
Auf.	
Dok.-Aus.	
	Fot.-Kopie
Geschäft.	Spezial-anlage

DP-Dok.-Auszug

An das

Comité international de la Croix-Rouge

Service international de recherches — International Tracing Service
Internationaler Suchdienst
Arolsen/Waldeck, Deutschland

( ) Inhaftierungsbescheinigung   (X) Auskunft über Auswanderung

(X) Aufenthaltsbescheinigung   ( ) Sterbeurkunde

(X) Krankenpapiere

Fragen: **Antworten:**

I. Personalangaben   **im Konzentrationslager**   **im D.P.-Lager**
                        (Tarnnamen)

1. Namen/Mädchenname   P e r e l

2. Vornamen   Schlomo

3. bei Namensänderung nach dem Krieg
jetziger Name u. Vorname

4. Geburtsdaten (Tag, Monat, Jahr)   21.4.1925

5. Geburtsort   Peine b.Hannover

6. Beruf   Werkzeugmacher

7. Religion   jüd.

8. Staatsangehörigkeit   fr.polnisch jetzt: Israel

9. Letzte Anschrift vor der Inhaftierung
(auch Straße und Hausnummer)   ?

10. Namen der Eltern
(auch Mädchenname der Mutter)   ?

11. Familienstand z. Zt. der Inhaftierung   ?

    a) Familienstand heute   verh.

    b) Falls verheiratet, Vor- und Mädchennamen der Ehefrau/
       Vornamen des Ehemannes, evtl. 1. Ehe, 2. Ehe

    c) Ort und Datum der Eheschließung   ?

12. Unterschriftsprobe   wie im Konzentrationslager   wie im D.P.-Lager

Bitte wenden!

BLEA — 735 — 10000 — 1.62

Bayerisches Landesentschädigungsamt, München an ITS betr. Aufenthaltsbescheinigung, Krankenpapieren, Auskunft über Auswanderung 24.9.1964, in: Korrespondenzakte Schlomo [d.i. Sally] Perel,
(T/D-File) 929241 (6.3.3.2, Dokument ID 108332531, ITS Digitales Archiv)

II. Angaben über Inhaftierung:

13. Verhaftet am .... in .... durch ....

Eingeliefert in das .... Häftl. Nr. .... Block Nr. ....

am .... einweisende Stelle ....

Überstellt zum .... am .... Häftl. Nr. .... Block Nr. ....

Überstellt zum .... am .... Häftl. Nr. .... Block Nr. ....

Überstellt zum .... am .... Häftl. Nr. .... Block Nr. ....

Befreit, entlassen oder gestorben am ....

III. Angaben über Aufenthalt nach dem Kriege:

14. Sämtliche Aufenthaltsorte und -daten nach dem Kriege ....

15. Nummer des CM/1-Bogens und die DP-Reg. Nr. ....

16. Auswanderung erfolgte:

   a) wann ....

   b) von wo ....

   c) wohin ....

   d) wie (Schiffsnamen, Flugnummer) ....

   e) mit welchen Familienangehörigen ....

   f) unter welchem Namen ....

17. Jetzige Anschrift ....

IV. Bei Anforderungen von Krankenpapieren:

18. Für die Zeit der Inhaftierung   KL (Krankenbau) Ort ....

19. Für die Zeit nach dem Kriege   DP (Hospital) ....

V. Sonstiges:

20. Anschrift und Aktenzeichen der
    zuständigen Wiedergutmachungsbehörde
    (Bei Anforderung von ITS Inhaftierungs-
    und Aufenthaltsbescheinigungen
    unbedingt angeben.)

    58 368 – 6 – bd.

                                                              I. A.

                                        _____
                                                 Unterschrift
                                              (Schachtner)

Literaturverzeichnis

Hans-Günther Adler: Die Erfahrung der Ohnmacht. Beiträge zur Soziologie unserer Zeit, in: ders.: Die Erfahrung der Ohnmacht. Beiträge zur Soziologie unserer Zeit, Frankfurt am Main 1964, S. 193-209

Hans-Günther Adler: Die Erfahrung der Ohnmacht. Beiträge zur Soziologie unserer Zeit, Frankfurt am Main 1964

Hans-Günther Adler: Gedanken zu einer Soziologie des Konzentrationslagers, in: Hans-Günther Adler: Die Erfahrung der Ohnmacht. Beiträge zur Soziologie unserer Zeit, Frankfurt am Main 1964, S. 210-226

Hans G. Adler: Theresienstadt 1941 - 1945. Das Antlitz einer Zwangsgemeinschaft. Geschichte, Soziologie, Psychologie, Tübingen 1955

Kazimierz Albin: Józef Szajna, Häftling Nr. 18 729, in: Gesellschaft zur Betreuung von Auschwitz (Hg.): Memento Auschwitz, Warschau 1998, S. 28-37

Thomas Albrich (Hg.): Flucht nach Eretz Israel. Die Bricha und der jüdische Exodus durch Österreich nach 1945, Innsbruck 1998

Götz Aly/Karl Heinz Roth: Die restlose Erfassung. Volkszählen, Identifizieren, Aussondern im Nationalsozialismus, Berlin 1984

Anna Andlauer: Du, ich bin ... der Häftling mit der Nummer 1, Unkel/Rhein; Bad Honnef 1992

Avraham Barkai. Vom Boykott zur „Entjudung". Der wirtschaftliche Existenzkampf der Juden im Dritten Reich 1933 - 1943, Frankfurt am Main 1988

Yehuda Bauer: Flight and Rescue: Brichah, New York 1970

Zygmunt Bauman: Dialektik der Ordnung. Die Moderne und der Holocaust, Hamburg 1992

Zygmunt Bauman: Moderne und Ambivalenz. Das Ende der Eindeutigkeit, Hamburg 2005

Stefan Baumeister: Zur Organisation und Realisation der Schoah. Rechtliche, institutionelle, organisatorische und verwaltungstechnische Voraussetzungen des Massenmords an den europäischen Juden, Konstanz 2001

Ingrid Bauz: Von der Politischen Polizei zur Gestapo – Brüche und Kontinuitäten, in: Ingrid Bauz/ Sigrid Brüggemann/Roland Maier (Hg.): Die Geheime Staatspolizei in Württemberg und Hohenzollern, Stuttgart 2013, S. 23-77

Ingrid Bauz/Sigrid Brüggemann/Roland Maier (Hg.): Die Geheime Staatspolizei in Württemberg und Hohenzollern, Stuttgart 2013

Riccardo Bavaj: Die Ambivalenz der Moderne im Nationalsozialismus. Eine Bilanz der Forschung, München 2003

Margalit Bejarano/Amija Boasson: Sklavenarbeit und Shoah. Ein Blick aus Israel, in: Alexander von Plato/Almut Leh/Christoph Thonfeld (Hg.): Hitlers Sklaven. Lebensgeschichtliche Analaysen zur Zwangsarbeit, Köln; Weimar; Wien 2008, S. 311-323

Asher Ben-Natan/Susanne Urban: Die Bricha. Aus dem Terror nach Eretz Israel. Ein Fluchthelfer erinnert sich, Düsseldorf 2005

Nicolas Berg: Der Holocaust und die westdeutschen Historiker. Erforschung und Erinnerung, Göttingen 2003

Holger Berschel: Bürokratie und Terror. Das Judenreferat der Gestapo Düsseldorf 1935 - 1945, Essen 2001

David Boder: Die Toten habe ich nicht befragt, Heidelberg 2011

Gerhard Botz: Widerstand, Überleben und Identität. Zeithistorische und biographiegeschichtliche Überlegungen, in: Alexander Friedmann/Elvira Glück/David Vyssoki (Hg.): Überleben der Shoah – und danach. Spätfolgen der Verfolgung aus wissenschaftlicher Sicht, Wien 1999, S. 42-57

Sigrid Brüggemann: Das Institut der Schutzhaft, in: Ingrid Bauz/Sigrid Brüggemann/Roland Maier (Hg.): Die Geheime Staatspolizei in Württemberg und Hohenzollern, Stuttgart 2013, S. 110-120

Sigrid Brüggemann: Die Verfolgung der politischen Gegnerinnen und Gegner aus dem linken Spektrum, in: Ingrid Bauz/Sigrid Brüggemann/Roland Maier (Hg.): Die Geheime Staatspolizei in Württemberg und Hohenzollern, Stuttgart 2013, S. 166-195

Emil Büge: 1470 KZ-Geheimnisse. Heimliche Aufzeichnungen aus der Politischen Abteilung des KZ Sachsenhausen Dezember 1939 bis April 1943, Berlin 2010

Bundeszentrale für Politische Bildung/Yad Vashem (Hg.): Zurück ins Leben. Jüdische Lebenswelten nach dem Holocaust, Bonn 2007 (CD-ROM)

Central Committee of Liberated Jews in Bavaria (Hg.): Shārit Ha-Plātah. Vol. 1, München 1946

Alain Corbin: Auf den Spuren eines Unbekannten. Ein Historiker rekonstruiert ein ganz gewöhnliches Leben, Frankfurt am Main; New York 1999

Carsten Dams/Michael Stolle: Die Gestapo. Herrschaft und Terror im Dritten Reich, München 2008
Martin Doerry: Nirgendwo und überall zu Haus. Gespräche mit Überlebenden des Holocaust, München 2006

Klaus Drobisch/Günther Wieland: Das System der NS-Konzentrationslager 1933 - 1939, Berlin 1993
Volker Eichler: Die Frankfurter Gestapo-Kartei. Entstehung, Struktur, Funktion, Überlieferungsge-schichte und Quellenwert, in: Gerhard Paul/Klaus-Michael Mallmann (Hg.): Die Gestapo. Mythos und Realität, Darmstadt, 1995, S. 178-199

Volker Eichler: Das Judenreferat der Frankfurter Gestapo, in: Monica Kingreen (Hg.): „Nach der Kristallnacht". Jüdisches Leben und antijüdische Politik in Frankfurt am Main 1938 - 1945, Frankfurt am Main; New York 1999, S. 237-258

Hans Ellger: Salzwedel, in: Wolfgang Benz/Barbara Distel (Hg.): Der Ort des Terrors. Bd. 5: Hinzert, Auschwitz, Neuengamme, München 2007, S. 514-516

Richard J. Evans: Das Dritte Reich, Bd. 1: Aufstieg, München 2004

Gudrun Exner/Peter Schimany: Amtliche Statistik und Judenverfolgung. Die Volkszählung von 1939 in Österreich und die Erfassung der österreichischen Juden, in: Geschichte und Gesellschaft 32 (2006), Nr. 1, S. 93-118

Martin Faatz: Vom Staatsschutz zum Gestapo-Terror. Politische Polizei in Bayern in der Endphase der Weimarer Republik und der Anfangsphase der nationalsozialistischen Diktatur, Würzburg 1995

Rolf Fischer: Ohne Rückkehr. Die Deportation der Juden aus dem Regierungsbezirk Arnsberg nach Zamość im April 1942, in: Ralf Piorr: Ohne Rückkehr. Die Deportation der Juden aus dem Regierungsbezirk Arnsberg nach Zamość im April 1942, Essen 2012, S. 18-48

Wolfgang Form/Theo Schiller/Karin Brandes (Hg.): Die Verfolgten der politischen NS-Strafjustiz in Hessen. Ein Gedenkbuch, Marburg 2012

Viktor E. Frankl: Gesammelte Werke, Bd. 1: ... trotzdem Ja zum Leben sagen. Und ausgewählte Briefe (1945 - 1949), Wien; Köln; Weimar 2005

Sara Frenkel, in: Die Angst war immer da, in: Manfred Grieger/Ulrike Gutzmann (Hg.): Überleben in Angst. Vier Juden berichten über ihre Zeit im Volkswagenwerk in den Jahren 1943 bis 1945, Wolfsburg 2012, S. 57-71

Saul Friedländer: Das Dritte Reich und die Juden. Bd. 2: Die Jahre der Vernichtung 1939 - 1945, München 2006

Gedenkstätte Buchenwald (Hg.): Konzentrationslager Buchenwald 1937 - 1945. Begleitband zur ständigen historischen Ausstellung, Göttingen 2011

Robert Gellately: Die Gestapo und die deutsche Gesellschaft. Die Durchsetzung der Rassenpolitik 1933 - 1945, Paderborn 1993

Martin Gilbert: Auschwitz und die Alliierten, München 1982

Daniel Jonah Goldhagen: Hitlers willige Vollstrecker. Ganz gewöhnliche Deutsche und der Holocaust, Berlin 1996

Christoph Graf: Politische Polizei zwischen Demokratie und Diktatur. Die Entwicklung der preußischen Politischen Polizei vom Staatsschutzorgan der Weimarer Republik zum Geheimen Staatspolizeiamt des Dritten Reiches, Berlin 1983

Roberta R. Greene/Sandra A. Graham: Role of Resilience Among Nazi Holocaust Survivors. A Strength-Based Paradigm for Understanding Survivorship, in: Family & Community Health 32 (2009), Nr. 1, S. 75-82

Manfred Grieger: Das KZ-Außenlager „Hecht" in Holzen bei Eschershausen, in: Jens-Christian Wagner (Hg.): Wiederentdeckt. Zeugnisse aus dem Konzentrationslager Holzen, Göttingen 2013, S. 184-191

Manfred Grieger: Das zentrale Zwangsarbeiterdenkmal der Stadt Wolfsburg auf dem Sara-Frenkel-Platz, in: Beiträge zur Geschichte der nationalsozialistischen Verfolgung in Norddeutschland, Bd. 11: Wehrmacht und Konzentrationslager, Bremen 2012, S. 194-197

Manfred Grieger: Zwischen Krise und Krieg. Hoffmann-Stadt Fallersleben in der Hitler-Zeit, in: Stadt Wolfsburg (Hg.): Hoffmannstadt Fallersleben. Zeitreise durch ein Jahrtausend, Braunschweig 2010, S. 274-305

Manfred Grieger/Ulrike Gutzmann (Hg.): Überleben in Angst. Vier Juden berichten über ihre Zeit im Volkswagenwerk in den Jahren 1943 bis 1945, Wolfsburg 2012

Samuel Gringauz: Das Jahr der großen Enttäuschungen. 5706 in der Geschichte des jüdischen Volkes, in: Babylon. Beiträge zur jüdischen Gegenwart 4 (1989), Heft 5, S. 73-81

Wolf Gruner: Judenverfolgung in Berlin 1933 - 1945. Eine Chronologie der Behördenmaßnahmen in der Reichshauptstadt, Berlin 2009

Israel Gutman (Hg.): Lexikon der Gerechten unter den Völkern: Deutsche und Österreicher, Göttingen 2005

Ulrike Gutzmann/Markus Lupa: Vom „Vorwerk" zum FahrWerk. Eine Standortgeschichte des Volkswagen Werks Braunschweig, Wolfsburg 2008

Ernst Hansack: Das Wesen des Namens, in: Andrea Brendler/Silvio Brendler (Hg.): Namenarten und ihre Erforschung. Ein Lehrbuch für das Studium der Onomastik, Hamburg 2004, S. 51-59

Bonnie M. Harris: The Polenaktion of October 28, 1938. Prelude to Kristallnacht and Pattern for Deportation, in: Nancy Rupprecht/Wendy Koenig (Hg.): Holocaust Persecution. Responses and Consequences, Newcastle upon Tyne 2010, S. 56-76

Andreas Heusler: Fahrt in den Tod. Der Mord an den Münchner Juden in Kaunas (Litauen) am 25. November 1941, in: Stadtarchiv München (Hg.): „... verzogen, unbekannt wohin". Die erste Deportation von Münchner Juden im November 1941, Zürich; München 2000, S. 13-24

Raul Hilberg: Unerbetene Erinnerung, Der Weg eines Holocaust-Forschers, Frankfurt am Main 1994

Raul Hilberg: Die Vernichtung der europäischen Juden. Die Gesamtgeschichte des Holocaust, Berlin 1982

Franz Hocheneder: H. G. Adler (1910 - 1988). Privatgelehrter und freier Schriftsteller, Wien; Köln; Weimar 2009

Stefan Hördler: Aspekte der Täterforschung. Eine kritische Bilanz, in: Petra Frank/Stefan Hördler (Hg.): Der Nationalsozialismus im Spiegel des öffentlichen Gedächtnisses. Formen der Aufarbeitung und des Gedenkens, Berlin 2005, S. 23-46

Gerd E. Hoffmann/Barbara Toetze/Adalbert Podlech, Nummerierte Bürger, Wuppertal 1975
Anna Holian: Between National Socialism and Soviet Communism. Displaced Persons in Postwar Germany, Ann Arbor 2011

Henriette von Holleuffer: Zwischen Fremde und Fremde. Displaced Persons in Australien, den USA und Kanada 1946 - 1952, Göttingen 2005

Yehudit Inbar: Lichtflecke. Frau sein im Holocaust, Jerusalem 2007

International Refugee Organization (Hg.): The Facts About Refugees, Geneva 1948

Internationale Flüchtlingsorganisation (Hg.): Emigration aus Europa. Ein Bericht der Erfahrungen, Genf 1951

Eric A. Johnson: Der nationalsozialistische Terror. Gestapo, Juden und gewöhnliche Deutsche, Berlin 2001

Jugend für Dora e.V. (Hg.): Die Zukunft der Zeitzeugen, Nordhausen 2010

Julia Kertesz: Von Auschwitz ins Volkswagenwerk. Erinnerungen an KZ-Haft und Zwangsarbeit. In: Dachauer Hefte 8 (1992), S. 69-87

Markus Kienle: Das Konzentrationslager Heuberg in Stetten am kalten Markt, in: Wolfgang Benz/ Barbara Distel (Hg.): Terror ohne System. Die ersten Konzentrationslager im Nationalsozialismus 1933 - 1935, Berlin 2001, S. 41-63

Yehudit Kleiman/Nina Springer-Aharoni (Hg.): The Anguish of Liberation, Jerusalem 1995

Eugen Kogon: Der SS-Staat. Das System der deutschen Konzentrationslager, Berlin 1947

KZ-Gedenkstätte Dachau (Hg.): Gedenkbuch für die Toten des Konzentrationslagers Dachau, Dachau 2011

Lageberichte rheinischer Gestapostellen. Bd. 1: 1934. Bearbeitet von Anselm Faust/Bernd-A. Rusinek/Burkhard Dietz, Düsseldorf 2012

Lawrence L. Langer: Holocaust Testimonies. The Ruins of Memory, New Haven; London 1991

Lawrence L. Langer: Versions of Survival. The Holocaust and the Human Spirit, Albany, N.Y. 1982

Primo Levi: Ist das ein Mensch?, München; Wien 1988

Ayalon Liat: Challenges Associated with the Study of Resilience to Trauma in Holocaust Survivors, in: Journal of Loss and Trauma 10 (2005), Nr. 4, S. 347-358

Heiner Lichtenstein: Warum Auschwitz nicht bombardiert wurde, Köln 1980

Ladislaus Löb: Geschäfte mit dem Teufel. Die Tragödie des Judenretters Rezsö Kasztner. Bericht eines Überlebenden, Köln 2010

Andrea Löw: Juden im Ghetto Litzmannstadt. Lebensbedingungen, Selbstwahrnehmung, Verhalten, Göttingen 2005

Peter Longerich: Tendenzen und Perspektiven der Täterforschung, in: Aus Politik und Zeitgeschichte 57 (2007), Nr. 14/15, S. 3-7

Yaacov Lozowick: Introduction, in: Yehudit Kleiman/Nina Springer-Aharoni (Hg.): The Anguish of Liberation. Testimonies from 1945, Jerusalem 1995

Larry Lubetzky: Berlin AJDC Tracing Office 1945 - 1947, Berlin 1948

Dirk Lüerssen: „Moorsoldaten" in Esterwegen, Börgermoor, Neusustrum. Die frühen Konzentrationslager im Emsland 1933 bis 1936, in: Wolfgang Benz/Barbara Distel (Hg.): Herrschaft und Gewalt. Frühe Konzentrationslager 1933 - 1939, Berlin 2002, S. 157-210

Arno Lustiger: Historische Aufarbeitung, in: Michael Brenner (Hg.): Nach dem Holocaust. Juden in Deutschland 1945 - 1950, München 1995, S. 133-141

Roland Maier: Die Verfolgung und Deportation der jüdischen Bevölkerung, in: Bauz/Brüggemann/ Maier, Geheime Staatspolizei, S. 259-304

Roland Maier: Die Verfolgung und Deportation der jüdischen Bevölkerung, in: Ingrid Bauz/Sigrid Brüggemann/Roland Maier (Hg.): Die Geheime Staatspolizei in Württemberg und Hohenzollern, Stuttgart 2013, S. 259-304

Klaus-Michael Mallmann/Gerhard Paul (Hg.): Karrieren der Gewalt. Nationalsozialistische Täterbiographien, Darmstadt 2004

Arno J. Mayer: Der Krieg als Kreuzzug. Das Deutsche Reich, Hitlers Wehrmacht und die „Endlösung", Reinbek bei Hamburg 1989

Dan Michman: Die Historiographie der Shoah aus jüdischer Sicht. Konzeptualisierungen, Terminologie, Anschauungen, Grundfragen, Hamburg 2002

Hans Mommsen/Manfred Grieger: Das Volkswagenwerk und seine Arbeiter im Dritten Reich, Düsseldorf 1996

Günter Morsch: Gründung und Aufbau des Konzentrationslagers Sachsenhausen, in: Günter Morsch (Hg.): Von der Sachsenburg nach Sachsenhausen. Bilder aus dem Fotoalbum eines KZ-Kommandanten, Berlin 2007, S. 87-194

Renate Müller De Paoli: Salomon Finkelstein. Häftling Nummer 142 340, Hannover 2012

Julie Nicholson: Die Geschichte zu bewahren und daraus zu lernen, das ist ein wichtiger Auftrag, in: Manfred Grieger/Ulrike Gutzmann (Hg.): Überleben in Angst. Vier Juden berichten über ihre Zeit im Volkswagenwerk in den Jahren 1943 bis 1945, Wolfsburg 2012, S. 37-53

Karin Orth: Das System der nationalsozialistischen Konzentrationslager. Eine politische Organisationsgeschichte, Hamburg 1999

Gerhard Paul: Der Judenboykott vom 1. April 1933. Vom Originalbild zur Retusche. Etappen der lokalen Erinnerungspolitik, in: Jürgen Matthäus/Klaus-Michael Mallmann (Hg.): Deutsche, Juden, Völkermord. Der Holocaust als Geschichte und Gegenwart. Konrad Kwiet zum 65. Geburtstag gewidmet, Darmstadt 2006, S. 293-310

Gerhard Paul: Kontinuität und Radikalisierung. Die Staatspolizeistelle Würzburg, in: Gerhard Paul/ Klaus-Michael Mallmann (Hg.): Die Gestapo. Mythos und Realität, Darmstadt 1995, S. 161-177

Gerhard Paul (Hg.): Die Täter der Shoah. Fanatische Nationalsozialisten oder ganz normale Deutsche?, Göttingen 2002

Gerhard Paul/Erich Koch: Staatlicher Terror und gesellschaftliche Verrohung. Die Gestapo in Schleswig-Holstein, Hamburg 1996

Gerhard Paul/Klaus-Michael Mallmann (Hg.): Die Gestapo. Mythos und Realität, Darmstadt 1995

Abraham J. Peck: „Unsere Augen haben die Ewigkeit gesehen." Erinnerungen und Identität der She'erith Hapletah, in: Fritz Bauer Institut (Hg.): Überlebt und Unterwegs. Jüdische Displaced Persons im Nachkriegsdeutschland, Frankfurt am Main; New York 1997, S. 27-49

Sally Perel: Die Angst vor der Entdeckung war mein ständiger Begleiter, in: Manfred Grieger/Ulrike Gutzmann (Hg.): Überleben in Angst. Vier Juden berichten über ihre Zeit im Volkswagenwerk in den Jahren 1943 bis 1945, Wolfsburg 2012, S. 75-93

Sally Perel: Ich war Hitlerjunge Salomon, Berlin 1992

Bertrand Perz: Verwaltete Gewalt. Der Tätigkeitsbericht des Verwaltungsführers im Konzentrationslager Mauthausen 1941 bis 1944, Wien 2013

Detlev Peukert: Die KPD im Widerstand. Verfolgung und Untergrundarbeit an Rhein und Ruhr 1933 bis 1945, Wuppertal 1980

Dieter Pohl: Das NS-Regime und das internationale Bekanntwerden seiner Verbrechen, in: Frank Bajohr/Dieter Pohl: Der Holocaust als offenes Geheimnis. Die Deutschen, die NS-Führung und die Alliierten, München 2006, S. 84-130

Walter Poller: Arztschreiber in Buchenwald. Bericht des Häftlings 996 aus Block 36, Hamburg 1946

Anna Porter: Kasztner's Train. The True Story of Rezsö Kastner an Unknown Hero of the Holocaust. Vancouver 2007

Thomas Rahe: Das Konzentrationslager Bergen-Belsen. Ein Rückblick 65 Jahre nach der Befreiung, in: Tribüne. Zeitschrift zum Verständnis des Judentums 49 (2010), S. 121-128

Anja Reuss (Hg.): Berlin – Minsk. Unvergessene Lebensgeschichten. Ein Gedenkbuch für die nach Minsk deportierten Berliner Jüdinnen und Juden, Berlin 2013

Hans-Günter Richardi: Schule der Gewalt. Das Konzentrationslager Dachau, München; Zürich 1995

Andreas Rinke: Le grand retour. Die französische Displaced-Person-Politik (1944 - 1951), Frankfurt am Main 2002

Suzanne Rutland: Subtle Exclusions: Postwar Jewish Emigration to Australia and the Impact of the IRO Scheme, in: Holocaust Studies. A Journal of Culture and History 10 (2001), Nr. 1, S. 50-66

Silvia Salvatici: „Help the People to Help Themselves." UNRRA Relief Workers and European Displaced Persons, in: Journal of Refugee Studies 25 (2012), Nr. 3, S. 428-451

Bärbel Schmidt: Geschichte und Symbolik der gestreiften KZ-Häftlingskleidung, Oldenburg, Phil. Diss. 2000

Franz Martin Schmölz: Die Entrechtung des Bürgers durch Bürokratie, in: Leonhard Göke (Hg.): Der verwaltete Mensch – Bürokratie – Die Kehrseite des Rechts- und Sozialstaates?, Düsseldorf 1981, S. 9-18

Sebastian Schönemann: Changing Citizenship. Eastern European DPs on Their Way to Emigration as Reflected in the Archives of the International Tracing Service, in: Aleksandr Dyukov/Olesya Orlenko (Hg.): Divided Eastern Europe. Borders and Population Transfer 1938 - 1947, Newcastle 2012, S. 174-181

Elisabeth Schwabauer/René Bienert: Biographische Zugänge in der pädagogischen Vermittlung. Der ITS als Bewahrer von Millionen Geschichten, in: Rebecca Boehling/Susanne Urban/René Bienert (Hg.): Freilegungen. Überlebende – Erinnerungen –Transformationen, Göttingen 2013 (Jahrbuch des ITS, Band 2), S. 49-58

David Shatz (Hg.): Tikkun Olam. Social Responsibility in Jewish Thought and Law, Northvale, NJ 1997

Moshe Shen: Überleben war für uns KZ-Häftlinge eine Frage der Zeit, in: Manfred Grieger/Ulrike Gutzmann: Überleben in Angst. Vier Juden berichten über ihre Zeit im Volkswagenwerk 1943 - 1945, Wolfsburg 2012, S. 23-33

Wolfgang Sofsky: Die Ordnung des Terrors. Das Konzentrationslager, Frankfurt am Main 1993

Dirk Stegmann: Politische Radikalisierung in der Provinz. Lageberichte und Stärkemeldungen der Politischen Polizei und der Regierungspräsidenten für Osthannover 1922 - 1933, Hannover 1999

Stiftung niedersächsische Gedenkstätten (Hg.): Bergen-Belsen. Kriegsgefangenenlager 1940 - 1945, Konzentrationslager 1943 - 1945, Displaced Persons Camp 1945 - 1950. Katalog der Dauerausstellung, Göttingen 2009

Irena Strzelecka: Das Frauenlager im KL Auschwitz-Birkenau (BIa, BIb), in: Hefte von Auschwitz, Nr. 24, Oświęcim 2009, S. 7-124

Maja Suderland: Territorien des Selbst. Kulturelle Identität als Ressource für das tägliche Überleben im Konzentrationslager, Frankfurt am Main 2004

Elke Suhr: Die Emslandlager. Die politische und wirtschaftliche Bedeutung der emsländischen Konzentrations- und Strafgefangenenlager 1933 - 1945, Bremen 1985

Lynne Taylor: „Please Report only True Nationalities!" The Classification of Displaced Persons in Post-Second World War Germany and its Implications, in: Suzanne Bardgett/David Cesarani/ Jessica Reinisch/Johannes-Dieter Steinert (Hg.): Survivors of Nazi Persecution in Europe after the Second World War, London 2010, S. 35-53

Terezínská Iniciativa/Miroslav Kárný (Hg.): Terezínská pamětní kniha. Židovské oběti nacistických deportací z Čech a Moravy 1941 - 1945, Praha 1995

Klaus Trostorff/Herbert Weidlich: Die Politische Abteilung im Terrorsystem des KZ Buchenwald, Weimar-Buchenwald 1984

Johannes Tuchel: Organisationsgeschichte der „frühen" Konzentrationslager, in: Wolfgang Benz/ Barbara Distel (Hg.): Instrumentarium der Macht. Frühe Konzentrationslager 1933 - 1937, Berlin 2003, S. 9-26

Johannes Tuchel: Registrierung, Misshandlung und Exekution. Die ‚Politischen Abteilungen' in den Konzentrationslagern, in: Gerhard Paul/Klaus-Michael Mallmann (Hg.): Die Gestapo im Zweiten Weltkrieg. ‚Heimatfront' und besetztes Europa, Darmstadt 2000, S. 127-140

Susanne Urban: Koordinaten jüdischer Erinnerung. Jüdische Zwangsarbeiter und Juden mit falschen Papieren im Volkswagenwerk, in: Manfred Grieger/Ulrike Gutzmann (Hg.): Überleben in Angst. Vier Juden berichten über ihre Zeit im Volkswagenwerk in den Jahren 1943 bis 1945, Wolfsburg 20, S. 6-18

Nikolaus Wachsmann: Gefangen unter Hitler. Justizterror und Strafvollzug im NS-Staat, München 2006

Herbert Wagner: Die Gestapo war nicht allein... Politische Sozialkontrolle und Staatsterror im deutsch-niederländischen Grenzgebiet 1929 - 1945, Münster 2004

Jens-Christian Wagner: Produktion des Todes. Das KZ Mittelbau-Dora, Göttingen 2001
Jens-Christian Wagner (Hg.): Wiederentdeckt. Zeugnisse aus dem Konzentrationslager Holzen, Göttingen 2013

David Wdowinski: Wir wurden nicht gerettet, in: Bundeszentrale für Politische Bildung/Yad Vashem, Leben Bundeszentrale für Politische Bildung/Yad Vashem (Hg.): Zurück ins Leben. Jüdische Lebenswelten nach dem Holocaust, Bonn 2007 (CD-ROM)

Harald Welzer: Täter. Wie aus ganz normalen Menschen Massenmörder werden, Frankfurt am Main 2005

Wolfram Wette: Karl Jäger. Mörder der litauischen Juden, Frankfurt am Main 2011

Ernst Wiechert: Häftling Nr. 7 188. Tagebuchnotizen und Briefe, München 1966

Jutta Wietog: Volkszählungen unter dem Nationalsozialismus. Eine Dokumentation zur Bevölkerungsstatistik, Berlin 2001

Michael Wildt: Generation des Unbedingten. Das Führungskorps des Reichssicherheitshauptamtes, Hamburg 2003

Friedrich Wilhelm: Die Polizei im NS-Staat. Die Geschichte ihrer Organisation im Überblick, Paderborn; Wien 1997

E. Thomas Wood/Stanisław M. Jankowski: Jan Karski. Einer gegen den Holocaust, als Kurier in geheimer Mission, Gerlingen 1997

Chaim Yahil: Die Aktivitäten der Mission in Palästina bezüglich des Shearit Hapleita 1945-1949 (Teil II), in: Bundeszentrale für Politische Bildung/Yad Vashem (Hg.): Zurück ins Leben. Jüdische Lebenswelten nach dem Holocaust, Bonn 2007 (CD-ROM)

Hans Zeger: Mensch. Nummer. Datensatz. Unsere Lust an totaler Kontrolle, Salzburg 2008

Michael Zimmermann: Die Gestapo und die regionale Organisation der Judendeportationen. Das Beispiel der Stapo-Leitstelle Düsseldorf, in: Gerhard Paul/Klaus-Michael Mallmann (Hg.): Die Gestapo. Mythos und Realität, Darmstadt 1995, S. 357-372

Internet

Central Location Index" im ITS-Glossar des United States Holocaust Memorial Museum,
http://itsrequest.ushmm.org/its/Glossary.pdf

History of ORT: Roots, History & Growth,
http://www.ortamerica.org/site/PageServer?pagename=about_hist_ORT

Yehudit Inbar: Introduction for the Exhibition Spots of Light,
http://www.yadvashem.org/yv/en/exhibitions/spots_of_light/intro.asp

Interview mit Professor David Bankier am 17.12.1997,
http://www1.yadvashem.org/odot_pdf/Microsoft%20Word%20-%203645.pdf

Jill Jacobs: The History of „Tikkun Olam",
http://www.zeek.net/706tohu/index.php?page=1

Yehudit Kleiman/Nina Springer-Aharoni (Hg.): The Anguish of Liberation, Jerusalem 1995,
http://www.yadvashem.org/yv/de/education/lesson_plans/tenth_man.asp

Meldung der Jewish Telegraphic Agency vom 12.5.1949,
http://www.jta.org/1949/05/12/archive/general-location-index-suspends-operations-located-50000-relatives-during-existence

Der „Raum der Namen", http://www.mauthausen-memorial.at/db/admin/de/index_main.php?cbereich=14&cthema=50243

SS-Standartenführer Karl Jäger betr. Gesamtaufstellung des im Bereich der EK 3 bis zum 1. Dez. 1941 durchgeführten Exekutionen,
http://www.holocaust-history.org/works/jaeger-report/gif/img006.gif?size=1

Juliane Wetzel: United Nations Relief and Rehabilitation Administration,
http://www.historisches-lexikon-bayerns.de/artikel/artikel_46316

Historische Notate

Schriftenreihe der
Historischen Kommunikation
der Volkswagen Aktengesellschaft

Heft 1
Klaus Kocks/Hans-Jürgen Uhl
Aus der Geschichte lernen.
Anmerkungen zur Auseinandersetzung
von Belegschaft, Arbeitnehmervertretung,
Management und Unternehmensleitung
bei Volkswagen mit der Zwangsarbeit im
Dritten Reich (vergriffen)

Heft 2
Markus Lupa
Das Werk der Briten.
Volkswagenwerk und Besatzungsmacht
1945 - 1949
ISBN 978-3-935112-00-0 (vergriffen)

Heft 3
Jürgen Marose
Bilderzyklus „Der bedrohte Mensch"
ISBN 3-935112-01-7 (vergriffen)

Heft 4
STO à KdF 1943 -1945.
Die Erinnerungen des Jean Baudet
ISBN 978-3-935112-02-4

Heft 5
Malte Schumacher/Manfred Grieger
Wasser, Boden, Luft.
Beiträge zur Umweltgeschichte des
Volkswagenwerks Wolfsburg
ISBN 978-3-935112-09-3

Heft 6
Henk ´t Hoen
Zwei Jahre Volkswagenwerk.
Als niederländischer Student im
„Arbeitseinsatz" im Volkswagenwerk
von Mai 1943 bis zum Mai 1945
ISBN 978-3-935112-03-1

Heft 7
Volkswagen Chronik.
Der Weg zum Global Player
ISBN 978-3-935112-10-9

Heft 8
Ralf Richter
Ivan Hirst.
Britischer Offizier und Manager des
Volkswagen Aufbaus
ISBN 978-3-935112-12-3

Heft 9
Abfahrt ins Ungewisse.
Drei Polen berichten über ihre Zeit als
Zwangsarbeiter im Volkswagenwerk
vom Herbst 1942 bis Sommer 1945
ISBN 978-3-935112-17-8

Heft 10
Manfred Grieger/Dirk Schlinkert
Werkschau 1.
Fotografien aus dem Volkswagenwerk
1948 - 1974
ISBN 978-3-935112-20-8

Heft 11
Überleben in Angst.
Vier Juden berichten über ihre Zeit im
Volkswagenwerk in den Jahren 1943 bis 1945
ISBN 978-3-935112-21-5

Heft 12
Olga und Piet.
Eine Liebe in zwei Diktaturen
ISBN 978-3-935112-23-9

Heft 13
Ulrike Gutzmann/Markus Lupa
Vom „Vorwerk" zum FahrWerk.
Eine Standortgeschichte des Volkswagen
Werks Braunschweig
ISBN 978-3-935112-27-7

Heft 14
Volkswagen Financial Services AG.
60 Jahre Bank, Leasing, Versicherung – eine
Chronik
ISBN 978-3-935112-36-9 (vergriffen)

Heft 15
Markus Lupa
Spurwechsel auf britischen Befehl.
Der Wandel des Volkswagenwerks
zum Marktunternehmen 1945 - 1949
ISBN 978-3-935112-41-3

Heft 16
Günter Riederer
Auto-Kino.
Unternehmensfilme von Volkswagen
in den Wirtschaftswunderjahren
ISBN 978-3-935112-39-0

Alle Publikationen stehen zum Download zur Verfügung unter
www.volkswagenag.com/content/vwcorp/content/de/the_group/history/publications.html

Forschung Positionen Dokumente
FPD

Schriftenreihe zur Unternehmensgeschichte von Volkswagen

Band 1

Werner Widuckel
Paradigmenentwicklung der Mitbestimmung bei Volkswagen
ISBN 978-3-935112-18-5

Band 2

Die Zukunft der Erinnerung. Eine Wolfsburger Tagung
ISBN 978-3-935112-30-7

Band 3

Towards Mobility. Varieties of Automobilism in East and West
ISBN 3-935112-34-5

Band 4

Claudia Nieke
Volkswagen am Kap. Internationalisierung und Netzwerk in Südafrika bis 1966
ISBN 978-3-935112-37-6

Band 5

René Bienert, Manfred Grieger, Susanne Urban
Nachkriegswege nach Volkswagen.
Jüdische Überlebende zwischen Befreiung und neuer Identität
ISBN 978-3-935112-24-6

Alle Publikationen stehen zum Download zur Verfügung unter
www.volkswagenag.com/content/vwcorp/content/de/the_group/history/publications.html